Toyota Talent
Developing Your People
the Toyota Way

丰田人才
精益模式

珍藏版

[美] 莱克 Liker, J.
梅尔 Meier, D. 著

钱峰 译

机械工业出版社
CHINA MACHINE PRESS

图书在版编目（CIP）数据

丰田人才精益模式（珍藏版）/（美）莱克（Liker, J.），（美）梅尔（Meier, D.）著；钱峰译 . —北京：机械工业出版社，2016.2（2023.12重印）
（精益思想丛书）
书名原文：Toyota Talent: Developing Your People the Toyota Way

ISBN 978-7-111-53034-3

Ⅰ. 丰… Ⅱ. ①莱… ②梅… ③钱… Ⅲ. 丰田汽车公司-工业企业管理-人事管理-经验 Ⅳ. F431.364

中国版本图书馆 CIP 数据核字（2016）第 036031 号

北京市版权局著作权合同登记　图字：01-2009-2992 号。

Liker, J. , Meier, D. . Toyota Talent: Developing Your People the Toyota Way.
ISBN 0-07-147745-4
Original edition copyright © 2010 by The McGraw-Hill Companies, Inc.

All Rights reserved. No part of this publication may be reproduced or transmitted in any form or by any means, electronic or mechanical, including without limitation photocopying, recording, taping, or any database, information or retrieval system, without the prior written permission of the publisher.

This edition is authorized for sale in the Chinese mainland (excluding Hong Kong SAR, Macao SAR and Taiwan).

Simple Chinese translation edition copyright © 2016 China Machine Press. All rights reserved.

版权所有。未经出版人事先书面许可，对本出版物的任何部分不得以任何方式或途径复制传播，包括但不限于复印、录制、录音，或通过任何数据库、信息或可检索的系统。

此中文简体翻译版本经授权仅限在中国大陆地区（不包括香港、澳门特别行政区和台湾地区）销售。

翻译版权 © 2016 由机械工业出版社所有。

丰田人才精益模式（珍藏版）

出版发行：机械工业出版社（北京市西城区百万庄大街22号　邮政编码：100037）
责任编辑：刘新艳　　　　　　　　　　　　责任校对：董纪丽
印　　刷：固安县铭成印刷有限公司　　　　版　　次：2023年12月第1版第11次印刷
开　　本：170mm×242mm　1/16　　　　　印　　张：17.75
书　　号：ISBN 978-7-111-53034-3　　　　定　　价：69.00元

客服电话：（010）88361066　68326294

版权所有·侵权必究
封底无防伪标均为盗版

仅以此书献给

我们的父母：杰克·莱克、亨瑞特·莱克、路易斯·梅尔和帕特丽夏·梅尔，是他们使我们踏上了发展真正才能的道路。

推荐序

毋庸置疑，"人"是丰田公司成功的最重要因素。从车间的每位普通员工到最资深的主管，丰田的员工都是经过谨慎挑选、培训和栽培，才成为他们所担任职务的最佳人选的。他们的技能、干劲和精神相结合，才能打造出质量优异、高度可靠的丰田产品。

杰弗瑞·莱克在2003年撰写《丰田模式》时，向广大读者解释了丰田管理原则、经营理念背后的理由，该书后来成为国际畅销书。

2007年，莱克和大卫·梅尔合著了这本姊妹作。在本书中，你将会看到我们用来培养丰田同仁的方法细节，以及他们如何接受为达成丰田的特定目标所必需的全面培训。因为我们都希望组织拥有非常优秀的人才，所以，公司的目标是提供给他们所需要的一切工具，以实现他们的职场潜能和工作成就。

本书以丰田为范本，结构简单明了，任何公司都可以通过本书剖析的方法考虑将员工和高质量的精益生产方式结合成一个整体。莱克和梅尔详尽地说明了丰田的培训流程，以及执行这些流程的方法。你会看到，我们的同仁在团结、协作的氛围中发展他们的技能；你也会发现，在丰田，实现结果的过程和结果本身同样重要。

举例来说，在检视任何程序时，我们都以非常规范、严谨的方法来搜集信息，寻找可能性，然后再小心监视，并重新审视问题。我们称这种独特的流程为PDCA：计划（plan）、执行（do）、检查（check）和行动（action）。

丰田公司的文化不仅为我们的同仁提供薪资报酬，也为他们提供继续教育、合理规划职业生涯的机会；我们期望同仁能够展现出积极进取的精神，并愿意担任不同角色与职责。我们非常努力地打造一个全体员工相互尊重、相互信赖的环境，我们相信这样的环境有助于发挥个人的创造力和促进团队合作。我们要让每个人都相信，这是他们的公司，他们是必须一直参与公司活动并做出决策的人。

身为公司的重要贡献者，丰田的全体同仁致力于每天都能充分发挥己力，尽最大努力来加强与巩固我们在全世界各地的经营业绩，这也是我们想传承给未来一代的理念。

丰田对于员工教育与发展的投入已经有了一些建树，我们在各地设立了正式的学习中心，包括加州的丰田大学、肯塔基州的全球生产支持中心、日本的丰田研究所、英国的丰田学院等。

在丰田公司，培育杰出人才是历史悠久、已经排练得滚瓜烂熟的篇章，丰田公司的成长、成功足以证明这个核心价值的重要性。我们也相信，这个核心价值值得我们一再强调，并让其他公司也从中受益。

詹姆斯·普雷斯
丰田汽车北美制造公司总裁

Toyota Talent | 序言

成功的关键在于培养人才

> 若不是因为人们……总是被机械的东西所困惑,地球将会是工程师的天堂。
>
> ——工程师芬纳提

不幸的是,和芬纳提(冯内古特所著 *Player Piano* 中的虚构人物)这位典型的工程师一样,我们往往会有同样的感想:若不是因为人类,地球会是个很棒的地方。不过,使生命变得美好并值得去经历的是人,使公司走向卓越的也是人。

丰田企业的故事举世闻名,它是如何度过承平和艰难时期而持续成功的呢?过去30年来,虽然有关丰田生产方式(TPS)的信息已广为流传,但没有一家公司能够完全复制丰田的成功。那丰田的秘诀究竟是什么呢?

答案很简单:优秀人才,再加上"绝对需要优秀人才"的制度。使一家公司脱颖而出、有别于其他公司的是人才的知识与能力,因为绝大多数组织都可以获得相同的技术、机器、原料,甚至在任何自由经济市场,绝大多数公司面对的潜力人才库也是与丰田相同的,丰田的成功部分要归功于这些层面,但使这些层面充分发挥效益的是丰田的人才。这些员工为提高供应商的可靠性而不断努力，一起致力于创造使丰田获得收益的特定技术，他们和这些供应商通力合作，制造出满足丰田生产方式特殊需求的设备。

如果说这些方法简单，为何其他公司却无法仿效而最终取得和丰田一样的成功呢？主要原因在于人性。罗伯特·奎恩（Robert Quinn）在其著作《为自己架一座桥》中指出，仅靠模仿是不可能复制这家公司的成功的。他写道："在讨论方法时，我们忘了关系的重要性，这或许就是那么多流行的管理方法未能奏效的原因，人们仿效源自某处的方法，但他们身处的环境却与发明这些方法的人所处的环境迥然不同。技巧方法很重要，但如果人们在学习如何使用这些方法的过程中未获得挑战和支持，他们将无法学习如何有效使用这些方法。"因此，其他公司无法成功的原因在于人们只想复制丰田方式的表面，却不想致力于更困难、必须花更多时间的层面，亦即改变他们的行为，从而复制丰田的文化和基础设施。

抄袭者心态的一个明显例子，就是忽略了人才是需要培养与发展的。绝大多数仿效者认为，只要实行丰田的方法与制度（如5S标准化作业、看板、可视化），就能获得和丰田相同的成就，而不去了解更具挑战的深层原因。丰田生产方式之父大野耐一在其著作《丰田生产方式：超越大规模生产》（*The Toyota Production System：Beyond Large Scale Production*）中就指出，丰田内部很早就认识到，仅仅仿效一家公司现有的某种方法，而不去了解此方法对该公司的重要性或在该公司扮演的角色，是相当危险的事。他在书中阐明了一个事实，那就是，在研判一个成功方法时，务必考虑本身的需求。大野耐一在整本书中叙述了他个人的体察，以及如何致力于流程的改善，尽管他怀疑自己是否有能力做到。这种尽管怀疑（这是很正常的现象），但仍旧坚持去做的能力，被奎恩称为"做的意愿""勇敢地走入未知的领域"。在某种程度上，大野耐一之所以能超越自身能力的局限而坚持下去，是因为他坚信这套即将诞生的生产方式是必要且有益的。

这套生产方式需要非常能干的员工来维持及持续改善，仅是制定方法，而没有适当地发展员工的技巧与能力，将只能获得有限的成效，且这套制度本身的主要目的（通过提高人的能力来提升绩效）也将无法达成。概念很容易了解，却非常难做到，需要组织以人为核心的变革，并深切领悟到唯有面对逆境与艰辛，才能实现真正的效益。说起来简单，做起来可不容易。

我们必须指出，大野耐一不会盲目采用别人的方法，但他会非常积极地借助于他人的力量。如同本书后续章节中进一步讨论的内容，丰田核心培训方法的基础是美国在第二次世界大战期间发展出来的"督导人员培训"（training within industry，TWI），在TWI中有一项培训方法名为"工作指导培训"（job instruction training）。这套制度把一项工作分解成许多小项目，培训师仔细讲解工作的每一个项目，并亲自示范，让学员观察、操作，直到完全掌握。最后，所有小项目再结合起来形成完整的工作。这些都是在工作中进行的，而且在通力合作的学习环境中进行培训，并依循戴明所倡导的"计划-执行-检查-行动"的方式。大野耐一并未盲目地采用TWI，而是通盘检视后加以修正，以便和丰田的制度相匹配。

本书探讨的议题与所谓的"培训与发展"有关，但这并不是一本只谈培训的书。"培训"这个词令人联想到课堂上的学习，或是一名工作者如影随形地跟着另一名工作者进行"在职培训"式的学习。本书旨在帮助辨识工作现场中的关键知识，并提供有效转移这些知识的方法：取得及转移知识是员工提高能力，帮助改善公司业绩的唯一途径。

不过，我们必须把重点放在方法上，而不是结果。若你的动机是把培训工作做得更好，借此减少问题，从而帮助公司，那么你所获得的成果将如丰田一样。这就是我们所谓的"结果导向"（results orientation），而不是"过程导向"（process orientation）。你应该首先厘清你的目标，确定自己导向的正确性——做这些事是因为你关心员工，并愿意帮助他们发挥最大潜能，这样你才会获得最佳成果。

大野耐一在《丰田生产方式》一书中，如此总结他对于培训的心得："到了这个年纪，我痛苦地体悟到一件事情，人们往往忘了培训的重要性。当然，若是学习内容没什么创意或是枯燥乏味，而且不需要最能干的人才，培训也许看似没什么必要。但是，让我们认真看待这个世界，如果缺乏适当的培训，那么任何目标，不论多小，都不可能达成。"大野耐一敏锐地察觉到工作现场中需要刺激与挑战，而那些非常能干的员工必须能够应付那些挑战。他看出了这两者之间的关系，并希望找到更好的方法，也知道需要更优秀的人才来支持这个更好的方法。更加重视"人"的培训将可获得更好的成果，他说："人们想促成新制度的欲望已经强大到了无以复加的程度。"

加藤功是丰田的资深员工，也是该公司最早的总培训师之一，他在2006年接受亚特·史摩利访谈时指出："在丰田，我们有句话'*mono zukuri wa hito zukuri*'，意思是'制造产品的关键在于培养人才'。若要成功做到精益生产或遵守丰田生产方式，就必须重视人才的发展，培养出有能力促成持续改善的领导者。"加藤功又说："若想长期成功，你就不能把人才的发展和生产制度的发展区分开来。"

把丰田的这个理念拿来和其他公司的理念相比较，尤其是通用电气公司的杰克·韦尔奇在其著作《杰克·韦尔奇自传》（*JACK: Straight from the Gut*）中所描述的"活力曲线"（vitality curve）。韦尔奇建议把所有员工分为A、B、C三个等级，在每个组织中必然有业绩最差的10%的员工，这些人应该被炒鱿鱼。韦尔奇认为，这种不断地区分业绩等级、除去C等级员工的做法，有助于提升组织的整体业绩。这种论调虽然有其道理，但却忽视了公司应该对员工加以培训，以使他们发挥最大潜力的责任。从本质上说，这种模式隐含的意思是：除非达到最佳业绩水准，否则就得卷铺盖走人。而不是：我们将尽全力帮助你发展那些追求成功所必须具备的技能，但你自己必须尽最大努力。当其他组织尝试采用韦尔奇的这个理念时，它们发现了它的缺点：员工变得疏离、不投入，使公司无法团结一致以应对市场变化。韦尔奇曾经说，公司首先应该为个别员工找到合适的职位，但他并未提到要为员工提供发展与提升能力的机会。

每个组织内部都会有一些不论如何努力都无法获得良好业绩的员工，这点毋庸置疑，但丰田遵循"工作指导方法"的基本前提是：没有不合格的学生，只有不合格的老师。组织首先必须尽一切努力来帮助所有员工达到高水准的业绩，如果一直处于担心自己表现不好的紧张状态中，员工将很难展现出自己优秀的一面。在一个追求卓越的组织里，受到鼓励的员工也会做出类似的反应。在丰田生产方式中，不良业绩无所隐藏。吉姆·柯林斯在其著作《从优秀到卓越》中指出，若你能"打造出一个勤勉者得以成功、懒惰者将自动或被迫退出的环境"，业绩便会自动改善。丰田公司的情况正是如此，组织的期望很明确（也很高），使员工获得必要的工具与支持，并且可以选择"前进"或"后退"。柯林斯也指出，那些表现卓越的公司对员工的个性特质（职业道德、致力于实践的承诺和价值观）的重视程度甚于员工的教育背景、实务技能、专业知识和工作经验。

我们有必要指明，本书中撰写的内容是以丰田公司使用的一些方法为基础的，它并不代表丰田公司使用了本书所述的全部概念。在任何一家像丰田这样大规模的公司里，都有可能出现业绩优异的部门和业绩不佳的部门，我们不否认丰田内部有许多领导者并不完全认同培育与发展员工的做法，他们更倾向于传统的观点。此外，本书中有许多概念和观点是我们自己的想法，或是源自我们的同事在试图帮助其他公司时提炼出的观点。丰田公司用以信赖其团队人员的核心方法是"工作指导方法"，丰田内部使用此培训方法的情况大致相当于美国在20世纪50年代的做法。不过，这么多年来，不断有提高培训成效的其他技巧推出，因此本书叙述的概念与方法并非与丰田公司目前在全球各地的实际情况完全相同。但可以确信的是，此刻丰田公司内部的许多有志之士正努力辨识重要的工作知识，寻找更有效的知识转移方法，争取更高的业绩水准。丰田是一家优秀的公司，但要达到完美的经营状况，还有很长一段路要走，所以它还是不够优秀，需要坚持更加努力地改进所有相关领域，培训能力的改进也不例外。

目录

推荐序

序言

第一部分 十年树木,百年树人

第1章 丰田的启示 // 2

丰田的人才培养与发展理念 // 2
无情的现实 // 5
恶性循环 // 7
打破恶性循环,开启成功之门 // 8
关键不在挑选人才,而在培养人才 // 9
培养优秀人才,促进公司发展 // 10

第2章 丰田:优秀人才的摇篮 // 14

人才发展至关重要 // 14
丰田生产方式需要高素质人才 // 16
培训标准化:全球化的需要 // 17
丰田的人事制度模型 // 19
采用基本培训方式,充分发展员工才能 // 22
丰田模式之传授标准化 // 24
现在支付?还是将来? // 26
可以复制的成功 // 27

第3章　丰田与TWI　// 29

督导人员培训　// 29

工作指导：发展人才的基础　// 34

丰田与工作指导培训方法　// 35

工作指导培训课程　// 36

迈向卓越的起点　// 41

第4章　组织应做好的准备　// 43

万事开头难　// 43

定义组织需求与目标　// 45

评估当前状况　// 47

追根溯源，搜寻信息　// 48

建立组织构架　// 50

挑选培训员　// 52

优秀培训员必不可少的天赋　// 53

需要后天习得的基本技能　// 56

为全体员工拟定培养计划　// 60

个人成就的不断突破　// 61

人才培养流程　// 63

人员的培养需要长期的努力　// 66

第二部分　直击靶心：辨识关键知识

第5章　开启成功的金钥匙：深刻理解工作技能需求　// 70

从宏观入手　// 70

不同的行业　// 71

工作分类构架　// 73

机械式和有机式组织的标准化　// 77

各类工作的人才培训模式　// 79

从宏观工作分类到特定技能需求　// 82

从简单的任务入手　// 87

第 6 章 培训两手抓：标准化作业与工作指导方法 // 88

建立有效的培训基础 // 88
系统环节之标准化作业 // 89
TWI 与标准化作业的根源 // 90
标准化作业模式，放之四海而皆准 // 90
盲目遵从，还是小心谨慎 // 92
互为前提 // 94
既是流程，又是手段 // 97
学习稻农的思考方式 // 100

第 7 章 善分主次：分析例行工作及辅助任务 // 102

分析例行工作 // 102
分析非常规工作任务和辅助任务 // 104
医疗保健领域 // 110
评估整个流程 // 117
辨识关键项目，确保执行无误 // 118
成功在于细节 // 120

第 8 章 培训制胜武器之工作分解 // 122

培训工作分解的差异性 // 122
分解任务，注重细节 // 123
工作分解需要反复思索 // 125
课堂讲授需要量力而行 // 126
选择工作培训方法 // 127
分解工作：第一部分 // 129
主要步骤很重要，但关键点至关重要 // 131

第 9 章 培训制胜武器之关键点 // 133

分解工作：第二部分 // 133
有效辨识关键点的重要性 // 134
关键点从何而来 // 134
警惕都市传说 // 140
关键点的关键性 // 141

第 10 章　成效试金石　// 142
　　把它们整合起来　// 142
　　保险杠制模工作分解表　// 142
　　间或性核心项目的工作分解案例　// 144
　　医疗保健领域的间或性核心项目案例　// 149
　　工作分解中的常见错误　// 152
　　复杂工程任务可以标准化吗　// 160
　　工作分解：关键的一步　// 163

第三部分　知识大迁移

第 11 章　做好培训准备　// 166
　　工作指导方法需要周密准备　// 166
　　创建复合型员工培训计划　// 167
　　其他类型的工作培训计划　// 174
　　首先设定行为期望　// 176
　　学习工作技能，拓展个人能力　// 179
　　工作环境的准备　// 180
　　运气总是眷顾有准备的人　// 180

第 12 章　进入培训阶段　// 182
　　我们可以开始了吗　// 182
　　让学员做好准备　// 183
　　展示操作流程：说明、展示、示范　// 189
　　清楚地解释关键点　// 191
　　再次示范，阐明关键点理由　// 194
　　竭尽全力　// 197

第 13 章　牛刀小试　// 198
　　反省的机会　// 198
　　需要敏锐的观察　// 199
　　即时提供反馈信息　// 199
　　学员执行工作，无须口述信息　// 200

　　　　　　学员执行工作，并复述主要步骤　// 202
　　　　　　学员执行工作，并复述主要步骤和关键点　// 204
　　　　　　确认学员理解关键点理由　// 206
　　　　　　立刻纠正错误，避免养成习惯　// 206
　　　　　　评估学员的能力　// 207
　　　　　　转移职责，持续关注　// 208

第 14 章　随机应变：妥善处理棘手状况　// 209

　　　　　　培训绝非易事　// 209
　　　　　　以流水线速度进行培训　// 210
　　　　　　培训历时较长或较复杂的工作　// 214
　　　　　　时间限制　// 216
　　　　　　口头沟通不畅的培训　// 217
　　　　　　培训视觉项目　// 218
　　　　　　如何提高判断能力，拓展工作知识　// 223
　　　　　　间或性工作项目　// 225
　　　　　　利用培训辅助措施　// 227
　　　　　　面对诸多棘手状况　// 227

第四部分　检验学习成效

第 15 章　继续追踪，确保成功　// 230

　　　　　　让学员学会自立　// 230
　　　　　　培训员要承担永久性责任　// 231
　　　　　　永远支持学员　// 231
　　　　　　说明求助对象　// 232
　　　　　　经常检查进展　// 232
　　　　　　鼓励学员提问　// 234
　　　　　　逐渐减少指导和后续追踪　// 234
　　　　　　使用层级稽查法，确保流程取得成功　// 235
　　　　　　学习制度无法自我存续　// 239

第 16 章　画蛇"不添"足：如何完善后续工作　// 241

　　　　　　勇于尝试，做到最好　// 241

先深入，后扩展　// 242
培训流程的实施架构　// 244
实施流程的里程碑　// 250
非常规工作中的人才培养　// 250
非精益组织的困惑　// 257
所有人的责任　// 259
分层审计法　// 260
扩展人才培训流程　// 261

致谢 // 264

第一部分

十年树木，百年树人

> 如果给我6小时的时间来砍一棵树，我会花4小时磨斧子。
>
> ——亚伯拉罕·林肯

Toyota Talent | 第1章

丰田的启示

丰田的人才培养与发展理念

在丰田公司，人们经常听到这样一句话："我们不只制造汽车，我们也在<u>塑造人</u>。"每一项新产品的开发设计，每一个汽车原型的打造，每一次工厂的质量检测，每一项改进措施，都是培训和提升企业人员的机会。酒井敦在担任丰田汽车北美制造公司总裁时曾被问到，在为美国经理人讲解丰田方式时，遇到的最大挑战是什么。他回答说："他们总想当经理，而不是教师。"酒井敦解释道，在丰田公司，每一位经理人都必须承担教师的职责，因为培育杰出人才是丰田公司的第一要务。这已经成为丰田方式中根深蒂固的文化价值观，这种观念在其他公司也经常被谈到，但很少能付诸实践。

尽管很多国家都能培养出世界一流的运动员、音乐家、艺术家，但除了丰田和少数几家日本公司外，在培养杰出人才方面，有出色成绩的大企业寥寥无几。在许多专业领域，一流的技术是成功的先决条件。因为专业技术是参与市场交换的商品，所以公司都投入了大量的时间和精力来培养技术人才。以医院为例，是否拥有杰出的外科医生很可能让医院处于两种截然相反的境况：茁壮成长或陷入冗长的官司。不过企业界的情形好像不大一样，在最现代化的企业里，领导者似乎并不认为培养杰出人才是一项非常有价值的投资。出色的工程师、质量管理人员、机器操作员、基层主管并不怎么令人瞩目，他们默默无闻。大公司似乎相信，没有世界一流的人才，公司也能运转下去。

丰田绝不满足于只是"过得去"，丰田的许多卓越成就，包括从一个乡村地区的小型公司成长为在全球举足轻重的"航母级"企业，都得归功于它的领导者、工程师、团队成员、供应商和合作伙伴中的杰出人才。丰田的领导人始终坚信，该公司唯一的竞争差异化来源就是他们所培养出来的杰出人才。因此，培养人才是他们的第一要务。

人的才能究竟是天生的，还是后天发展而来的？在这点上，丰田的立场很明确：给我们人才的种子，我们将妥善播种，照料土壤，浇水施肥，最终收获我们辛勤得来的果实。在丰田公司，经常可以听到这样的类比。当然，聪明的农夫只挑选最好的种子，不过，再怎么精挑细选，也不能保证那些种子都会继续成长或结出甜美的果实。但努力耕耘是必要的，因为这样才能为丰硕收获创造可能性。若不辛勤照料，即便是最好的种子，也不可能茁壮成长。

我们认为，一个人的所有才能中，只有10%（或更少）是天赋。换言之，一个人的所有能力中天赋只占了10%。我们认为，公司员工的才能中，有90%以上是能够通过努力学习与不断练习而获得的。这就是丰田成功的精髓：以良好基础为起点（有学习能力并且有求知欲的个人），通过不断的努力与练习，开发员工的特定才能。

任何人，只要具备基本的能力，都可以变得优秀（就算不是最优秀的），这个观念已不仅仅用来描述传奇人物了。有谁不景仰贝比·鲁斯、迈克尔·乔丹、老虎·伍兹这些巨星呢？他们是少数天赋与才能兼备的幸运儿。对于那些靠辛苦努力而获得良好业绩，但未能获得"伟大"口碑的运动员，观众的兴奋程度可就差远了。从2002～2005年，底特律活塞队和新英格兰爱国者队等冠军球队就以拥有表现出色的队员，而非耀眼的球星而著名。

要找到恰好具备所有必要技能的理想人才是相当困难的。丰田的做法是投入相当的时间与精力，在全世界招募合格的、可培训的人员，在众多普通人中培养出高水准的人才。一支优秀的团队并不是由少数几个明星队员组成的，只有众多具备优异能力的队员团结一致才能构成一支杰出的团队。丰田并不依赖找到天赋超常的人才，天才毕竟难觅。丰田的领导者更愿意在个人现有的本质上下工夫，因为他们知道每个人都有追求成长的渴望，每个人都有潜藏的能力，尽管也许连他们自己都不知道。

我们在本书中将要探讨丰田培养人才的主要方法，培养人才并不是件有趣的工作，它需要长期的坚持与努力，是极其艰辛的。很重要的一点是，这种培养人才的过程并非只是培训，职业技能的培训仅仅是起点，优秀人才的培养远远超出了这个层面。在培养职业技能时所用到的工具，或许可以应用于培养人才工作的其他所有层面。因为那是教与学的核心概念，所以可应用于任何情况。

在《实践丰田模式》一书中，我们论证说明了丰田生产方式的核心概念与理念（以《丰田模式》一书中解释的14项原则为基础），可应用于任何工作现场。培养与开发人才的核心概念也一样，放之四海而皆准。吉姆·柯林斯在《从优秀到卓越》一书中，形容这种现象类似于物理定律应用于各种科学领域。他指出，一般定律本身其实并没有多大改变，只不过，我们对于它们的运作及应用方式的了解有了改变。这也是丰田成功的基本要素之一，千万不要打乱基本原则，要深入了解如何在各种情况下应用这些基本原则。在本书中，我们尽可能地呈现核心概念，并示范这些核心概念的常见应用。只要稍加实践，你就能在涉及教与学的各种情况中应用它们。

在丰田公司，培养人才的理念是相当重要的，在《丰田模式》一书所叙述的14项原则中，有6项与培养人才有关：

原则1 管理决策必须着眼于长期，即使为此牺牲短期财务目标也在所不惜。或许可以这样说，丰田公司最重要的投资是对人的投资。丰田公司对终生雇用制的热忱也正反映了这种价值观。

原则 6 工作过程的标准化是持续改善工作的基础。标准化作业和工作指导培训必须齐头并进。同时，长期团队的成员必须学会发现问题，并谋求改进。

原则 9 培训那些彻底了解并赞同公司理念的员工成为领导人，使他们能够向其他员工传播这种理念。教育员工是领导者最重要的技能，领导者必须深入了解他们的工作，以教育、指导其他员工。

原则 10 着力发展那些信奉公司理念的杰出人才与团队。团队要依靠训练有素的员工，学会如何同团队合作对于个人的发展是很重要的。

原则 11 重视公司的合作伙伴与供应商，不断为他们提出挑战，并帮助他们改进。供应商的人才水准必须与丰田相当，要以类似方式培养人才。

原则 14 通过不断的反思与改善，公司要发展成一个学习型组织。这被专门放在金字塔中的最高一层，因为一个学习型组织往往会拥有最好的组织绩效。

在丰田，教导他人是每位经理人的核心工作之一。培养员工的工作并不会给经理人带来任何直接的物质回报，也没有正式列入经理人绩效评估的项目中去。但这项工作的成效会反映在经理人所领导的团队或组织的所有绩效层面上。如果没有创造出乐于教导员工的氛围，团队的业绩一定会受到影响。丰田已经形成了高度重视培养员工，并将其视为取得长久成功的关键要素的企业文化。事实上，我们将在后面的章节中看到，如果组织未能适当地培训人员，整个体制将会停滞不前。

无情的现实

在过去几十年里，谈论组织内部培养人才的重要性并付诸实践已经成了一种普遍的趋势。许多公司的使命陈述中少不了"人是我们最重要的资源"这一项。人力资源管理引起关注，人力资源部也成为大多数公司的一个重要部门（人力资源部主管往往是公司中的重要角色）。可是，当我们参观一些公司并和员工交谈时，却发现了迥异的事实。我们发现，员工并未完全具备执行工作所需的技能，可以看出，他们连执行最基本的工作都有困难。我们试着去和那些领导精益生产转型的监督者进行交流，发现他们之所以被升为管理人员是因为工作卖力、对公司忠诚，但事实上，他们欠缺管理团队工作的基本技能。我们还发现，经理人和领导者缺乏一个培养和发展员工的计划，或是缺乏拟定培养计划的能力，更别提培养发展员工的方法了。令我们感到沮丧的是，许多公司把"精益"视为一个工具箱，但他们并不知道精益生产方案的主要价值在于培养出能够解决问题、实现改善的员工。

如果"人"真是公司最重要的资源，为什么公司在改进这项资源上付出的努力这么少呢？会不会是因为经理人认为他们已经做得够多了，或者"人是我们最重要的资源"这句话只不过是用来激励士气，使员工觉得他们受到了公司的重视呢？如果公司光说不做，员工们很快就会了解到，那只不过是管理层试图使他们对工作产生好感而做得更卖力的说辞。"快乐的母牛产奶多"，这是老生常谈的道理。但是，要提高绩效，光靠激励士气是绝对不够的。

许多公司明显欠缺一项东西，那就是有效的培训方法。我们和无数的公司和组织各层级人员共过事，每一家大公司在从技术到人力资源的许多领域中都有一些培训方案，许多公司也都有"精益生产"和"六西格玛"方案。这些培训方案多半是由能干的专业人员负责执行，他们有很好的资源，也知道自己在做什么。可是到了实际工作中，询问工作人员如何学习他们的工作中所需知识时，你会看到另一番景象。他们一直是以毫无章法的方式在学习。那些培训课程的确很有趣，但往往和他们日常的工作内容没什么关系。

一位经理人描述了他过去为掌握工作所需要的知识与技能而付出的艰

辛，他认为其他员工也应该这么做。自身的痛苦经历并没有促使他在当上经理后谋求改善，反而认为下属们也应该尝尝他过去吃的苦头，直到看到自己的想法与行为造成的后果（高离职率、不断出错而导致顾客的投诉、天天忙于救急、员工对工作的冷漠态度）时，这位经理才有所觉悟。他开始对员工进行指导，以确保他们在工作上取得成功。他为员工们提供工作上的必要技能，提升他们的能力，这些做法终于使他们找到了更多通往成功的道路。所有领导者都明白，只有下属成功，自己才能成功。

似乎人人都了解这一需求，也看出了其中的缺陷，但很少有人愿意面对现实来寻求解决的办法。为什么呢？为何尽管组织和领导者认识到了拥有训练有素的员工的重要性，却如此难以采取行动呢？或许是因为欠缺有效的工具（本书所述的"工作指导方法"就是一种有效的工具），或许是因为团队中缺少能胜任培训师的人才。不过，更可能的原因是：能否将训练及培训的工作做得更有成效，并不是关系到短期生存的要务，所以被组织及领导者忽视。目前的方法尽管很有限，且成效不佳，但还算"行得通"，公司还能够撑得下去，工作照样完成，短期目标还是能够实现。

不幸的是，在大多数公司，人力资源管理向来不是公司关注的重点，制造业、保健业、金融业、建筑业或交通运输行业都是如此。员工当然是公司经营不可缺少的一部分，但许多公司只把他们看成是达成目标的工具。据说，亨利·福特曾说过："我需要的是一双手，为什么还要加上一颗脑袋呢？"公司只需要员工"做"事，不需要他们贡献别的。思考、创造、改善、发展等活动交给有特定头衔的少数人就行了，如工程师、经理。况且，公司认为那些工程师和经理人应该已经从工学院和商学院学到了大部分知识与技能，他们并不怎么重视对这些专业人员进行严格的在职培训。

恶 性 循 环

大多数组织总是在困顿中挣扎，救急、暂时解决问题、再次发生，这是一种恶性循环，永远没有新结果出现，问题永远不能被彻底解决，只是得到了暂时的修补。同所有循环一样，你无法判断它从何处开始，也难以看出该如何做出改变。我们相信这个恶性循环始于有效培训方法的缺失，导致变化不定和无效的结果，接下来就得救急（这相当耗费时间）。这么一来，就没有时间进行有效的培训，于是，这个始终欠缺有效培训方法的恶性循环又会再次展开。图1-1呈现的就是这种恶性循环。

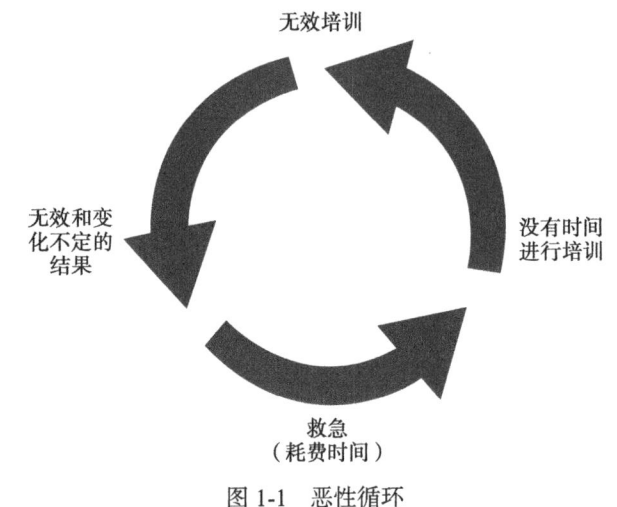

图1-1 恶性循环

打破恶性循环，开启成功之门

为了打破这种永无止境的恶性循环，当然得从某个点切入。尽管身处这一困顿循环的人往往认为没有时间培训，但我们相信问题并不在此。事实上，"你会为自己真心想做的事腾出时间。"如果说没有时间，其实只是你选择做其他事，你认为这些事更重要，让它们占用了你的时间。要摆脱这种恶性循环，唯一的方法就是开始行动，你必须为自己的未来投资时间，或是找其他能够投入时间的人。

我们认为，有三个因素最终会导致信息交流与学习不足，要打破这种循环，就必须瞄准这三个因素：

定义关键知识 组织欠缺用于定义工作关键知识的有效方法，不清楚哪些是成功完成工作的必要技能与知识，哪些又是个人偏好（可能因人而异）的技能与知识。有时，工程师和其他员工会用大量的时间去识别工作的关键技能与知识，但后来却发现人们会以截然不同的方式来执行，许多人似乎都有自己独特的工作方式。

转移关键知识 不论工作定义是否恰当，下一步就是把关键知识传授给其他人。这里就要看个人运气了，幸运的新手被分派给技能娴熟且足以胜任工作的培训人员。此外，这往往还要看特定工作是否缺人，是否拥有优秀的培训人员，通常情况下，"最优秀"的员工会被指派担任培训工作，但最优秀的员工往往不是最优秀的培训人员，反之亦然。

进行后续追踪 或许前两个缺点导致了组织对培训成效没有或只进行了有限的后续追踪。如果没有恰当定义一项工作的关键知识，又如何判断知识转移工作的成效呢？如果没有系统的、定义周详的方法以确保培训方法充分而且恰当，那么，培训效果将无法预测，而且会出现不一致的情况，因此无法精确测量。

这三个要素的整体影响和累积成品产出率（rolled throughput yield）的计算类似，累积成品产出率是经过一连串的步骤所得出的产出率，每个步骤都会产生一些质量上的瑕疵。假设上述每个因素的有效率为80%，那么，经历这三个因素的影响后，总效率就只有51%（$0.8 \times 0.8 \times 0.8 = 0.51$）！因此，要得出有效的培训流程，这三个要素都必须进行修正，例如使每项有效率提高到96%，总成效便能提高到88%，这样你的绩效就能达到优异的水准。

关键不在挑选人才，而在培养人才

1980年，当日本汽车公司制造出来的产品优于美国汽车公司制造商已经成为无可辩驳的事实时，福特、通用和克莱斯勒经常提出的借口是日本的员工较优秀，他们说，就平均状况而言，日本员工比美国员工更投入、更有智慧、工作更卖力。任何借口都有一项特性，那就是事实与"全部事实"之间有些许的细微差别，上述借口或许有部分是事实，但其谬误在于回避了"全部事实"。日本员工更投入、更卖力，并不是运气使然，甚至不是文化使然，而在于日本公司会投入非常具体的努力来培训他们的员工。

20年后的现在，我们经常听到类似的借口，只是言辞稍有不同。

现在，人们认为丰田的成功秘诀在于，它只雇用最优秀的人，丰田所拥有的条件使它能付给员工较高的工资与福利，因此能吸引并留住优秀员工。这些借口同样只是部分事实，而并非全部事实，丰田的工资的确较高，但并不是行业中最高的。

这些借口的问题在于，它们都回避了一些事实。丰田接管了通用汽车公司绩效最差的工厂之一，并使其成功运转。也就是丰田和通用的合资企业"新联合汽车制造公司"（New United Motor Manufacturing, Inc., NUMMI）。在NUMMI，80%的员工是通用原来的员工。丰田也在肯塔基州、亚拉巴马州、西弗吉尼亚州、印第安纳州、得克萨斯州设立工厂。在独立调查机构 Morgan Quitno Press 公布的2005年全美"哪儿的人最聪明"排行榜中，这几个州分别排在第35、43、34、26及24位。换言之，丰田在美国表现最差的几个州（我们无意冒犯这些州）设立工厂，使居住在那里的人们展现出优异的工作绩效。其实在日本，丰田的生产基地大都坐落在农业地区，早些时候，丰田的员工大都是些贫穷的农民。丰田希望雇用的是有强烈职业道德的员工，丰田倾向于在人们工作努力、有学习动力的地区设厂。

培养优秀人才，促进公司发展

组织必须打破不断救急又未能从根本上解决问题的恶性循环，只有公司不再找借口，勇敢面对事实，才有可能终止这种恶性循环。要实现变革，并使变革达成预期成果，必须先改变我们的动机，培养能干的人才必须成为公司的真诚期望。仅仅停留在口头上，或以悬挂标语表明这种期望并不够，公司必须真正地重视它，而且这个动机不能和其他别有用心的动机（如短期的财务回报）有直接关系。你必须对培养具有最高技能水平的员工充满热忱，明白只要用心这么做，公司的财务绩效自然会提升。对于许多企业主管而言，这是困难的飞跃，很多监督者并不明白下属的绩效和自身的成功有直接关系。抱怨欠缺什么或什么行不通要比进行改革容易得多。变革迫使我们面对未知状况，这是一种风险。过去的失败经历使我们认为这次同样会以失败收场，因此，我们不愿意尝试。

人员的培训极为艰难，有时不免会令人感到沮丧，组织或许会认为不涉及人员的变革会容易得多，但事实上，如果没有"人"的改变，就不可能执行并完成变革这一过程。"人"比机器或工作流程更难处理，他们有自己的想法与感受，丰田之所以能够在重重困难中坚持下去，是因为该公司的一项指导理念：只有人能够思考、解决问题和改进问题。丰田把"人"看成公司扩大与发展的关键。公司必须坚信"人"是成功的关键，并以此作为行动指南，建立制度以支持员工的努力。如果你说："员工是最重要的资产。"却又问："我能够从这一流程中裁减多少人，如何把这些多余的人裁掉？"那么，你就是言行不一。

市场竞争越来越激烈，经理人为保持竞争力伤透了脑筋。如今，企业和明智的经理人已意识到，他们有一个人才库等着去善加利用，它会帮助自己应付激烈的竞争。有些公司和经理人发现，若不在培养人才方面下工夫，就不可能生存与繁荣。可是，天下没有免费的午餐，公司也发现，要想使员工全心投入，会面对种种的挑战与困难。他们发现，改变员工的思维并不容易，此外，当员工投入工作时，他们的感觉、意见、想法会对工作产生影响。为应对这些情况，公司使用了各种更加注重沟通方式、时间管理方法和改善工作环境的人力资源方案，但却往往忽略了核心课题：员工在日常工作环境中，无法有效发展他们的技能，这阻碍了他们成为更优秀的工作者和问题的解决者。

但也有一些公司和经理人依然持有错误的观点：员工是可以被替代的，他们只需要具备完成工作所需的知识和技能就够了，员工是企业经营的成本。他们没有把员工视为一种必须发展的资产，而是把他们当作执行某个职能所需要的机器。如果员工像机器一样工作，不会反驳或威胁着要罢工，一切就更简单、更容易了。

我们常看到这两种截然相反的观念：一种来自那些了解员工重要性的组织和经理人，他们希望实施新方案，但却难以改变陈旧的思维和行为，不知道如何才能有效开发员工的潜能；另一种则是连变革的需要都看不出来的组织与经理人，他们根本就没有进一步培养和开发人才的观念，企业就是企业，员工一定是不希望看到企业经营良好的，所以，只要有可能，就必须尽量减少人员。本书旨在为处于这两个极端的组织与经理人提供一些指导。我们无法改变他们的想法或观念，但或许，我们能够对其中一方或双方产生影响。我们的重点是帮助你培养公司的员工，让他们熟悉自己的工作，只有这样，才能使他们在工作上有杰出的表现，并持续改善他们的工作。我们将在第4章简单地讨论一下天赋，以及如何挑选那些具备某项工作所需天赋的工作者，但我们并不认为，仅仅因为天赋存在差异，有些人就会比其他人更适合担任某些工作。当然，人是有差异的，有些差异是天生的，或者根深蒂固的。有些人天性外向，适合与其他人进行交流，从事销售工作；而有些人热衷于调试电脑程序，喜欢独立工作。个人的倾向、个性和性情是不同的，我们不会探讨如何找到最佳的个人与工作匹配，让员工发挥个人最大潜能。要使人员实现最高工作成效，必须考虑全部因素，我们将探讨的是最基本的重点——如何让员工掌握工作所需的核心技能，使他们在基础层面上游刃有余，进而开始创新并改善工作？

丰田公司似乎每天都会上新闻，这些新闻多半和公司的新成就有关，当然也免不了一些严重失误引起的大量报道，但从长期来看，这些挫折都微不足道，因为丰田拥有卓越的持续成长能力和获利能力，能够从挫折中快速恢复。没人能否认丰田所取得的卓越成就，而且这样的佳绩将会持续下去，我们在本书中要探究的，就是丰田对于培养人才的不懈努力与其显著成就之间的关系。

Toyota Talent | 第 2 章

丰田
优秀人才的摇篮

人才发展至关重要

丰田生产方式是如何发展到如今的规模的？似乎没有人知道确切的过程，不过，我们能确信的一点是，若没有优秀人才的支撑，现今的丰田生产方式很快就会分崩离析。我们了解到，在丰田生产方式的早期发展阶段，其主要创造者大野耐一希望能快速推广他的一些理念，却发现丰田的员工尚不具备足够的能力。他来到车间，想要完成某项作业，这需要具备多项技能的员工进行操作。但是在实施该作业的过程中，他却遭到了很多阻力。因此，他意识到必须要有耐心，他开始思考如何培养能够支持自己这些理念的员工。他知道，自己不能一味地命令员工遵循规则（尽管大家都知道，必要时，大野耐一是非常强硬的），他需要的是具备思考能力的员工，因为在落实新理念的过程中，随之而来的挑战需要员工运用思考能力。事实上，构建工作流的真正意图是让问题浮出水面，从而迫使员工思考如何解决问题并帮助他们提升自己的能力。

仅仅依靠几位管理部门的专家，是无法应付大野耐一加速推广丰田生产方式时必然会遇到的所有问题的，因此将导致该制度的失败。他需要的是一大批能干的员工，而培养大批优秀员工需要一份明确的计划。这需要时间与耐心，最重要的是毅力以及坚持不懈的决心，同时还要把握好每位员工的特质，处理好员工的质疑。

当大野耐一意识到精干员工的重要性后，他开始寻求一种能够满足这一需求的教导方法。他认为，美国在战后用来培训员工的工作指导方法正是他所需要的。自1950年起，该方法成了丰田用来培养员工的主要工具。今天，丰田员工的个人能力已经成为公司的标志。我们经常听到其他公司的管理层把丰田员工的能力视为一种不寻常的现象，或许只有丰田才能做到这一点吧。

事实上，丰田的确希望招募到一开始就具备成为优秀人才潜力的员工。具备一定的能力及学习的欲望，这是丰田挑选员工的唯一必备条件。其实，你若仔细观察丰田的员工，就会发现其实他们有着同其他任何公司员工相似的广泛特性——优点到处可见，缺点也到处可见。丰田员工也有类似于其他公司员工的问题，如缺勤、拒绝变革、缺乏干劲，甚至不愿接受丰田生产方式的理念。不过，尽管有着种种问题与挑战，丰田还是能够成功，这是因为它非常注重发挥员工的最大能力，并主动提出解决问题的可能方法，而不是我们常常在其他公司听到的，耸耸肩说："不然，你想怎么办呢？"或许，丰田已经意识到人类行为的现实性与局限性，因此，它才能利用人性欲望发展出一种能够把这些局限性降至最低的制度。

丰田根据应征者的潜力、他们是否适合特定工作以及丰田的企业文化，谨慎地挑选员工。应征者必须具备解决常见问题的能力，并愿意与团队进行合作。在被丰田录取之后，员工开始发展特定能力，丰田期望把员工塑造成符合公司需求的人，同时还希望能培养他们的个人兴趣、维护他们的权益。正是这种兼顾公司与个人利益的做法，使丰田员工成为一个满意度高、能够出色地执行工作的群体。不要以为丰田致力于培养员工、提供员工感兴趣的活动完全是出自公司利益的考虑，事实上，丰田的目的是为员工提供福利，进而使公司受益。

丰田生产方式需要高素质人才

丰田一直致力于改善其员工的培训方法，只要想想员工培训对丰田公司的含义，就不难理解其中的原因了。在丰田公司，所有流程之间都是相互关联的，这使得公司必须在不影响任何一条生产线速度的前提下，进行员工培训。若有任何一条生产线的速度减缓，将会影响工厂内其他数千名员工的生产，从而最终导致供应商的生产速度减缓。你可以想象一名新员工在生产线上焦急慌乱的忙碌情景，因无法跟上正常的生产速度，这条生产线将会因此不断地被暂停。再想象一下，这条生产线上的员工对于该生产线的不断停止并未做出任何反应，在这名新员工手忙脚乱的时候，其他人都在观望等候。如果你询问对这一情况该如何处理，他们会耸耸肩，回答："再过一段时间他就会熟练了，新人通常要花几星期的时间才能掌握要领。"你认为在丰田这样的公司，这样的反应就足够了吗？当然不行！然而不幸的是，这种情形在别的公司却很常见。

事实上，大多数汽车制造公司都采用移动装配生产线，他们很快意识到不能让能力欠缺的员工导致整条生产线的停产，因而员工必须具备最起码的能力，至少要能在规定的时间内顺利作业。然而，丰田的要求却不止于此。首先，它把"准时制生产"的理念延伸至生产线以外，把所有流程连接起来，使各流程之间的存货降至最低，这样如果其中某个流程中断，生产线的下一个流程将会很快受到影响。其次，丰田建立了任务质量检查和交叉培训，这意味着每位员工必须接受高水平的培训以准确地工作，否则，整个作业就会像纸牌搭成的房子，很快就会垮掉。此外，员工的培训必须在保证生产不受影响的前提下完成。

那么，为什么有这么多公司对员工进行很少的培训，仍然能够运转呢？那是因为他们并未把所有流程连接起来（而不相连的各流程之间有存货作为缓冲），因此，允许整个系统内有不同水平、不同能力的员工存在。他们无须严格地把新员工或受训者同化为具有相同能力水平的员工，因为这些新员工造成的影响有限，如果他们跟不上生产进度，下一个作业环节可以通过缓冲库存继续生产。在丰田生产方式中，这种情形根本不可能发生。在丰田，新员工的培训工作必须在保证最高质量与安全的情况下进行。这就是丰田生产方式的关键——该制度迫使每位员工在包括培训在内的所有方面都必须有优秀的表现。丰田生产方式的本质要求具有高素质的优秀员工，因此，员工的发展很重要，在《丰田模式》一书提到的"4P模型"中，人（people）就是其中之一。当然，"4P模型"中的所有 P 都是相互关联的，理念（philosophy）促使公司从长远角度出发，投资于适当相互连接的流程（process），而相互连接的流程又促使员工必须立刻解决眼前出现的问题（problems）。

丰田生产方式的循环性使得该公司能够培养出更加能干的员工，而能力更强的员工又使得这套生产方式得以长期强化（见图 2-1）。简单地说，如果缺乏较高能力的员工，精益生产就无法运作；若精益生产无法运作，就无法产生能力较高而且愿意不断改善该制度的员工。

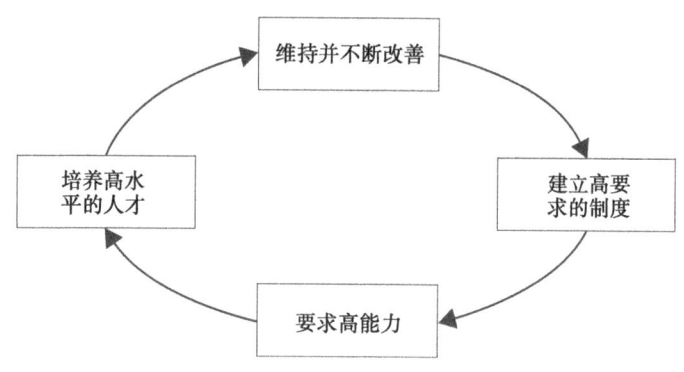

图 2-1　丰田生产方式与优秀员工

培训标准化：全球化的需要

由于员工的能力对于高度协调的丰田生产方式至关重要，因此，丰田必须不遗余力地对员工进行培训。为了加强员工的培训，丰田设立了三个名为"全球生产中心"的区域性培训中心：一个位于泰国，用以支持远东地区的发展；一个位于英国，用以支持欧洲地区的发展；另一个位于美国肯塔基州，用以支持北美地区所有工厂的发展。此外，全球各地的每家工厂也建立了卫星中心。

丰田在全球扩张经营时遇到的一个棘手问题是，缺乏技能足够熟练的培训员以培训和教导新员工。为解决此问题，它根据本书叙述的"工作指导方法"，形成了一套新的培训制度。在制订正式培训方案的过程中，丰田发现，这套新的培训制度能够消除不同培训者在培训方法上的差异性。在培训过程中，电脑起到了很重要的作用，包括用录像带示范正确与错误的工作步骤的互动式学习系统。但是并不是电脑在唱独角戏，每个培训中心还有经验丰富的培训员现场指导。要成为培训员，必须通过正式的测验。

肯塔基州的乔治城工厂负责培训来自美国、加拿大和墨西哥的受训者，该中心采用实训模式来传授基本技能。例如，在特制板上练习安装螺丝和拧紧螺丝，最后再在真的汽车上进行操作。每位受训学员可以根据培训员的反馈得知自己在每项工作上的表现。例如，在喷漆中心，受训学员练习用喷漆枪在双向镜上喷水，双面镜的后面安装了摄像机，学员可以通过观看录像带了解自己在执行喷漆时的表现，并据此改进自己的技术。

丰田发现，这套严格的标准化培训流程能够显著缩短培训时间。这套培训方法是以本书稍后叙述的"工作指导方法"为基础的，"工作指导方法"的目的是让学员学会把握工作重点，并帮助他们形成较高的能力。以前面提到的喷漆作业为例，这项工作的重点是把握喷漆的厚度与均匀度。丰田用以培养特定技能的方法很独特，它设计了度量喷水量的方法，以衡量学员的操作方法是否正确。当然，这只是入门练习，只有通过对真车的喷漆测试，该项培训才算合格，但这些培养基本技能的入门练习会大大缩短实际的学习时间。

受训者可以在练习过程中发展技能,这些基本技巧主要用于辅助"工作指导方法",目的是帮助新员工尽快掌握必备技能。在肯塔基州乔治城,小组领班和团队领导者必须通过丰田生产中心的培训流程,当然,有经验的领班可自行选择是否要参加培训。有趣的是,那些有经验的小组领班及员工,在参加培训后几乎一致认为这些培训流程使自己得到了启发,他们以往学到的可行方法往往不见得是最好的方法。这好比一位有经验的高尔夫球爱好者从一位职业高尔夫球员那里学到的宝贵一课。过去,这位高尔夫球玩家针对他遇到的问题(如曲球)不断地改进技巧,但相对于专业人士,这些调整只不过是一种折中。专业人士在观看他挥杆后会指出根本问题所在,若能改正这些根本问题,他便能明显改善自己的挥杆技术,最终提升成绩。

丰田的人事制度模型

在丰田,全体员工的培训及能力发展是公司人事制度的一部分。丰田人事制度的核心是培养人才,包括吸引有能力的人才,让他们投入、融入其中,成为丰田文化中熟练能干的成员。最后,这些员工将会持续改善他们最初受训学习的流程。此外,公司还有许多支援型组织和领导流程,以确保各级员工的胜任能力与投入程度。图2-2显示的就是人事制度模型。

同丰田方式的其他层面一样,在这个人事制度模型中,没有哪个部分是非常复杂的,但当我们把所有部分结合起来,形成一个完整的制度时,其整合过程就非常复杂且极具难度,即便对丰田这样的公司而言也不例外。丰田方式的组织文化本身就是一个大的话题,在此,我们以它作为探讨人才培养主题的大背景。

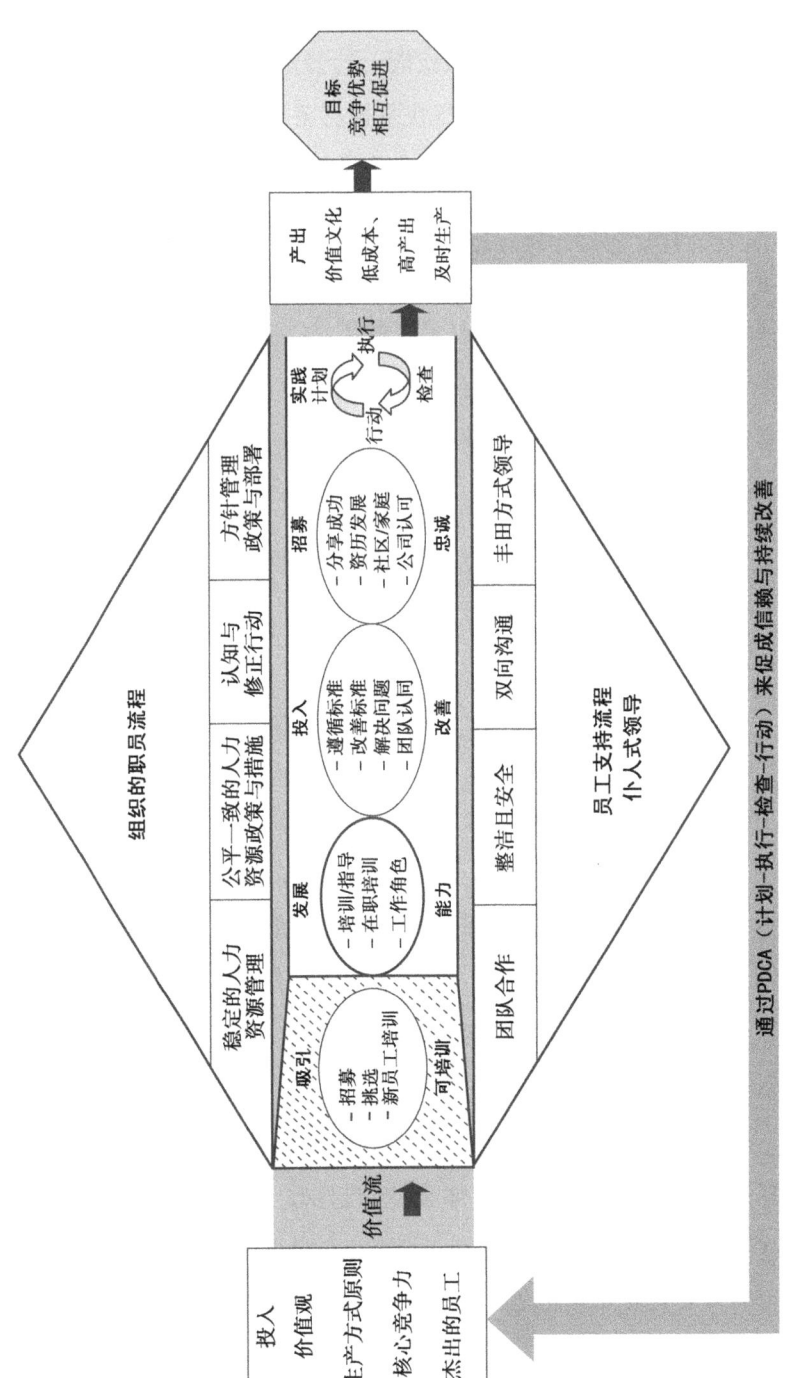

图 2-2 丰田的人力资源精准管理模式：丰田的文化塑造与人才培养模式，通过 PDCA（计划-执行-检查-行动）来促成信赖与持续改善

丰田的人事制度模型提醒我们，精益并非只是更有效地制造产品的一种技术性制度，在精益生产制度中，我们评估产品的价值流（value stream），以辨识、避免浪费。所谓价值流，指的是一连串的流程步骤，每个流程步骤都能为顾客创造价值。造成浪费的活动不会创造价值，只会增加成本。但是，由谁去避免、去除那些浪费呢？这就要谈到其中的另一价值流，该价值流"生产"的是员工（此即下文提到的"人力价值流"human value stream），他们是充满创意的思考者，他们会不断地改善产品价值流（product value stream）。因此，企业必须思考自己用以培训、培养员工的流程，反省它们是否经常采取行动来提升员工的技能。人力价值流的各部分充分反映了丰田追求不断完善、视员工为组织文化核心的价值观。人力价值流的目的，是培养出全心全意投入工作及参与企业发展的员工。

人力价值流的最初目的是吸引有潜力的员工，挑选出最合适的员工，并对其进行丰田方式的培训。下一步则是使他们熟悉职位角色，为他们提供工作培训与指导（"工作指导方法"就是在这个阶段运用的）。等到员工对工作的熟练度提高后，接下来的重点就是鼓励个人及团队发挥主动性，寻求改善与简化工作的方法。第四步的重点是员工的职业发展、同家人分享他们在职场上的成功，并把他们的心得体会推广至社区。此发展流程的所有层面是由一个不断追求完善的组织负责推动的，该组织力图促成企业与员工之间的相互信赖。

从这个人事制度模型来看，很显然，丰田最初目的不仅是使员工获得必备技能，而且还要使员工更积极地投入工作。丰田生产方式的目的是要发现与强调问题，而丰田人事制度的目的则是要使员工具备主动解决问题的能力。从人事制度模型的辅助流程中可以看出，丰田通过采取广泛的措施来鼓励员工的参与。本书的内容并不是探讨整个丰田人事制度模型，而是关注在人力价值流程中培训、培养员工的杰出能力，以使员工熟练地开展工作。

采用基本培训方式，充分发展员工才能

尽管本书的主要内容是如何帮助员工发展从事特定工作所需的技能，但是我们必须了解针对特定工作技能的培训与培养多才多艺的员工这两者之间的差别。员工必须具备工作技能才可以成功地开展他们的工作，这是进一步发展更多能力的基础。除了基本的工作技能，丰田也期望员工能够参与其他活动，如提高沟通技巧与领导能力、规划与发展新方法或程序、设计新产品或解决工作领域的问题。

丰田大学（属于丰田汽车销售公司）教务长迈克·莫里森在其著作《名片的另一面》(The Other Side of the Card) 中提醒我们，我们是独特的个人，名片上印着的正式头衔只代表我们个人的一部分而已，真实的自我有待我们去发掘（这本书的书名就是阐明此概念的一个比喻）。在这本书中，人们花时间去了解真正的自我，以及他们能够贡献给企业的独特能力。"名片另一面"的身份包括"愿景构筑者""勇敢的领队""关注细节的人""项目大师""航船指挥者"等，这些代表着个人在日常工作中经常忽视、忽略的独特才能与天赋。谈到"才能"，我们往往想到的是个人的独特天赋，尽管完成主要的本职工作是重点，但每个人还是可以发展杰出才能的，以便把工作做得更出色。

从本质上说，所谓发展，就是先学习，然后再教导他人，这也是学习工作技能的基础。本书所探讨的工作技能培训概念可用于任何问题的解决，包括那些和能力发展有关的主题。我们经常听到人们说，工作的某些方面是无法教的，特别是与"创意"有关的工作，或是那些需要个人"风格"的工作。但我们相信，就算是创意设计之类的工作，也可以用类似的方法进行指导。

来看一项非常需要创意的工作——画油画。许多人认为，作画需要有艺术天赋，对于缺乏艺术天赋的个人而言，这超出了他们的能力。但事实上，当一位画家作画时，若我们坐在旁边，并不会不停地询问他："你现在

在做什么？这么做有何重要性？"我们就会发现，作画这件工作其实是可以理解的，而且有不少普遍性原则。

举例而言，如果画家想在一物体和背景之间呈现出深度（在二维的画作中，并没有实际的深度，只有"深度的概念"），他便会在物体的外缘勾勒出深暗的线条，或许还会在物体周边的背景处加上一些阴影。当然，这些是几个世纪以来的画家们所使用的技巧。此外，还有一些其他明确定义的"规则"（在任何形式的创造中，定义规则是危险之事，因为创造的部分目的就是产生新的、看似不合逻辑的东西），例如使用互补色和对比色来创造出特定效果。我们若能仔细审视任何创造工作，就有可能找出更容易理解、更容易掌握的特定方面。

那些梦想从事艺术创作的人如果知道，就连梵高在二十几岁时的作品也被视为难登大雅之堂的话，应该会大受鼓舞。梵高先学习用色与比例等基本原理，同时和别的画家共事，以了解其他的重要原则。当然，他的名声大噪（梵高死后才开始出名）是因为他打破了一些传统的美学规则，但他并没有背离核心原则。

问题之一在于，大多数人在看任何情况时，考虑到的往往是事物的独特创意方面，而不是先想到共通的、能够言传身教的方面。当然，杰出的艺术家、运动员和设计师确实具有难以模仿的独特天赋。但事实上，一个人所具备的所有才能中，天赋大概只占了10%。举例来说，埃舍尔（荷兰版画家，其作品以几何画面构成奇特或引起视觉错觉艺术空间，极具个人风格，有"幻觉艺术之父"之称）创作了大量具有创意的独特作品。但是，在起步之初，他必须学习并熟练掌握绘画艺术的基本原理。埃舍尔曾在哈伦建筑与装饰艺术学院短暂研习建筑学，学习绘图与设计的严谨方法，而后再转向装饰艺术领域，学习不同形式的绘图技巧和木刻艺术。只有在学习了二维空间绘出立体图的基本技巧后，他才能找到奇特透视图法来绘制他那独特的"难以想象的结构"。埃舍尔说："我相信，如果你有一种强烈的愿望想画出好的作品，你就能做到。"任何流程或方法，有90%是可以复制的，因此，要取得很好的结果并非是不可能的事。

不过，切莫以为本书中介绍的技巧与方法过于简单，也不要认为你的工作太复杂或是需要太多的特殊能力，因而这些方法对你不管用。不论主题如何，真正的大师都能把基本原理应用于特殊情况。我们相信，如果你花时间分析你的流程，就会找出你的核心问题，也会发现所有工作中都贯穿着普遍的、可传授的关键点，找出这些关键点，并学习如何有效地同他人沟通，你就能帮助员工提升他们的能力。

丰田模式之传授标准化

过去，丰田一度依赖派遣总部的培训员到世界各地推广开展工作的方法，这种模式固然有效，但总部的培训员人数毕竟有限，况且他们的讲授方式也各不相同。为了对全球各地的丰田员工进行一般技能培训，丰田在各地区设立了全球生产中心。这种一般技能培训的方法之一，是在课堂上讲解一般的技能，包括基本技巧，至于特定的技巧则要在具体工作中学习。但是，这种方法（"干中学"）有悖于丰田的基本原则。丰田的工作站中有很多不同的工作，包括车身、冲模、喷漆、组装、塑膜等，要如何讲解这些特定技能呢？首先，你必须为每个工作站制订不同的培训方案；其次，你需要理解丰田所谓的"基本技能"概念。丰田分析员工在每个工作站的工作内容，从中发现了一套为数不多但足以涵盖此工作站大多数活动的基本技能。

以最后的组装流程为例，如果到丰田的组装线上走一趟，你会发现那里的员工似乎在执行许多不同的工作，即使是在一分钟的作业循环内，每一项工作都包含很多项目，需要员工执行一些不同的动作。但是，丰田分析所有工作后发现，只有8项基本技能是组装线的核心内容，这些技能是：

- 在内部表面拴紧螺栓或螺帽（拴紧钢板和锁紧表面）。

- 在任何六角表面拴紧螺栓或螺帽。
- 拴紧自攻螺丝。
- 把该连接的零件结合起来（例如连接线束）。
- 插入孔式插头（包括从孔内插入线束）。
- 校对机制（如只有符合规格才会变紧的扳手）。
- 锁紧交配紧固件（如在防锁刹车系统上拴紧耀斑螺母）。
- 记住标注（构建规格表）。

针对每项工作，让学员观看电脑屏幕上呈现的该工作的操作规范，这些"视频操作手册"的内容中说明了该工作及其关键点，并示范了该项工作的操作方式（包括正确的与错误的）。接着，让学员尝试操作视频中的模拟工作，培训员在一旁观看，并给予提示或告诫。等到学员觉得熟悉此工作的操作方式后，便拉动安灯线，请培训员前来进行测试。学员必须在规定的时间内以正确的方式完成此工作。

在此流程中，我们发现"工作指导方法"的基本原则之一是：把工作项目细分成较小的部分，便于学员学习。被指派担任培训工作的培训员们常常会犯一个错误——由于某项工作对他们而言很容易，于是，他们便认为这项工作对学员而言也应该很容易。每件事都一样，在你学会怎么做之后，它就会变得很容易。在每个工作站，假若你观察那些经验丰富的人执行工作，他们行云流水般的动作会让你觉得这些工作看起来似乎很简单。丰田非常注意分析这些关键动作，然后形成一个流程，让员工不断地练习操作，直到他们变得非常熟练。捡起螺纹扣眼这个动作看起来够简单了，但是要熟练操作这个动作，轻巧地用两指尖从手掌上夹起套环，且完全没有闪失（与此同时，还要跟上不停行进的组装线），一个扣眼也不能掉落，每次都精准地插入孔内，这就是丰田要求的技术水准。优秀与卓越之间的差别就在于此。

现在支付？还是将来？

熟练掌握丰田全球生产中心所教授的基本技能后，要学的东西显然还有很多，这就是由小组领班负责的"工作指导方法"，其目的是：让受训者熟悉特定工作标准。在受训者掌握基本技能之后，培训员便可以开始专注于培训工作细节。当此小组学员在学习另一项工作时，培训员就无须在基本技能上花时间了。这位组员可以更有效地掌握新工作，因为他已经知道如何正确地运用基本技能了。

我们经常听到经理人和管理者说，在培训员工时，他们没有时间做到这么多。其实，丰田花如此大的功夫，最终缩短了总的培训周期，并使整个生产制度的总成本显著降低，这远远优于让员工在执行工作的同时，以没有规划的方式自学技能。有一个故事能诠释这种一开始就投资于员工发展培训的理念，有一家传输公司的广告中，维修员对某位顾客说："您选择现在付钱，还是将来？"该广告的含义是，若不进行早期的预防性维修，传输系统的损害将会产生更高的成本。不幸的是，在员工的培训方面，许多人都会犯这种错误，他们以为，如果员工在工作岗位上做了一定量的工作，他们就能获取更多的初始价值；如果让员工在工作岗位外练习技能，他们就不能贡献任何价值。但是，如果员工未能获得充分的培训，公司的长期损失将更大。

图 2-3 显示的是让员工在工作岗位上实地演练的假设进度曲线（hypothetical progression curve），以及让员工先在生产线外学习基本技能，然而再走上工作岗位的进度曲线。从图中我们可以看出，在初期学习阶段，先在生产线外学习基本技能的员工确实并没有任何产出，但在学会工作技能后，他们能快速充分地发挥生产力。而一开始就在工作岗位上学习的员工，虽然初期阶段产生了一些贡献，但需要更长的时间才能充分发挥能力，同时由于他们并不熟练基本技能，因此永远无法达到应有的水准。除了生产效率的损失，实地演练法也加大了出现质量问题与工伤的风险。

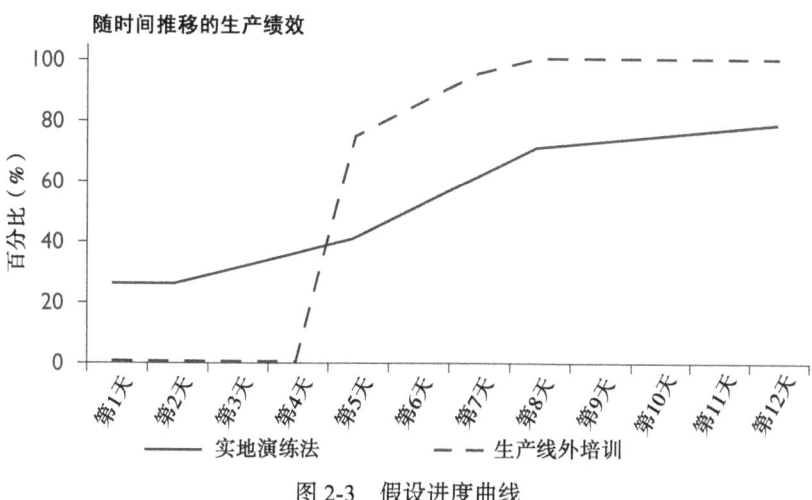

图 2-3 假设进度曲线

当然，此进度曲线也有例外的情况，有些学员在工作上能够快速学习，而在生产线外的培训中，花的时间比别人长，不过一般来说，两种方法的绩效进度曲线如图 2-3 所显示。我们在图中标注了天数，但某些较难的作业可能会花更长的时间，两种方法的学习曲线都会拉长。丰田在早期付出的努力无疑将获得更大的长期回报。

可以复制的成功

我们无法比较那些被丰田录用的员工和那些被其他公司录用的员工之间的能力差别，但从传统学术观点来看，我们不认为被丰田录用的员工有任何特殊之处。丰田的确很善于挑选具备良好职业道德，而且可被塑造成适应丰田方式的人才，一些离开其他汽车公司（如福特或通用）转任丰田公司管理者的人曾表示，他们此前的雇主采用的员工录用标准（传统的资格要求，如学历）甚至比丰田还高。丰田成功的秘诀在于，使普通人才展现出杰出的能力。

当然，在培训或发展人才方面，就算是丰田也没能达到完美的境界。毕竟，要培训成千上万的员工，仅仅依靠数百名生产线培训员和数十名课程培训员，难以面面俱到。况且，每个人的能力和投入程度都不相同，并不是每位领导者都会对员工的培训发展流程给予同等的重视或努力，而且他们的技能水平也有差别。

但是，区域性培训中心的设立，表明了丰田希望持续改善其员工的意愿。身为员工培训与发展的资深董事，酒井敦表示，丰田设立全球生产中心的目的，不只是为了让公司更具规模，也希望员工能发展得更好。酒井敦是丰田汽车北美制造公司前任总裁，后来返回日本担任常务董事，他也是丰田核心领导层的一员。酒井敦被指派领导员工的培训工作，其实有相当深刻的含义，在大多数公司，一位副总裁若被指派去领导员工培训的"普通工作"，多半会被嗤之以鼻。但是在丰田，这项工作被视为公司的命脉，它的最大挑战是：在丰田快速扩张及全球化的同时，必须维持高水准的员工发展。

其他公司能够做到这一点吗？我们相信，答案是肯定的。就某种程度而言，这很简单，你只需把员工的培训发展当成优先任务就行了。员工的培训发展并没有全新、显著的方法。然而，不幸的是，能够全心全投入、日复一日高度重视这一做法的公司却非常少见。世界各地有许多组织致力于培养杰出人才，我们曾经提到过一些团队和优秀餐厅的例子，若你的公司真想追求卓越，你也可以做到。我们在这本书中提出了一些方法和采用该方法的理由，但前提是，你必须把员工的培养发展当作公司或你职责范围内的第一要务。

第 3 章 丰田与 TWI

督导人员培训

丰田的员工培养与发展理念主要来自美国"督导人员培训"（TWI）方案。虽然丰田对此方案的材料稍加修改，但是公司内部目前使用的培养方案，其内容绝大部分与该公司在 20 世纪 50 年代的培养方案相同。作为其他方法的基础，本书以相当多的篇幅来阐释这种最早由 TWI 方案推出，后来被丰田采用的方法。与此同时，我们也添加了多年来的学习心得，因此你在本书中看到的内容未必完全是 TWI 方案或丰田现今做法的复本。TWI 方案也为那些内容并不重复、方法细节无法标准化的工作提供了职业培训的理念架构。

1940 年夏天，法国被德国攻克，这引起了美国政府的极大关注，美国大力加快了境内的军需品生产。但是，当时面临这样一个巨大的问题：许多技能熟练的工人被募征从军了，只剩下一些缺乏经验的工人来填补他们的位置。美国战争统筹委员会（War Manpower Commission）意识到，工厂迫切需要技能娴熟、经验丰富的工作者，于是在 1940 年 8 月推出了 TWI 方案，以支撑美国军需品、物资承包商以及其他为第二次世界大战生产物资的组织。

TWI方案的目标是提高生产效率，以期缩短战争时间并降低生产成本。美国战争统筹委员会培训局在1945年9月提出了用于总结整个TWI方案的《督导人员培训报告》。根据这个报告，TWI方案主要着重于"及时提高生产，首先为国防，其次为战争"。此外，这份报告也肯定了TWI方案在战事以外的重要性，报告中指出：虽然没有确定长期而又广泛的目标，但TWI方案对个人的发展和国家教育制度有很多的启示。曾担任美国国防部教育与特殊培训委员会主席的查理斯·曼恩博士写道：

我们都想满足战争的需要——通过对设备和人才的最充分利用使产出最大化。但在应对当前挑战的同时，我们也可以为将来奠定基础。我们现在为了提高工作者的生产效率，应付战争需求而对他们进行培训，并不是完成工作的权宜之计。它适用于个人，并与他的天赋和抱负相辅相成。这种培训成为对工作者的一种教育，他们怀着各自的期望接受培训，从事自己想做的工作，因而不论在心智、道德、精神还是技能方面都有所成长。

丰田显然深深赞同TWI的目标，因为该公司将重视人员及其自身发展的观念融入生产制度的每一个层面和整个公司（包括工作人员的职能）中。

俗话说，"太阳底下没有新鲜事"，有效培训的技术也是如此。早在20世纪初期就出现的挑战与问题（如员工抵制变革、欠缺技能、缺乏激励等），在现今的企业界依然存在。亚里士多德意识到了教育的挑战，他说："教育的投入过程很辛苦，但果实却很甜美。"

理念与方法论以循环往复的形态不断演进：先是出现一个好的理念，赢得相当程度的认同，然后它渐渐陈旧过时，随后又再度流行。现在我们所谓的"精益生产"，早在20世纪70年代就在西方企业界流行起来，当时被称为"准时制生产"（just in time）。后来在不同时期被冠以"改善"（kaizen）或"质量循环"（quality circles）的名称。

"工作指导培训"似乎也呈这种演进形态，第二次世界大战后，由于许多临时员工被战后归来的经验丰富的人取代，TWI方法的使用随之减少。与此同时，为了重建战后的日本，美国在日本积极推广TWI方法，并派遣制造业专家（其中有一些是TWI方案团队成员）前往日本推广现代制造方法。在丰田取得显著成功的情况下，TWI方法终于再度引起美国制造商的兴趣。

其实，TWI的概念可以追溯至远比第二次世界大战更早的时期，它们根源于查尔斯·阿伦（Charles Allen）提出的理念，他在第一次世界大战期间为造船业创造了一种工作培训方法。阿伦具有良好的教育背景和哲学思想，也不乏坚实的实践经验。他提出的工作培训体系基于以下四步流程：准备、展示、操作、测验。显然，这与"休哈特控制图"（休哈特把"休哈特特控制图"传授给戴明，戴明后来在日本教授此法）中的"计划、执行、检查、行动"以及本书所述的工作指导培训方法的根本原则是相似的。不难看出，此方法和丰田领导者的理念非常吻合，丰田领导者非常信赖这些自己亲身体验并总结出来的科学方法。

今天，丰田仍在继续使用美国在20世纪40年代推出的方法，只是稍加修改。看来，成功的关键并不在于发展出新理念，而是能够继续使用并提炼优秀理念。这或许就是丰田成功的关键。诚如许多人所言，丰田生产体系的主要理念其实是结合其他理念（如福特、戴明、TWI，等等）而形成的。丰田成功地继续使用并提炼出优秀的理念与方法。如今，源自TWI的理念与方法似乎完成了演进循环。见证了丰田的成功，许多公司再度掀起了采用TWI方法的热潮。

TWI方案包含四大部分：工作指导（job instruction）、工作方法（job method）、工作关系（job relation）和方案培训（program development）。公司先利用这些方案培养出内部培训员和督导人员，由他们去培训其他人，若每位合格的培训师能培训出数位督导人员（培训员），每位督导人员又培训出10名或更多的助手，TWI方案便能创造出乘数效益。

以下是每项培训方案的简要说明：

工作指导 TWI方法旨在帮助督导人员对没有经验的新员工进行工作培训。培训内容是根据数十年的实践经验设计的。随着时间的推移，这套培训方案的教材稍有调整，但它的基本前提依旧没变。这个基本前提是把工作内容细分成多个项目，确定重点，示范和练习操作，最后达到熟练的程度。丰田按照"工作指导"的方法把工作内容分解成多个项目加以分析，并按照四个步骤来培训。这个方法已成为丰田培训员工能力的关键要素。工作指导培训是由按照标准能胜任工作并有能力开展培训的培训师来执行，目的是要提高生产效率，缩短缺乏经验的新员工的适应期，并使员工对工作要点有更好的认识，进而提高工作的安全性和产品质量。

工作方法 此部分所提供的技巧与方法可以帮助督导员和员工系统分析每项工作的各个层面，探究所有细节来确定每项任务的必要性、工作顺序和职责。这种探究与评估有利于避免不必要的步骤与劳动，或者说是减少"浪费"，从而提高生产力。这项培训提倡向最接近作业流程的员工寻求意见，并为一个存在已久的问题——抗拒变革（人们认为抗拒变革是现代企业才有的问题）提供一些指导。

工作关系 此项课程旨在为督导人员提供处理及改善工作关系的一些方法。因为在战争期间，许多督导员缺乏经验，不懂得如何有效处理员工问题和一些重要的事项。这项培训课程的内容包括对员工表现的意见反馈、内部事项的处理、好的构想和表现的奖励、变革事项的交流沟通、工作能力的利用。

方案培训 TWI非常清楚，前三项内容成败的责任在于各个工厂。方案培训是为工厂内部的某些人制定的，这些人将决定特定的培训需要；然后制订出培训计划书，得到管理层的批准后，执行这些计划，培训督导人员；最后对培训方案的成效进行检验。由于需要这种培训的人员并不多（每个工厂可能只有一两个人需要这种培训），所以这项培训方案的实施对象较少（不过，当你的组织要推出工作指导培训方法时，它的角色就非常重要了）。

丰田并未对所有领导者开设"方案培训"课程，但丰田方式中似乎已经融入这些理念。"方案培训"的施行也遵循了戴明的 PDCA 循环，第一步是评估与分析细节以确定需求；接着制订计划书并执行此计划；最后是后续跟进以查核成效，并在必要时重复 PDCA 循环。我们将在第 4 章讨论如何制订一个全面而组织良好的人才培训发展计划书，以及由督导人员和员工制订的个别员工培训发展计划书。

毋庸置疑，丰田采用了 TWI 中前三种培训方案（工作指导、工作方法、工作关系），并且沿用至今。TWI 中的工作方法教材是以传统的工业工程为基础的，并谈到"去除工作中的不必要部分"（减少浪费），以及"充分合理利用人力、机器和材料资源"，再加上"方法"本身，就构成了丰田公司经常提到的四个 M：人员（man）、机器（machine）、方法（method）、材料（materials）。

加藤功是丰田最早的总培训师，也是大野耐一的助手。他指出，大野耐一当时觉得工作方法内容太狭隘，并且未包含大野耐一正在实验的生产节拍时间（takt time）、无间断流程（flow）、拉动式生产（pull-style production）等理念。因此，大野耐一下令停止继续使用原先的工作方法培训模式，取而代之的是由加藤功和丰田培训部门在原先基础之上提出的全新模式。这后来演变成丰田生产方式的参考手册，以及针对标准化作业和改善活动的专门培训教材。

值得一提的是，丰田绝对不会让 TWI 方案作为一个单独体系而存在，而是把这个方案深深融入整个丰田生产体系中。我们曾经看到一些采用传统管理模式的公司仅采用工作指导培训方法，主要是想加快新员工的学习过程，但它们并未采用精益生产体系。在传统的批量生产环境中有选择地使用 TWI 中的方法，其成效必然有限，因为在这种制度下，既没有明确的生产节奏，也没有在制品存货量。此外，在这种环境下，作业未经协调，但公司又鼓励每个作业加快速度和提高生产量，从而导致员工忽视了正确的工作方法，只追求速度和数量。

工作指导：发展人才的基础

工作指导培训方法可以指导任何人做任何工作，包括烹饪、做手术、系鞋带、组装、焊接或打棒球等（事实上，烹饪食谱的理念就源于在缺乏标准的前提下，实现终端产品一致性的需求）。对于要培训的工作，首先要明确工作内容，即操作的顺序和步骤是什么（what），其次明确每一步的关键点并知道如何进行（how）。若能成功明确这两项要素，培训成效一定能有所改善。任何工作都可以被系统地分解成这些要素，并且可以把这些知识传授给学员。当然，在工作指导培训中还需要加上其他的方法技巧，但明确工作内容（顺序和步骤）及每个步骤的要点，是这个培训方法的核心要素。

所有工作都可以分为两个范畴——已完成的体力工作，以及和此工作相关的知识。以产品检验为例，体力活动就是检验流程本身，包括在何处以及如何进行检验的特定动作——眼睛和手依循特定的视觉路线。至于要检视什么——问题或规格标准，就是相关的工作知识，包括区别产品多样性的能力，判断可接受与不可接受水准的能力，甚至还要判断需要采取哪些修正行动。

工作指导培训方法本身的设计比较适用于讲解工作的顺序步骤，但其原则也可用于工作技能培训。千万别以为此方法只适用于重复性质的工作。如果讲授产品检验的评判部分，我们会使用关键点来说明如何做出判断，其中有一些视觉或感觉标志可用于划分质量是否可以接受的物理界限。

本书将会展示在许多特别培训中（如专业工作培训）运用此培训的主要理念从而获得的成效，同时，我们会集中探讨你在工作现场和公司中该如何使用工作指导培训的基本方法来传授员工技能。我们首先用比较简单、重复性质的工作来示范说明此培训方法，因为这样比较容易了解。在了解了基本理念后，就可以把它们应用于任何情况。我们也将把这些理念应用于非重复性的工作，例如处理复杂的自动化设备及工程作业（虽然这些工作中也有一部分重复性的动作）。

我们也会延伸至其他领域，观察这种培训方法的基本理念是如何应用于保健领域和其他服务业的。在分析每个例子时，我们会重返核心主题——明确要执行的工作项目（what），再明确执行这些工作项目过程中的重要方面（how），这是所有讲解与学习的基础。丰田培训员工的基础，就是使他们详细了解执行工作的基本技能。

丰田与工作指导培训方法

工作指导培训方法使丰田学到三项重要的技巧。

第一，工作分解（job breakdown），分析工作内容以决定哪些是重要步骤，以及工作的各个层面该如何进行。这些技巧的应用使丰田员工形成了善于仔细、彻底地研究工作内容的良好习惯。工作分解也是本书第5~7章详细讨论的关于标准化作业流程的一部分。工作必须分成可施以培训的几个项目单元，才能有效转移重要知识。

第二，工作指导培训方法又称为"四步法"（four-step method），这四个步骤包括：使学员做好准备、展示操作、试执行、后续追踪。这是有效转移知识的流程。

第三，TWI教材提出制订计划书的想法，丰田加以扩大，纳入"复合型员工"（multifunction worker）的理念。丰田通过这项工具来评估员工能力的不足，并制定培训时间表以提高员工的技能。

毋庸置疑，丰田使用原版的TWI教材，成功培训出了负责执行工作指导培训的培训员。但在我们看来，就今天的工作现场而言，原版的工作指导培训教材太过简单化。丰田把工作指导培训课程作为起始点，但经过了多年的实践，丰田的管理者已经形成在工作现场中应用这些培训方法的超强能力。根据我们的经验，当学员完成10小时的TWI原版工作指导培训课程后，将会拥有运用所学知识的有限能力，但依然需要一位经验丰富的教练来指导他们。

TWI原版课程的局限性包括：在工作指导培训学习过程中，每位学员只有一次实际操练的机会，而且在教室里只能传授工作内容的一部分。这种培训方式不能提供足够的在工作现场进行实践的机会。不要想当然地认为设计一项工作指导培训课程，把人员送去上课，就能使他们变成能胜任的培训员。在工作指导培训方法中，后续跟进阶段是关系到培训成功与否的关键，你必须持续跟进，直到确信他们已经掌握正确的操作。

我们需要在此指出，丰田只对TWI原版工作指导培训内容做出了些细枝末节的修改，这很令人不解，因为这似乎与丰田历来极其注重持续改善的风格相悖。原版的授课方法倾向于照本宣科，没有偏离方案内容的空间，虽然这可能提高了标准化的成分（我们知道这点很重要），但我们发现，这样的授课方法很像一位演讲者直接诵读幻灯片上的内容。

跟丰田市场体系的任何工具一样，工作指导培训方法的实际应用应视情况而定，我们建议你维持核心方法，但某些培训方面可以根据需要加以调整。例如，在工作现场中以实际工作为例进行示范操作，这是更逼真的培训方法，当培训课程是在工作区域附近进行时，可以考虑采用这种方法。此外，每班的学员人数和总时数也可以根据你的特定需要加以调整。

工作指导培训课程

用以培训培训员的原版TWI工作指导培训方案包含10小时的课堂课程，每节课两小时，每班有10名学员。图3-1是每天课程的内容概要，课程的安排依循图3-2概述的四步工作指导培训方法。例如，第一节课一开始使学员放松，接着进行讨论，旨在使他们对如何培训和开发人才产生兴趣。

培训员会把第一堂课的大部分时间用于讨论有效培训的重要性以及领

导的作用，他会通过一个简单的例子来演示如何进行工作指导。接下来这种方法会被学员反复演练，而培训员会不断提出新的问题。

第一天
- 介绍（让学员放松）
- 激发学员的学习兴趣
- 帮助学员了解有效培训的重要性
- 回顾管理者的五项必备条件
- 示范欠缺成效的培训技巧
- 示范正确的指导技巧（工作指导说明）
- 回顾四步法

第二天
- 简短回顾第一天的课程
- 学员进行培训示范
- 讲授如何分析工作（工作分解）
- 回顾培训的必要准备工作
- 总结

第三天
- 简短回顾第二天的课程
- 回顾四步法（背诵口袋卡片）
- 回顾工作分解表
- 提出复合型员工培训计划书
- 学员进行培训示范
- 总结

第四天
- 简短回顾第四天的课程
- 回顾四步法（背诵口袋卡片）
- 学员进行培训示范
- 处理困难的教授事宜
- 总结及最后的鼓励

第五天
- 简单回顾第五天的课程
- 回顾四步法（背诵口袋卡片）
- 学员进行培训示范
- 总结及最后的鼓励

图 3-1　工作指导培训课程内容

第一步：使学员做好准备
- 使学员放轻松
- 告诉他们工作名称
- 了解他们对此工作了解多少
- 激发学员学习这项工作的兴趣
- 使学员处于正确位置

第二步：展示操作
- 说明、展示、示范每一个主要步骤，一次一个步骤
- 说明、展示、示范每一个主要步骤及其关键点
- 说明、展示、示范每一个主要步骤、关键点及关键点理由
- 明确、详尽、耐心地指导
- 一次不要教得过多而超出学员能够熟练掌握的能力

第三步：试执行
- 让学员尝试执行工作，并矫正其错误
- 让学员再做一次，并解释主要步骤
- 让学员再做一次，并解释每个主要步骤的关键点
- 让学员再做一次，并解释每个关键点的理由
- 重复，直到你确定学员已经充分了解

第四步：后续追踪
- 指派学员一项工作
- 告诉他们向谁请求协助
- 经常检查他们的进展
- 鼓励发问
- 逐渐减少后续跟进中的指导

图 3-2　工作指导培训四步法

每节课的课程设计都是以上一节课为基础的，并把教材分成小部分，陆续发给学员。每一天都要挑选学员为第二天准备培训示范，所以第一批示范培训的学员比较不利，因为他们只看过授课教师示范过一次，还未学到如何进行工作分析，所以，一般而言，他们的示范表现并不是很好。但这似乎是合理的安排，目的是让这些未来的培训员知道，当学员尚未获得充分培训或做好充分准备，而且只看过一次工作指导时将会出现的情形。工作现场中所常见的情形是，某位员工只看了一次工作示范，组织就期望他能把工作做得很好。

课堂上有一大部分时间是让学员练习培训示范，每位学员必须以另一位学员作为受训者，示范他所了解到的工作指导培训方法。每一班有 10 名学员，每一段培训示范为 20 ~ 30 分钟。因此，每一节课将有半个小时的时间用于示范。个人的亲身培训示范被认为是最好的经验，但其根本目的是期望每个学员能从别人的示范中学习。

事实上，一种新方法只练习一次，绝对不足以熟练每个技巧，再者，课堂上的示范比实际工作简短，而且只包含实际工作的一小部分。此培训课程并未让这些未来的培训员具有通过处理历时更长、更复杂的工作而获得的亲身经验。

新一代的培训员返回到工作岗位，开始培训他的同事，但是，在只接受了工作指导培训方法的简短入门课程的情况下，这些培训员对于新技巧只有极少的经验。在丰田，每位新培训员在返回工作岗位后，由其他技巧纯熟的培训员和团队领导者（这位领导者本身也接受过工作指导培训方法的培训练习课程）做进一步指导，这些管理者已经有多年的亲身经验，非常熟悉培训流程。当然，丰田并非一开始就有如此雄厚的人才培训能力，它跟你的组织一样，从零做起，必须学习如何与日俱增地强化其人才培训技巧。关键要从管理层做起，才能为指导新的培训员奠定坚实的基础。

你可以根据需要修改课程长度以多容纳几名（或少容纳几名）学员，但每班学员不要超过 15 人，因为学员人数过多时，多增加的示范往往会过于重复，使大多数学员只是观看而不能演示。若减少需要的人数，或许能让每位学员在课堂中示范演示两次。最好的情形是把学员分配给经验丰富的管理者，让他们在实际工作现场进行一对一的指导。丰田维持 TWI 的 10 小时课程形式，只有当学员少于 10 人时，课程才可能缩短。

为了帮助培训员，工作指导培训方法的基本概要浓缩于一张卡片上，可放进他们的衣衫口袋里（称为"口袋卡"）。口袋卡片的正面记载培训活动之前、进行中和之后所要做和要注意的详细事项（见图 3-3），卡片背面则是四步法（见图 3-2）。在这些图中，为了清楚说明，我们加上了一些内容，但实际上，为了浓缩于一张可放进口袋的小卡片上，卡片内容必须简短。

培训活动之前、进行中和之后必须注意的项目

工作指导培训必须注意的事项

培训活动之前
- 制订复合型员工培训计划书
- 判断培训需要，并安排培训时间表
- 确认培训员的时间是否可以保障
- 确保工作区域整齐有序（比如你期望维持的工作环境）
- 备妥所有工具与器材
- 完成工作分解表单
- 确保你本身的工作有人代替，避免系列活动被中断

培训活动过程中
- 确保学员安全
- 绝对不要假设他们已经知道某项目
- 评估学员的学习成效，并重复评量，直到你满意他们的表现
- 密切注意学员的执行过程

培训活动之后
- 对于工作的指派要明确（任务量、时间）
- 在他们完成后进行评估
- 评估他们是否维持良好的安全习惯
- 以提问的方式来检查他们的知识
- 必要时，提供进一步培训

工作指导培训员的座右铭："若学生没学好，是因为老师没教好。"

图 3-3　培训活动必须注意的项目

培训过程分为三个阶段：培训课程之前、培训课程期间、培训完成之后。课堂培训和实际工作上的培训都是依循相同的阶段进行。在公司推出培训方案之前，或是在为受训者进行培训课程之前，必须先评估公司的需要，以此制订出一份计划书，也必须确保准备妥当，以及培训课程涵盖所有必要的内容。将在工作区域指导工作的培训员也要遵守这些原则，培训员必须有一份计划书，并保证一切事项准备妥当。

在任何培训活动进行的过程中，培训员必须随时评估当下的情况，做出必要调整。培训员绝对不能假设受训者已经学会，必须观察学员，直到

确定受训者已经学会为止。在培训培训员的课程中，总培训师必须确定每位学员的能力，在课程中，总培训师可以提供更多的指导，同时，他也必须和学员在工作现场中的指导员商谈此学员的情形，以供后续跟进。受指派到现场继续培训新培训员的工作现场指导员对于工作指导培训已有经验，且技术熟练。在丰田，工作现场的指导员通常是团队领导，也可能是技术熟练的小组领班。

后续追踪阶段很重要，学员成功完成受训课程后将返回工作岗位，但他们仍需要进一步指导，丰田使用工作指导培训方法已有数十年，因此公司有足够多的现场指导员，可进一步指导新的培训员。至于刚开始使用这种方法的公司，可能需要几年之后才会培养出优秀的现场指导员。若没有现场指导，培训将类似于这样的情形："我已经教你如何做了，现在，你上阵吧！"学员不可能在接受 10 小时的课程培训之后，就能执行有效的培训工作。

丰田设立了"总培训师"（master trainer）制度，总培训师负责培训在工作指导培训课程中承担培训工作的培训员（即总培训师培训培训员，培训员则负责培训生产线上的员工）。每个工厂里可能只有一位或两位总培训师，总培训师必须承担培训培训员的课程，此课程长达 40 课时，所有将在工作指导培训课程担负培训工作的人都必须先通过此培训课程。总培训师得学习如何为培训员上课，他的培训能力将受到另一位总培训师的严格监督，这与师徒制性质相似。

总培训师也必须负责评估组织的需要，并在必要时对其他培训员提供培训与支援。各作业区的管理监督层必须熟练工作指导培训方法，并为他们所属作业区的培训员提供必要的指导和后续跟进。

迈向卓越的起点

我们已经讨论了 TWI 和丰田所采用方案的一些细节，在向丰田学习如何培养杰出人才的过程中，这对你有何帮助呢？TWI 对丰田而言是个极佳的起点，而丰田的方法与思维也可以成为你的一个极佳的起点。

TWI 很符合丰田公司领导者的思维。有趣的是，TWI 是为了应付第二次世界大战期间的特定需求而推出的方案，使新进的工作者快速上手以维持美国工厂的生产速度，但实际上它的应用范围却不仅于此。

TWI 方案以亚伦及其团队推出的理念为基础，扩大到工作现场的管理制度，其实际意义超出工厂作业现场之外。对于正确的讲解与管理有许多重要假设，包括：

- 人员的有效学习方式，是通过培训员的讲解，进行循序渐进的操作，进而学习流程的各个环节。
- 学习各个环节后，还需要额外的时间把所有项目结合成一个整体，在执行工作的过程中，也需要持续的指导。
- 每个环节必须明确界定，并结合起来形成标准化流程，才能有效教导学员。
- 人员的培训发展是工作现场中的持续过程，需要在督导员（教练）和作业人员之间创造和睦的关系。
- 督导员的角色是教师与教练，并培训与发展执行工作的人员。
- 这种长期的人员培训发展过程，最终结果是提高产品质量和生产力。

这些并不必然是 TWI 明确陈述的假设，但至少是该方法隐含的假设，并且吻合逐渐演进发展而成的丰田方式。它们会引起以丰田家族创办的事业为发展基础的丰田领导者的共鸣。丰田毕竟是从农业社会的一个务农家族所创办的事业逐渐发展而成的企业，他们是亲力亲为的务实者。几个世纪以来，父辈教授后人耕作技术，丰田懂得如何教授，而 TWI 为继续传承那些已经使用了几个世纪的教育方法提供了基础。

我们认为，内部有许多不同工作的各种类型的公司可以从这个基础上学到很多东西。任何组织若能以 TWI 的基本理念为起点，思考人员如何学习，以及员工不断进步的价值，应当能显著提升组织的绩效。本书后几章节将告诉你如何进行实际操作。

第 4 章 | Toyota Talent

组织应做好的准备

万事开头难

我想你一定急于开始培养优秀人才的旅程，也想知道如何拟定人员培训计划。不过，你还未做好准备，需要拟定一份更详细的计划来为你的组织做好准备。在开始旅行之前，你应该先了解自己目前的状况，以及想要达到的目标。我们先从一个流程着手，该流程基本上与解决问题所使用的过程相同。在解决问题的过程中，第一步是定义目前的状况，并探究背景情况，背景情况中必然有需要探究的重要问题。然后，你必须了解这趟旅程的终点是怎样的。如果不先做这些工作，你如何知道自己是否走在正确的道路上呢？

丰田闻名于世的两件事就是一丝不苟的计划与准备。我们强烈建议你仿效丰田的这种作风，多花点时间进行事前计划与准备，以避免日后再来修正错误的麻烦与困难。这可能并不是什么有趣的事，多数人都会急着赶快上路，但是，做好事前准备，并了解必要事项，是非常重要的。你必须考虑许多问题，例如：要花多长时间才能达到期望的水准？要实现目标，需要哪些资源？该如何来培训这些资源？

在这一章,我们先来探讨丰田的人才发展流程,图4-1总结了整个流程。我们在这一章讨论的是,在你正式开始工作指导培训流程之前,组织应该做好的准备工作。你必须了解组织的需要,制定培育与发展员工的组织构架,规划哪些人员要接受培训,并挑选及培训培训人员。在本书的第二部分,我们将探讨辨识关键知识的流程,包括把工作分解成易于培训、受训者容易吸收消化的单元项目。在分解工作后,你便会知道要教授什么,就可以展开培训了,这是本书第三部分要讨论的四个步骤:使学员做好准备,展示操作,试执行,后续追踪直到学员能够真正独立执行工作。最后,你必须确认人员持续学习、取得成功、持续改善的流程,这是本书第四部分探讨的内容,这些步骤的每一步都有挑战,需要日积月累地学习。

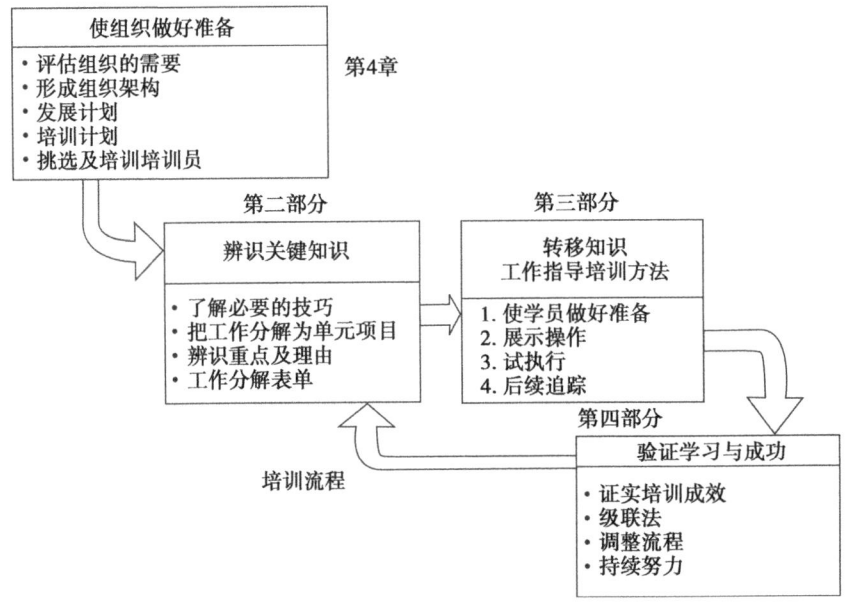

图4-1　丰田的人才发展总体流程

如果这些描述还未使你很明显地看出过程的艰辛,我们要再次提醒你,要完成这些工作,得投入相当大的努力,你必须做好准备。你或许曾经在电影中看过胸怀远大抱负的年轻人乞求经验丰富的师傅教他成功的秘诀,例如,森田则之主演的《小子难缠》(*The Karate Kid*),这位学徒一开始满怀热忱，等到他发现需要付出艰辛努力时，满腔的热忱也开始变味，在剧中，那位师傅让一心想学空手道的年轻人不断地洗车打蜡。

在好莱坞的影片中，主人公总是在沮丧无比、准备放弃的前一刻，才会发现成功的秘密。我们并非有意让你感到气馁，但你必须有心理准备，这趟旅程未必会像好莱坞电影的结局那样，一定会有戏剧性的情节发生。你必须付出极大的努力，必须耐心地坚持下去，才有可能看到回报。不过，我们可以向你保证，如果你勤奋地去实践这些方法，必定会有收获，而且可能超出你的期望。

定义组织需求与目标

在丰田的人才发展流程中，第一个问题是："为什么要开发员工的才能？"要回答这个问题，我们建议你考虑你的事业所属的市场现状。能干的员工当然有助于改善你的经营绩效，但是，在开始之前，你最好先明确定义你的需求范围。我们需要的是能够支持我们事业的才干。切记，培训流程是整个行动的一部分，你的整个行动是要在实行你自己的"丰田方式"。

思考你想要获得什么，以及你的事业需要。你的事业所属的市场目前正在成长扩大吗？你的公司正在努力迎合顾客的需求吗？

若是如此，你的人才发展流程应该着重改善生产效率（如改善效率的一些关键点，进行工作分析以去除浪费），或是招聘更多的员工以扩大业务。培训人员可以着重发展技巧以快速而有效地培训新进或现有员工。在建立人才发展流程时，你必须先说明组织目前的需求。例如，我们的需求是使用此流程让新进人员更快速、更有效地投入生产，并使他们掌握必要的技能。

你的组织是否需要使产品更快速地问市？你是否要借助这个流程来加速产品的设计流程，并让产品更快问市？若你的组织从事的是服务业，那么改善顾客体验就是你的一个目标。例如，医院可以着重改善患者的照料与患者的感受（包括患者家属的感受），降低成本，加速整个体制治疗患者的速度。

你的公司是否想成为所属业务领域的市场领先者？你是否想在所属产业达到最高的顾客满意度？你必须了解你的组织目标，再看看这些目标和人才发展之间的关联性，在这个过程中，很重要的一步是从外部立场来了解你的事业需求，即辨识出如何才能提高竞争力，使你的事业获得成长，并成为领先者。从长期来看，你的目标是培养一批不论优先目标是什么都能胜任的优秀人才。下一步是从内部立场来考虑需求，即该如何改善组织内部的近况，如员工离职率和员工满意度。表 4-1 列举出了常见的内部与外部指标，在下一节，我们将讨论如何评估组织的现状。

表 4-1 企业绩效分析

绩效指标	绩效恶化	绩效持平	绩效持续改善	备注
安全事故率	×			高于产业平均水平
质量（内部成本）			×	
质量（外部顾客）		×		
生产能力/效率	×			
盈利能力		×		
总成本		×		
员工投入				
——质量循环	×			质量循环方案停止
——建议方案	×			无建议方案
无故旷工率		×		
员工离职率	×			第一年内离职
其他				

有一点毫无疑问，那就是丰田也遇到了和其他公司一样的挑战，但它的竞争优势在于拥有完善的制度，以及知道如何运作这些制度的优秀人才。丰田把工作指导培训方法作为取得成功的一项工具，知道如何视情况来调整工具，以实现特定结果。这意味着，其流程能够根据特定情况进行调整。当然，它可以用普通方式运用此流程以提升整体绩效，但此流程也可以用在特定的需求上。

许多人认为标准化流程欠缺弹性，但事实相反，就如同机械操作者一样，一套标准工具可用来完成许多工作，这要视不同的需要而定。

评估当前状况

你必须充分了解公司目前的状况，包括外部的和内部的。这里有多种方法可以使用，任何组织内部都有许多评估绩效的指标。我们建议你全面检测公司的绩效指标，对管理层和员工进行访谈、亲自观察、交流，并寻求其他信息（如顾客反馈或员工意见调查）。

表 4-1 提供了公司绩效指标分析的一个例子，分析企业绩效指标的目的是为了检查过去几年的趋势。一般来说，如果组织未呈现绩效上升趋势，则表明员工的能力发展停滞。我们建议你先分析过去与现在的公司绩效，如利润率、生产率、质量水准和安全性。如果绩效指标并未显示持续改善，就代表员工未获得发展。此外，也必须了解绩效是否趋于恶化或持平，如果绩效变差，进行改变的紧迫性会越来越高。

表 4-1 是非常简单的摘要，并不是详尽的绩效图表（这些简单摘要是在详尽分析绩效图表后得出的）。这些指标可以帮助你弄清需要改善的项目，确定在人员培训中应该针对的特定领域。举例来说，若质量呈现恶化趋势，根本问题可能是未有效认清与质量有关的重点，在培训过程中也缺乏良好的沟通，或者说员工没有真正理解哪些是与质量有关的重点。通过访谈员工，以及让员工示范他们如何执行工作，可以确认此假设是否属实。若这确实是个弱点，就可以在执行计划和培训过程中特别针对这点。

其他指标，如员工离职率和旷工率，也可以表示整体的员工满意度。表 4-1 中，有一个备注表明此处的员工离职率指的是服务未满一年的离职者，而这个绩效指标正趋于恶化，这表明组织未能有效同化新员工。若员工对工作不满意，他们很快就会认识到这点，并可能尽早离职以减少他们本身的损失。这是个特别麻烦的信号，因为这代表着对所有员工的培训投人都将付之东流。老员工的离职率可能代表其他因素（如竞争对手公司的薪酬较高），未必就表示员工对整体工作环境的不满。

旷工率的提高可能隐含更迫切的问题。员工需要挑战与激励，若组织未提供适当的挑战和可以激励他们的学习机会，他们就会觉得枯燥乏味而开始逃避工作。旷工率是离职率升高的前兆，应该视为未来问题的严重警告。你应该使用人才发展流程，使员工积极投入到更具挑战性和启发性的活动中去。对工作有更深入的了解，有能力去为他人进行讲解，这对于员工来说绝对具有足够的挑战性！

你也许无法从组织内部取得所有绩效指标的确切资料，在这种情况下，你可能需要使用一些主观信息（几个人的综合意见也许是正确的指标信息），不过，在这种情况下，并不一定要取得准确的指标，你只需要了解绩效的大致情形，以及需要改善的领域。

追根溯源，搜寻信息

接下来，我们建议你进行员工访谈。如果组织规模不大，你或许可以直接和每位员工进行交谈；若是规模较大，就可能得进行有代表性的抽样访谈，这比匿名的问卷调查要好，因为日后你可以整理一些意见。图4-2是进行员工访谈时所提出的问题范例。

询问员工当他们刚进入公司时，或是刚转调至新工作领域时的感想和经验。进行员工访谈的目的，并不是要找出在才能发展方面不理想的员工名单，而是要了解整个情况，以及现行制度的缺陷（最终，人人都对缺陷负责，除非是专属某个领域的缺陷）。

你可能会注意到有些员工并不在乎是否接受过工作培训，他们在工作面前表现得很坚韧，尽管信息有限，但仍会找到成功的途径。他们很可能是那种勇于接受挑战的人，不会轻易跳槽，但大多数人在得不到足够培训与支持的情况下，就不愿再坚持了。

关于需求评估的员工访谈

- 你目前的工作是什么？
- 你担任目前的职位多久了？
- 你的前一个职位是什么？
- 你担任前一个职位多久了？

针对担任目前职位不满一年的员工，请问下列问题：

- 你第一天担任此职位的情况如何？
- 是否受到同仁欢迎，并告诉你一些重要问题，如紧急逃生、休息区、洗手间、吸烟区等？
- 督导员是否花时间向你说明工作的期望与要求？
- 此单位是否指派一名培训员负责你的学习？

针对所有员工，询问下列问题：

- 最近学习一项新工作是在什么时候？
- 当时的培训情景如何（在时间的适当安排、注意点、细节等方面，培训员表现如何）？
- 你觉得负责培训你的培训员对此工作非常了解吗？
- 你觉得你对此工作有足够了解而能胜任，并符合期望吗？
- 你知道哪些安全性规定？（请说明）
- 你知道有哪些质量要求吗？（请说明）
- 督导员知道并了解你的工作要求吗？
- 对于改善培训流程，你有何建议？

图 4-2　需求评估：员工访谈范例

询问员工，在他们开始新工作之前，公司是否会让他们熟悉工作环境？有没有向他们仔细解释政策与措施？督导员有没有向他们说明安全程序和紧急逃生程序？我们发现，许多单位都急于要新员工开始创造价值，忽略了必须让他们熟悉环境，以及让他们觉得受到组织及同仁的欢迎。

另一个了解情况的方法是，要求员工教你如何执行他们的工作。有时候，这是个非常具有启发性的活动。要特别留意他们对于安全性与质量的重点解说。我们经常听到员工在培训他人时指出："至于如何做这件事我有自己的方法，其他人有他们的方法。"这显示了方法的培训和工作内容的不一致。这是你在未来的培训中要重点针对的项目之一，即在未来的培训流程中，对于工作要素必须加以阐述，并提高一致性。在员工解说其工作指导时，你应该评估细节、深度，以及他们对工作的了解程度。在这一步骤前，你可能要先对标准化作业和工作分解进行更深的了解。只有自身先深入了解工作，才能更适当地评估这些员工是否充分了解此工作的各个项目，以及各工作项目的重要程度。

建立组织构架

在评估组织状况后，你必须弄清楚要实现目标所需要的资源，这主要取决于公司或工厂的员工人数，我们建议至少平均每10名员工就必须有一人符合承担工作指导的要求。未来负责工作指导培训的人将不属于培训部门的全职人员，而是工作团队中受过工作指导培训且受训合格、可培训其他员工的培训员，我们称他们为"工作现场培训员"。在丰田，每位小组领班和团队领导人都是合格的工作现场培训员。因此，合格培训员与小组成员的比例大约是平均每4～6位员工就有一名工作培训员。

若公司的员工人数300名，你也许可以采取类似图4-3的组织架构。由一位高层经理担任培训方案的倡导者或主持人，他应该出席工作指导培训课程，但他本身并不需要具备充分的培训能力（不过，有此能力更好）。在员工人数超过300的情况下，最好有一位总培训师督导整个培训流程，以确保培训工作的一致性。总培训师自身也必须接受过培训，能够培训其他员工。同时，他也必须具备组织技巧，能够规划及概述用来实现期望成果的培训流程。总培训师之下是获得认证的工作指导员。总培训师将负责培训及支援这些工作指导员。工作指导员将负责培训这些工作现场的培训员，他们通常是督导人员。总的来说，合格的培训员越多越好，但这种架构需要投入较多的时间与成本，而且要实现较多人员具有合格的培训能力的目标也非易事。

规模较小的公司不需要上述数量的培训资源，但员工与培训员的比例仍应维持在约10∶1的水平，如图4-4所示。在这种情况下，也许不需要负责督导整个培训流程的总培训师，由其中一位工作指导员负责协调整个培训流程，他负责规划与监督这个流程，包括确认成果。由于这种情况下的培训师较少，因此，必须由具备相关资质的工作指导员和方案主持人（倡导人）肩负一些活动的责任。例如，方案倡导者必须承担此培训流程的部分责任。在规模较大的组织中，这些责任是由总培训师承担的。

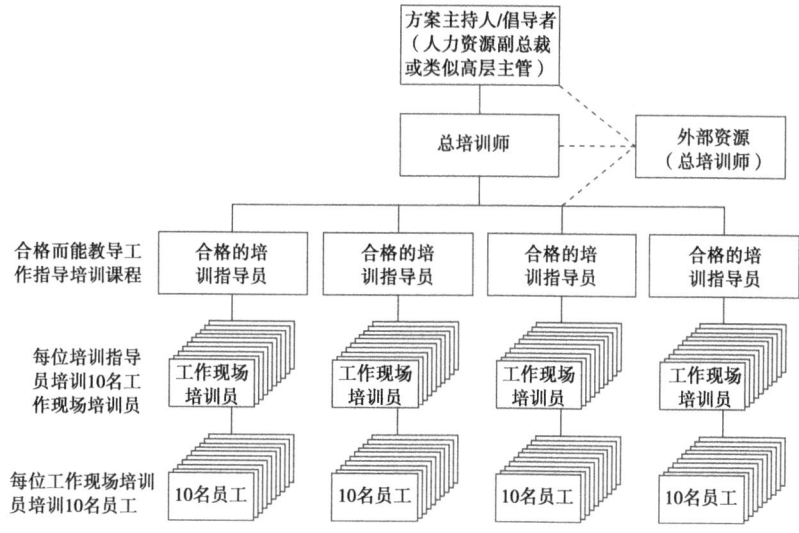

图 4-3　公司员工人数超过 300 人的推荐组织架构

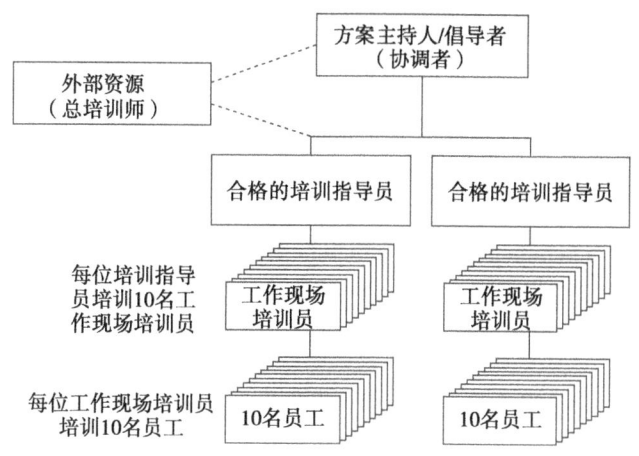

图 4-4　公司员工人数少于 300 人的推荐组织架构

你很可能会发现，组织中会有些人对教导与培训其他人的工作很感兴趣，你应该以此为起点，建立适合组织的人才培训架构。我们认为，每位督导人员都必须出席工作指导培训课程，督导人员应该在他们所属的工作区负责对培训员提供支持。至于推广培训流程和协助培训其他培训员的工作，我们建议由员工自愿担任，而不是指派某些员工来担任这些工作。

挑选培训员

许多人误以为一项工作中技能水平最高的人将是最优秀的培训员，不幸的是，通常并非如此。原因在于其工作所需技能和培训他人所需要的技能并不相同。举例来说，技能娴熟的培训员未必是速度最快的那个人，但他仍能有效地培训其他人快速胜任工作。培训员只需要知道如何讲解工作技能，让受训者能有效地执行工作，加上不断的培训，训练有素的学员经过一段时间便能熟练这些技能，从而胜任这些工作。

在此必须指出，每个公司的组织架构不同。丰田在工厂有独特的组织架构，其他工程部门和支援团队也采取类似的组织架构。小组领班（制造部门的时薪工作者）是工作团队领导者（制造部门的月薪人员）的直接下属，团队领导者负责拟定培训计划书，小组领班（每一小组约有5~6名小组成员）协助培训工作。小组领班了解其工作区域的所有工作，因此，他们能够培训所有工作。所以，要由熟练的工作人员培训其他人如何承担这项工作。在挑选小组领班和工作团队领导者时，必须注意的条件包括适合担任培训员的特性。在此要重申，培训员并不是全职的培训职位，人员培训只是他们职责的一部分，我们并不建议使用全职的培训员来指导小组员工的工作，培训员应该是团队中的活跃分子。

由于在职培训工作是各部门内的职责，因此，你不需要，也没有这样的资源来成立一个由几名精心挑选的教师组成的小型培训中心。并非每个部门都有人员可以成为理想的培训员，但你也应该规划将由谁去执行培训工作，培养这些人，使他们尽可能具备优良培训员应该具备的特性。其中有些特性是后天形成的，其他特性则主要与个人的性格有关，不一定能学习而得，或是不容易改变，你得尽可能挑选合适者。不过，通过分析长处与弱点，尽可能挑选及培养最合适的培训员，你的成功率将会扩大几倍。

优秀培训员必不可少的天赋

所有工作都需要特定的基本技能，工作特有的核心知识和日积月累所形成的诀窍。此外，每个人的某些特质也可能会适合特定工作，这些特质往往难以量化，有时候，它们被称为"天赋"，或者也可以称为"直觉"。

在挑选培训员时，我们必须考虑工作所需要的技能，基本技能可以教授，通过不断练习而发展。由于他们可以学习而获得，因此，我们不需要寻找已经具备这些能力的人。人员进来后，可以发展出这些能力。几乎任何人都能够学习培训的基本技能，但是，"直觉"往往是天生的，是个人与生俱来的一部分。我们可以发掘个人的潜在能力，但如果一开始就有基本资质，就会更容易。

就培训员而言，我们可以把这些直觉视为个人特质或个性，许多长期研究显示，个人的一些基本特质长期而言相当稳定，这并不是指人们无法改变一些特定倾向，不过，它们难以改变，并且不太可能改变。例如，内向或外向就是这种个性，有些人成为焦点时精力充沛（外向者），但是有些人觉得这样太累，他们偏好内敛（内向者）。从长期来看，这种个性倾向通常不会有多大改变。有趣的是，一般人可能认为优秀的培训员应该是个外向者，但我们的发现却并非如此，在规模较大的培训班中，外向者可能比较吸引注意力，但内向者也可能成为优秀的培训员，特别是一对一的指导。因此，这种倾向对于承担工作指导培训的能力并没有多大影响。

根据我们的经验，在挑选培训员时，有些性格特征值得考虑。这些并不是心理学研究所得出的结果。我们也相信，这些特质中有一些比其他特质更容易通过学习而获得。这里要强调的是，缺乏其中任何一项特质并不代表此人不适合，毕竟，要找到具备全部特质的个人并不容易。

乐意并有能力学习

所谓教学相长，对施教者而言，学习的重要性并不亚于传授。爱因斯坦曾说过，谎言的定义是："一再重复做相同的事，却期待有不同的结果。"把这个逻辑稍加推理后可得出：一位教师从不根据具体情况进行调整，却期望获得不同结果，这是荒唐的。真正优秀的培训员，本身也是优秀的学生。培训员必须要有要持续学习与成长的愿望和能力，并把自己的学习所得融入培训工作中。通常，在那些努力学习并愿意接受新挑战的人身上，我们可以找到这种特质。

适应能力与灵活变通

每一种培训环境都有所不同，如涵盖的内容、学员能力、工作现场当时的状况、培训时间等都会有差异。成熟的培训员必须具备培训方法中的核心能力，但他们也必须具备针对不同情况进行调整的能力。那些培训方法僵化的人必然会面临爱因斯坦所定义的荒唐情况。不要每次都以相同的风格和方法施行于情况不同的场合，却依然期望获得令人满意的结果。

真诚地关心他人

培训员必须关心学员，真诚地希望学员在工作及生活上获得成功。这种关心包括尊重他人，能够为学员着想。学员能够很容易地感觉到培训员对他们的真诚关心，若培训员对学员不是真诚关心，他们的态度与行为对学员会产生不良影响，这种负面影响可能会持续。我们很容易辨别一个人是否具有这种个性，那些不需要他人要求就会自发地尽力帮助他人学习的员工，就具备真诚关心他人的个性。

耐心

培训工作需要相当大的耐心。理想的培训条件很少见，培训过程中充满各种挑战，每位学员的能力不一，有些人需要更多耐心的指导与练习才能熟练工作。若培训员很容易气馁，或是不能坚持到学员成功地完成学习，学员可能会感觉到培训员的沮丧，因而无法放松地专注于工作。成功的培训员必须学会在培训课程开始之前，使学员放松心情。

毅力

培训员必须坚持学习流程，直到实现期望的结果。成熟的培训员了解每位学员的不同需要与能力，在面临无数障碍时，他们必须能够坚持下去。容易打退堂鼓或以为只需要向学员示范几次就够了的培训员，将会在许多培训状况下感到困顿挫败。许多能干的人常犯的一个错误是，以为人人都有和他们相同的能力。因此，当学员未能快速领会时，有些培训员会认为学员欠缺学习能力，这是错误的假设，会让培训员和学员都产生挫折感。不要把毅力和好斗或顽强坚持混为一谈，不停地烦扰学员将导致学员的愤怒。有毅力是指能够坚持流程（并在必要时调整方法），直到实现期望结果。

负责任

培训员必须对培训结果的成功负责。有许多人试图把工作做好，但不愿意对结果负责，尤其是他们自认为不在他们掌控之下的结果。在人员的培训方面，如果学员失败，就代表培训员失败。在整个培训过程中，培训员必须做出无数决策。如果决策导致不良结果，培训员必须对决策负责，并提出新计划，以获得较好结果。

信心与领导力

培训员必须有信心与自信。学员把培训员看成是专家，培训员在其能力遭到挑战、阐述遭到质疑时，应该保持信心。培训员被视为权威者，而不是专横独裁者。培训员必须以身作则，他们应该在施行培训的主题上表现出精通与熟练度，没有什么比教师不懂教材更令学生感到沮丧了。培训员必须既不过度施压，又不过度散漫马虎，给学员提供正确的指引。

质疑探究

培训员应该有质疑探究的态度,他们必须质疑为何培训会得出某种特定结果,并探究如果要实现不同的结果,必须做出哪些调整与改变。他们必须探究工作内容,充分了解每一步的重要性,以及如果哪一步骤未正确完成,将会发生什么结果。培训员不能满足于"我想,这样应该是正确的",他们必须非常确定。学员将会在培训中充满疑问,优秀的培训员本身已经提出质疑、探究过答案,并愿意和学员分享他们所学到的东西。

需要后天习得的基本技能

任何人只要有学习意愿,就可以熟练掌握下面将要提到的基本能力。有些人在这些领域有好的天赋,不过,只要持续不断地练习,再加上一位经验丰富的老师指导,几乎人人都能在这些领域变得熟练而精通。

观察力与工作分析能力

仔细观察和分析任何可能出现情况的能力也与适应性有关。如果培训员不能从学员的培训成效中看出微妙迹象,就无法做出必要调整。所有培训员必须观察分析以下三个培训阶段:

- 有能力观察目前的工作方法以辨识成功执行此工作的重要部分(也就是前面提到的"关键点")。这项能力可能需要观察其他人,或是需要培训员本身在执行工作时自我省思,或是把观察他人及自我省思结合起来,接着,要把这些观察转化为工作分析表,为实际的培训课程做好准备。

- 在培训课程中有能力观察学员、发现问题。如果培训进展太慢,培训员就必须加快速度;如果学员未能领略概念,培训员就必须把内容进一步细分;如果学员难以学会某个步骤,培训员就必须稍加调整，并特别加强这个步骤的培训。

- 有能力分析最后成果，判断培训方法的成效，把这些心得纳入后续的培训课程。培训员必须持续观察学员，直到百分之百确定已经有效地完成了培训。

有效的沟通技巧

沟通技巧并非只是能够清楚解说而已，在某些培训状况下，根本不可能开口说话（例如，在某些危险的环境中，培训员和学员必须穿着防护衣，因而无法说话），或是有语言隔阂的情况。这时的沟通包括肢体语言，培训员是否营造出轻松且积极的气氛？培训员是否密切关注学员展示工作的步骤，并在正确完成步骤时给出肯定意见，表现出他们对学员的关切？以正确的态度来沟通是成功培训的要素之一，培训员必须展现正确的态度，并指出、展示及强调某些动作。

培训员当然也必须能够清楚而简洁地解说，但有些培训员无拘束地畅谈，以至于漫谈到无关的主题，未能保持在和工作有关的解说上，这将不利于学员专注于重要的工作内容。

有效倾听和正确诠释问题的能力，是沟通技巧的另一面，这通常为主动倾听（active listening），不只是倾听，还包括主动诠释看到和听到的内容。

注意细节

注意细节与敏锐的观察力有关，不过，留意细节要彻底而周全。培训员必须在培训课程开始之前，确认工作场地的准备工作彻底而周全，可以保证培训课程在不受干扰的情况下进行。培训员必须确认工作细节完全准确地依照规定执行。虽然注意细节可能反映的是一个人的个性，但也可以充分地灌输给员工，注意细节就是他们在工作中表现出来的一种态度。

工作知识

培训员必须具备扎实的工作知识,这似乎是很明显的道理,但我们必须阐明"知识"的含义。我们并不是指粗略地了解如何承担工作,这是相当容易做到的事情;我们指的是从经验中累积而形成的更深入的了解。例如,有关质量问题的知识,可帮助培训员找到正确的关键点,以预防质量问题发生。培训员也应该了解有效执行工作的诀窍,他们必须能够汲取其他人成功完成工作的诀窍,并在培训状况中灵活应用。

同仁的敬重

人们比较愿意聆听并接受他们所敬重的人提出的意见。当一个人具备此处列出的特质与能力,并表现出对他人的尊重时,就能赢得别人的尊重。如果学员们觉得培训员不够认真,知识不足或不真诚,这样的培训员不太可能赢得学员的敬重,在他人心中缺乏可信度。其实这并不算是一项基本技能,但只要培训员努力,就能赢得同仁的敬重。

甄选流程

表4-2总结了上述个性与基本技能,可作为挑选培训员时的评估工具,并列出假设人选。我们把个性与可传授的基本技能的平均评分区分开来,也列出了总平均分数,但要注意的一点是,有些人的总平均分数虽然比较高,但也应该分别考虑个性倾向平均分的差异和可传授的技能的评分差异。举例来说,艾玛的平均分数低于杰西,但她在个性倾向上的平均分比较高;艾玛较弱的部分可能是那些可传授的基本技能,例如留意细节。但这四个人都可以成为有效的培训员,就连平均分数只有2.2的马休也符合期望。

表 4-2　培训员能力评估表范例

		培训员能力评估表			
		姓名			
		艾玛	杰西	马休	迈克
品质／个性	学习意愿	4	3	3	2
	适应能力与灵活变通	3	3	2	3
	关心他人	4	2	3	3
	耐心	3	2	2	3
	毅力	3	3	2	4
	负责	3	2	3	3
	信心	2	3	3	3
	质疑探究	3	3	2	2
	个性平均分数	3.1	2.6	2.5	2.9
基本／可传授的技能	观察力与分析能力	2	4	2	3
	沟通技巧	3	3	2	3
	注意细节	2	4	2	2
	工作知识	3	4	2	4
	同仁的敬重	3	3	3	3
	基本技能平均分数	2.6	3.6	2.2	3.0
	总平均	2.9	3.1	2.4	2.9

注：0～1=低于期望；2～3=符合期望；4=高于期望。

你应该把挑选标准和每种个性的评分当成参考，而非绝对的决定依据。一开始时基本技巧与能力评分较低的候选人，从长期看也许是合适的人选，但在成为足以胜任的培训员之前，需要更多的培训。我们建议你着眼于长期，致力于培养所有有潜力的候选人，如果团队里有更多技能娴熟的人员，这也绝对是件好事。

当然，还有其他需要考虑的因素。我们认为，最重要的要素之一，是有成为培训员的强烈欲望。当一个人有实现目标的强烈欲望时，成功的可能性较高。若以武断方式挑选出培训员，培训员可能视这项工作为负担，而非机会，这种感觉往往会伤害到学员。因为期望有较高成功机会而想成为培训员的人，将对学员散发出热忱，这比一位被迫担任此工作者更为理想。

为全体员工拟定培养计划

所有领导者都应该把部分时间投入到培养每位员工（包括他们自身）上。明智的领导知道，正在成长进步的人更快乐、生产效率更高，而更有能力的员工能够更有效地支持领导者和公司。当员工能够发挥他们的才能时，便能对自己、公司及团队提供更多的益处，个人的绩效表现和团队及公司的成功是密不可分的。

人员培养计划并非只是你想要某位员工学习的工作与技巧，或是改善其绩效弱点。在拟定员工培养计划时，有以下三项因素：

（1）务必使员工学习执行其工作所需要的工作技能。

（2）规划培养相关工作技能，如成为一名培训员，学习解决问题的方法；或成为某些特定工具与设备的行家里手，如计算机或编程工具。

（3）考虑每位员工的个人成长与发展，如领导力的培养发展，或是追求其他目标如取得更高学位，或是想得到另一个部门的工作机会（如生产线小组员工成为生产规划员，或取得会计学位或调往会计部门）。

除了基本的工作技能外，明智的领导者也重视员工个人的整体发展，这样的领导者将会更成功。他们了解团队成员的未来需要与期望，有些员工想追求公司内的其他机会，这意味着你将损失你的人员投资，但长期而言，这样的损失将使公司内所有人都获益。

在乔治城丰田工厂，有一名生产线小组员工表示他想成为技术行业（维修部门）人员。其工作团队领导认为，就短期而言，这将使其团队获益；长期而言，则对这名员工和公司都有益。因此，该领导者在其培训计划书中让这名员工参与团队的持续改善工作，通过协助设立团队建议的各种项目（如新的工作站或新的器材设备），这名员工得以练习及发展他的技能。该领导者有焊接及制造的工作经验，能够对这名员工提供这些领域的知识。这支团队因为有一名成员能够协助该团队提出构想，因而获益；这名员工本身因为对工作更投入，整体满意度提高，因此获益；整个公司也会因此获益，因为强化了持续改善的精神，也培养出一名技能水准更高的员工（公司总是欠缺维修人员）。当然，该领导者也会受益，因为他多了一名生产效率更高的员工，以及一支满意度更高的团队。最终，这名员工被选调加入技能学徒项目，对该团队领导而言虽是损失，但对这名员工和整个公司来说，却是有益的。

个人成就的不断突破

第三种发展和个人的兴趣有关，可能为目前的工作带来益处，但也可能不会。有些经理人认为，帮助员工促进个人的发展是在浪费时间。经理人何必拟定计划，帮助某位员工学习最终可能使他离开现有工作的东西呢？例如，这名员工可能想取得会计学位，调往会计部门。但是，明智的经理人明白，个人的兴趣和组织的需要通常是有关系的（尽管关联性可能不是很密切）。李嘉图·赛姆勒（Ricardo Semler）在其著作《天天都是周末》（*The Seven-Day Weekend*）中分享 Semco 公司的经验智慧，该公司帮助员工开拓他们的个人兴趣和赛姆勒所谓的"人才储备库"（reservoir of talent），与此同时，也实践公司本身的议程。赛姆勒指出："若我们（公司）想实现的目标和他们（员工）的目的一致，我们将取得事半功倍的成效。员工自我满足的同时，也实现了公司的目的。他们成功，我们也成功。"

领导者必须做出决策，支持及帮助员工实现他们期望达到的境界和目的，并明白从长期来看，这样的决策将使员工愿意支持领导者和公司。员工若感觉受到某种限制，欠缺挑战性，或无法参与自己感兴趣的活动，就不能充分发挥自身的能力，把工作做到最好。

以那位想进入技术行业项目（维修工作）的员工为例，他有从事这种工作的自然倾向，先前也学习了一些相关的技能。在丰田，团队中有人具有维修技能也是一件非常有益的事情，公司希望成员能实现本身的构想，或是和其他同仁合作。因此，团队中若有人想学习这类技能，当然是好事。

员工个人有兴趣而期望获得的培训，并不一定要其领导者施行，领导者只需要提供让员工获得培训的机会即可。员工自身必须对发展工作之外的技能负责，让他们为自身的成长与发展肩负一些责任，这也是测试一个人实践能力的好方法。我们往往认为自己想要什么，但并未实际采取行动，努力实现自己的愿望。在这方面的发展，并没有限定完成时间，完全由员工自身自行决定。

我们的一位同事，任职于制造业推广教育中心明尼苏达分会（Minnesota Manufacturing Extension Partnership）的比尔·马丁森，在一所社区大学教授作业管理课程，班上一名学生克里斯廷表示对课堂上讨论的某种工作感兴趣，并询问马丁森可否让他陪同前往某客户公司，进行进一步了解。恰好，我们正在这个公司进行"工作方法改善"课程（TWI课程中的一种），马丁森建议克里斯廷参加此课程。克里斯廷被该公司人员接受，并立即全身心投入，非但没有造成该公司的成本负担，还做出了很大的贡献。更重要的是，他愿意投资自己的时间去发掘自己是否对这类工作感兴趣。通过一番努力，克里斯廷拥有了绝佳的经验。在他在实际寻找并接受这个领域的工作之前，他能够毫无风险地有机会去了解自己是否真的想从事这类工作。这实在是相当宝贵的一课！

白金汉及科夫曼在他们的合著《首先，打破一切常规》（*First, Break All the Rules*）中指出，许多经理人犯的一个错误是，他们着重改善员工的一个弱点，而不是设法使他们发挥长处。经理人与其每年把表现不好的员工送去接受敏感度培训（sensitivity training），还不如设法运用他们的天赋与能力。每位员工都有一些不受欢迎的个性或特质，白金汉及科夫曼强调，经理人应该把员工安排在使他们的天生缺点最小化，并能有效发挥优势的工作上。

员工在工作上有哪些长处与短处，这相当容易评估。倒是发掘天赋方面比较困难，这些通常是未使用到的长处或天赋。一旦加以运用，将会激起他们的全新欲望，重塑他们对工作投入的渴望。要发掘人员的天赋，方法之一是直接问他们，与他们交谈，去发现他们的爱好和兴趣。你也许已经知道他们的爱好，但你应该尝试了解更多，了解他们为什么喜欢做那些事。例如，他们的爱好是否需要像解谜之类的分析能力？如果是，他们可能天生喜欢做需要分析技巧的工作。

在最近的解决问题培训课程中，我们发现，有些人似乎很自然地受解决问题流程的吸引，有些人则不是这样。若想寻求人们的天性倾向，就必须发掘喜欢这类活动的人，我们认为或许能借助询问他们喜欢哪些种类的游戏来了解。例如他们喜欢解谜与分析之类的游戏呢，还是喜欢策略性的游戏？例如猜字游戏或者纵横字谜游戏？通常，答案会出人意料。你以为你很了解某人，但询问过这类问题后，你可能会发现，你真正了解的并不多。

除了问他们喜欢什么游戏外，也要问喜欢的原因，以了解他们是否会下意识地和工作现场中的类似活动建立关联性。我们经常发现，人们无法看出自己喜欢的事情和工作中的活动有何关系。

少数人表示，他们不喜欢任何种类的游戏。遇到这种情况，需要进一步探究。也许，他们是务实派，认为玩游戏是在浪费时间，那么，你可以思考是否在某些情况下，务实是一个优点？询问他们的目的，是要了解什么东西能够激发他们，使他们感兴趣，再把那些有趣的、激动人心的事物和类似的工作活动连接起来。如果能找到这种关联性，使员工从事他们真正喜欢做的事情，将会受益匪浅。一位经理笑言："要是我能找到一种方法让工作像钓鱼一样，那就好啦！"这就是我们至今还未能找到的关联性。

人才培养流程

本书分为四部分来研究人才培养流程。第一步是组织为培养优秀人才做好准备，这个重要步骤为成功的人才培养流程奠定基础。虽然这个步骤中的某些部分在将来有可能会重复或再评估。但一般而言，这是个一次就能完成的流程，而本书后面的三步将说明培养优秀人才所必须遵循的实际流程，这些步骤将会一再重复。工作区的状况经常会发生变化，必须重新评估工作方法，交流新信息，对现有方法进行必要修正。

后面三个步骤（概述如下）将需要投入非常多的精力与时间，这三个步骤是实际培养人才的工作。我们建议你在展开整个流程之前，先逐渐提升你的能力。建议你挑选一个工作区，和培训员进行这三个步骤，学习如何有效地实行整个流程，然后再推广到工厂的其他地方。切记，务必彻底完成每个步骤后，再进行到下一步，如果转移的知识不够完整，稍后再回头重复相同的流程，是非常缺乏效率的做法（这种"矫正"就是一种浪费）。不过，通常在投入流程后，你的能力会得到提高，将会发现更多细节。因此，在学习过程中，你可能会有一两次从头开始的情形。

辨识关键知识 在完成组织的必要分析和拟定计划书后，实际培训流程开始之前，辨识关键知识是必须做的第一件事。在辨识关键知识时，最好是一次针对一项工作，由一名培训员和熟练的工作者一起执行。我们建议一开始时，挑选有几名培训员的工作区作为试验区，让培训员和工作者深入挖掘和辨识关键知识（工作解析）。在完成这个初步尝试后，培训员培养出了处理信息的能力，就可以把这个方法应用于其他工作区。许多人常犯的错误是，在未能形成很强的能力之前，就大规模地展开人才培训流程，其结果通常停留在表面而不能持久。因此，切记务必先形成足够的能力，再把人才培训流程应用于整个组织。

由于许多人对于工作有哪些重要层面，以及该如何执行经常会混淆不清，意见产生分歧，因此，在刚开始的几次，这个步骤将非常费时，等到掌握初步知识后，新的学习或流程变革所带来的后续改变就会变得比较少。

辨识正确的信息是十分关键的一步，因为如果没有找到正确的信息，不论培训方法多有效，都是枉然，以有效的培训方法传授不正确的知识，根本不可能实现期望的结果。在这个阶段，对于"正确"的工作执行方式，工作者的意见可能会有很大的分歧。在所有的工作内容中，大约20%的内容是为了实现一致的工作结果，它们也绝对是非常关键的项目。接下来，有将近60%的工作内容是重要项目。也就是说，在整个工作中，大约有20%的工作内容可能存在某种程度的变化，尽管如此，我们仍然能够实现期望的结果。

举个简单的例子来进行说明。假设这项工作是执行装订纸板箱的作业，在这项作业中，重要的项目是订书针的正确位置和数目，同时，操作员要维持正确的手部位置以避开危险区。实际上，绝对关键的项目只有订书针的数量，以及手必须避开危险区，至于订书针的位置和手的姿势可以有一定程度的差异性，只要不超过质量和安全的要求即可（如手部位置要远离危险区）。由于辨识绝对关键的项目是非常重要的，而且有一定的难度。因此，本书第9章将专门讨论如何找到这些"关键点"。

培训流程并不是独立的活动，它和标准化作业及基本工作方法的建立有密切的关联性。在展开培训流程之前，先完成标准化作业的制定工作，可以为工作方法提供一个基础，并简化辨识重要信息的工作。此外，标准化作业也提供一套一致、可重复的流程。若作业流程随机且不稳定，如何能培训员工以实现一致的结果呢？如果作业流程存在随机性，就难以（或者应该说是不可能）培训员工。这并不是说后续的工作活动将永远一成不变，而是指工作的执行方式相同。我们将在第6章详细探讨标准化作业和工作指导培训之间的关联性。

使用工作指导培训方法来转移　知识若辨识的信息（关键知识）不正确，再完美的知识转移都不可能实现期望的结果。同理，若知识转移方法不当，即便准确辨识出了重要信息，同样也不能实现期望的结果。人员的培训并非只是告诉他们做什么，有些有效的方法与技巧可以帮助他们加快学习速度，使人们更容易记住重要信息。工作指导培训方法让培训员向受训者解说及示范工作，培训员也将学会如何使用姿势及音调来强调某些项目。我们将在第12章讨论用以展示培训的方法。此外，第14章中也会讨论培训过程中特别困难的部分，以及如何处理这些情况。

确认学习及成功　在人员培训方面，经常被忽略或未确认的一个重要项目，是确认受训学员已经完全掌握并能充分胜任其工作。我们经常发现，培训结束之后，许多受训学员立刻就要上岗，但到了工作岗位却无法适当地执行工作。这有可能是因为不正确的假设，以为只要培训员向学员说明及示范了工作指导方式后，学员便已经确实学会了工作的要领。或是经理人信任培训员，认为他们会在确定学员已具备充分能力后，才把他们派遣到实际工作岗位。

在学员还未展现出承担工作的能力时，千万别把学员安排到工作岗位，使他们处于孤立的境地而无法获得培训员的支持。学员是否已具备承担工作的充分能力，一部分靠培训员来评估，培训员应该以确实的考查作为评估依据。例如，培训员必须评估学员在工作质量方面的表现，受训学员必须能够正确无误地重复执行工作。对于那些需要技术的工作，学习及提升技术的时间将会更长。在这段学习期间，培训员必须负责检查，并确认学员能成功地完成工作。

在培训期间，如果有迹象显示学员的工作执行效率变差，这是绝对不能接受的情况。新学员可能比经验丰富者更容易出错，但绝对不能容许那些导致伤害的错误或把次品出售给顾客。为避免发生这种情形，在培养期间，培训员必须非常注意观察受训学员，同时也要利用生产线外的技术培训活动（在模拟工作环境下操作），这样，受训者至多只会对工作执行结果造成非常轻微的负面影响（如提高报废率）。

人员的培养需要长期的努力

随着新工作方法的制定，或是新流程的建立，人才培养流程的三步骤：辨识、传授、确认，将会不断重复实施。人员培训流程所需要的后续"维修"工作将比初期的工作少得多，因为初期必须花相当多的时间辨识工作的细节要项，对它们有充分的了解。通常，可能有一项作业的某些知识转移应用于另一项类似作业，例如，护士以静脉注射方式施行药物治疗，药物本身可能改变，但基本的静脉注射方法不变；静脉注射的位置可能不同，但静脉注射装置的基本操作不变。

至少，你应该已经相当了解为什么要针对你的员工实施人员培训发展流程，应该已经评估了组织目前的状况，制定想要实现的一些目标，并决定你将如何构建一个支持人员培训流程的组织架构。

可以看出，人才的培养是一项长期的工作，并不是有确定的完成日期的"计划"，一个计划完成后，又会进入另一个。你不能只实施一次性的人员培训，然后就放弃了未来的培养工作。人员培养需要持续不断的、永无止境的努力，人员培养没有上限，没有一个门槛可以让你说："好了，我们已经培养了足够的员工，现在可以结束这项工作去做别的事了。"你怎么能够对组织中最具潜力的资产设定这种上限呢？这是一项非常严肃而重要的工作。

第二部分

直击靶心：辨识关键知识

> 工作的目的是进行生产或获得成就，而不论哪一种，都必须有事前的深谋远虑、规划、智慧、诚实的意图和艰苦奋斗。
>
> ——爱迪生

Toyota Talent | 第 5 章

开启成功的金钥匙
深刻理解工作技能需求

从宏观入手

这部分我们将探讨员工培训流程的第一阶段：确定工作要项。在下一阶段，我们将学习如何把知识与技能传授给其他人。当开展人才培养工作时，这个阶段是你要跨越的第一个障碍。工作有其复杂性，并含有很多变量，大多数工作也不再像以前那种单调重复的工厂工作。该如何掌握和领略多样化的信息并把它有效地传递给其他人呢？

本章首先介绍如何对工作职位进行区分。任何分析过程都必须从宏观的了解入手，然后再进入细节。如果一开始就从细节入手，将会看到工作涉及许多种活动，没有明确的顺序或重复形态，于是就得出这样的结论：给工作一个定义是不可能的，因为它是不断变化的。也许员工会告诉你："你永远无法把这项工作标准化，因为它总是变化，我总是在做不同的事情，总是在拼命奔波。"

在本章我们将从宏观入手，根据大体分类来组织工作的要素。在了解了所有工作都是特定技能、任务项目、积累的知识以及根据知识做出适当决策的能力的组合后，我们便能开始以有逻辑、有组织的方式来探究细节。

在第 6 章和第 8 章，我们将针对整个工作进行工作流程剖析，寻找相似性和共通性。这部分的分析分为两个步骤：第一，我们必须分解工作内容，以便定义工作方法，并把工作标准化，第 6 章、第 7 章将讨论这部分的分析。第二步是把工作组织成最适于学习（把重要信息传递给他人）的形式。一个被明确定义的标准是进行讲解的基础。但为了有效表达，必须把工作细分为多项，以便员工学习。这两个步骤的目标不同，因此方法也不同。工作的细节必须明确组织，方能使学员有效学习，我们将在第 8 章详细说明此步骤。

不同的行业

我们意识到除了制造业，这个世界还将有更多的行业，比如服务行业每年都在不断增加。对于重复性的制造业工作，我们可以探讨其工作分解构架、标准化作业和详细的工作操作培训，但是这些能否应用于服务性质的工作呢？提到丰田，我们的第一印象便是组装线。在组装线上，作业人员执行重复性的工作，一两分钟为一个循环。丰田把循环时间分解成多个基本元素，可以用秒为单位进行剖析。那些服务业工作者可能认为这种方法并不适用于他们的工作。他们可能会说："我们从事的是服务业，不是制造业，我们的工作不同。"

我们不需要走出制造业，就能听到这种论点。在制造业中，我们经常听到组装线和非组装线工作的比较，以及短周期、重复性工作和长周期、间或性工作的比较，一般的假设是，只有可预测的、每分钟或几分钟循环一次的重复性工作才可能予以标准化。

制造业和服务业的工作性质与内容的确有某种程度的差别，但这种差异（不论是文化、构架或技巧层面的差别）往往被高度概括化。若我们询问："这些工作如何不同？"获得的回答可能是："我们没有一辆车在组装线上顺着流程前进；我们没有高度工程化和规范化的流程；我们没有一个人站在一个定点，每天重复打造相同的产品400次；我们在办公室的办公桌前做事，走到复印机前复印文件，然后参加会议……"

这些当然是差别，不过人们很容易忽略这样一个事实：在丰田内部，并非只有组装线上的工作人员，还有维修员、材料处理员、卡车司机、在看板室操作计算机的人员、生产制造人员、工程师、后勤人员、培训员等。所以我们已经确知在制造业中有各种不同性质的工作。接着，我们转移到似乎无规律可循的服务业，我们看到一些人急匆匆地参加一场又一场的会议，一整天的行程没有明显的规律可循；有些人在电脑屏幕前沉思，或是创作一件艺术品或重复的工程设计。我们也看到麦当劳的人员填写定制的标准产品订单，或是医院里的材料处理人员沿着固定的路线供应各区需要的工具、器材。我们还看到电话服务中心里许多接线生坐在桌前打电话，不断复述相同的标准对话。

这里要讲的重点很简单：在区分产业的差异时，要避免过度概括化，一个产业内部的差异性并不亚于不同产业之间的差异性。换言之，你应该探究工作的详情，通过检视事实来为问题寻求答案。

本书关心的问题是：这些工作因为哪些特性而需要不同的人员培训发展方法？我们并不在意工作是属于制造业还是服务业，是在工厂里或是办公室里，我们关心的是工作本身。若我们能够区分出重要的工作特性，便能开始讨论这些工作特性对于人员培训与培养方法的意义。接着，我们便能针对任何一项作业（不论是制造业还是服务业的作业），分析每一项工作以决定其特性，决定如何把可以标准化的部分予以标准化，找到不是那么标准化部分的独特技巧，培养执行此工作所需要的卓越才能。

在学习任何新技能时，最好从基本层面入手，逐步掌握更复杂的技术。我们相信，如果了解了基本原则和概念，你就可以把它们应用于任何情况。很显然，工厂里重复性的人工作业比大多数其他性质的工作更容易分解和标准化，但是，培训方法中哪些原则可以应用于任何一种工作呢？

我们将在讨论中囊括其他领域的一些例子。我们认为，你的重心不是工作的实际内容，而是看出可应用于任何工作的共通形式，你要努力观察工作的共通特性，而不是专注于工作的特定类别。下一节介绍的一个广为接受的理论构架，就是从这种观点来分析工作的。

工作分类构架

若我们跟随并观察一名护士在医院里的工作情形，再观察一位工程师坐在电脑辅助设计屏幕前的工作情形，然后观察一名组装线操作员的情形，将会看出他们所执行的工作有许多差别，我们该如何区分这些差异性呢？我们可能会注意到，护士的移动量很大：和患病者直接接触，向每位患病者回答特定的问题，为每位患者做特定、适当的事。我们观察到工程师设计一项产品，在电脑前做许多移动鼠标和敲打键盘的工作，但重要的活动发生在他的大脑里，这是我们这些观察者所看不到的。很显然，他们两人的工作非常不同于组装线操作员的具有重复性质、可看见的人工作业。

所以，我们该如何区分工厂的组装作业和服务业或技术性工作呢？查尔斯·培罗（Charles Perrow）在1967年发表的一篇学术性文章中提出一个实用的分类构架，这个分类构架已经成为关于"组织行为与设计"的大学教科书中的一个主题。培罗指出，它可帮助我们区分不同工作的两项要素：任务的多样性（variety）和可分析性（analyzability）。从发展技能的角度看，我们可以把多样性定义为执行工作所具备的不同技能的数量，而可分析性则是这项工作能不能变成像食谱一样的标准步骤，易于传授。以下对这两个概念做进一步定义。

任务多样性

这项工作需要执行多少种不同类型的任务？工作者是否大部分时间都在执行相同类型的任务，或者把时间平均分配给执行不同类型的任务？请注意，重点不仅是工作任务量很大，而且是工作任务类型很多并需要不同的技能来完成。拧紧一颗螺栓，然后插入一枚弹簧，这两者被视为相似类型的工作；在电脑辅助设计中输入资料以绘出一个圆形，然后和营销部门开会以了解产品要求，这两者是不同类型的工作。就算要求具备许多不同的技能，但大部分技能很少能被使用到，这项工作可能仍然被归类为变化程度较低的工作类型。像汽车组装线作业这种循环时间非常短的工作，尽管作业人员有一长串要执行的工作，但其多样性也不可能很高。

任务可分析性

这项工作多大程度上可分解成一套有明确区分、易于教授的工作？我们指的是，能不能详细具体地说明每项工作的内容和程序，使我们能够把这项工作标准化？在精益生产制度中，这就好比询问："是否可以把构成这项工作的各个项目标准化？"另一种思考方式是显性知识（explicit knowledge）和日积月累得出的专业知识（know-how）这两者之间的区别，可分析程度高的工作可被定义成一套明确清楚的流程步骤，就像一本食谱；可分析程度低的工作是根据积累得出的专业知识所形成的"直觉"，不容易解释。你可以日积月累地从一位经验丰富的老师那儿学会执行工作的专业知识方法，就像一名大厨教学徒给不同菜色调味的小窍门，通过品尝来决定应该再添加什么。

培罗根据这两项简单的变量，发展出一套组织设计理论。他把两个变量分别置于图 5-1 中的矩阵里，分别以高低区分其程度，这个象限图可有效区分不同类别的工作。培罗根据这种区分，得出四种类型的工作，每一类型工作有不同的培训要求，以下逐一讨论。

例行工作（routine work） 多样性程度低、可分析程度高的工作属于例行工作，如循环周期短的组装线就是这种类型。我们之所以能够制作一页的标准工作表来陈述一项工作，就因为它是例行性质的工作。这并不意味着这种类型的工作需要具备的技能水平低、不重要。要在生产节拍时间（有时候只有 60 秒钟）内一致地执行工作，是需要一些能力和毅力的。不过，它们可以被清楚地传授，丰田公司甚至能够有效地使用临时工来执行这类工作，就是因为它们是可重复的日常工作。

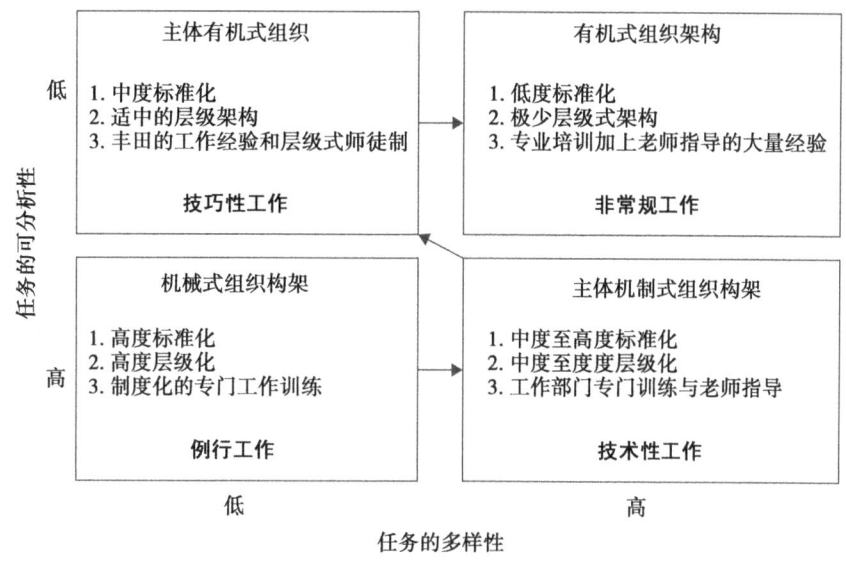

图 5-1　根据工作要求来区分工作类别

资料来源：Charles Perrow. A Framework for the Comparative Analysis of Organizations [J]. American Sociological Review, 1967(32): 194-208.

当然，丰田不满足于员工只是机械记忆，不假思考地重复执行工作，它希望员工严谨地评估每天发生的问题，并提出改善建议。这种解决问题的能力属于日积月累得出的专业知识，此项任务可分析程度并不高。因此，此工作中创造性较高的部分是对改善流程做出贡献，如参与质量循环，发现和标准不符的变差，针对这些变差来解决问题。在丰田公司，解决问题是一项较复杂的技能，无法像菜谱一样一一列出，必须要积累一定的经验。培罗发现，对于例行工作，最好的管理方式是机械式组织架构（mechanistic structure），上司向部属指定明确角色、责任、工作程序、详细的每日工作时间表，有明确的效率与成效考评指标，可以每天密切监督。

技术性工作（technician work）　一提到技术人员或技师，我们便会联想到那些在质量检验室里进行测试检验的人，而在高度自动化的制造工厂里，操作员也被称为技术人员，因为他们负责监控高精密仪器，对问题做出回应，并负责少部分的维修工作。在医院里，操作 CAT 扫描机器的人员也可能被视为技术人员。技术员要承担多种工作（任务多样性较高），这些工作的执行顺序视情况而改变，但每项工作仍然可以在事前详细具体地说明，可以制作像食谱那样供查阅的图表或程序予以说明与解答。实际上，技术性工作比上述情形更复杂，多半需要积累的经验方能解决实际的技术性问题，而许多日常的检查和资料收集与分析是日常工作的一部分。因此，这类工作中有许多任务可以分解成能够被明确细分的工作项目，并施以结构式教导。不过，除了工作的专门培训外，还必须佐以工作上的一对一指导，使技术人员学到诀窍。培罗指出，这类工作的最佳管理方式是主体机械式（mostly mechanistic）组织架构，结合制度化的工作环境和一定程度的员工自由。

技巧性工作（craft work） 在丰田工厂中，接受培训后负责修理和重新组装机器的技能纯熟的维修人员所执行的就是技巧性工作。这类工作要求执行一些不同种类的工作项目，工作者面临的情况有某种程度的差别。负责这类工作的员工每天执行例行的清理与维修工作，这是日常的生产性维修作业的一部分。熟练的维修人员是问题解决者，他们面临新状况，必须排解疑难，针对问题提出创新的解决方法。当然历经时日，他们能一眼看透形式不同的相似问题，并采取类似的解决方法。他们可以把日积月累得出的"诀窍"传授给新人。针对这类工作，有一些基本技能可以通过结构化的方式进行讲解，包括为器材设备排解疑难的标准方式。不过这类工作最重要且困难的部分在于，通过经验学习，从学徒升至精通熟练的技术工作者。对这类工作的管理应该采取主体有机式（mostly organic）组织架构，即更富弹性的组织，加上少量规则与制度政策，让工作者有一定程度的自治权，并要求具有卓越的团队合作和沟通能力，以整合各种专长。规则和标准是指引原则，让这类工作者选择性地使用。

非常规工作 如果你试图培养丰田生产方式的精益专家，并向他们讲解 TPS 方法，就是在执行非常规工作。各部门经理也要承担这类工作。在丰田公司中，负责从发展产品概念到打造并推出产品的各个领域工程师，执行的就是非常规工作；负责开发新用户使用者界面的软件团队领导人，也属于这类工作。这些人通常在各种不同的工作项目之间移动，面临的每一个状况都各自具有独特性，因此需要随机自发的思考、推理和决策。他们必须针对不同的情况做出适当调整，考虑复杂的数据以做出复杂的决策，也必须具备大量的人际关系技巧，知道该说什么、如何说以及在每种新情况下何时该开口说话。

这类工作需要有一些可提供极大帮助的基本技术，其中的一些技术可以通过专门的教育课程教授，包括技术方法培训或大学课程。不过这类专家或经理人在日常互动中的随机应变是最重要的方面，这只能在职业发展过程中学习。这些是难以定义的素质，职位晋升有多位候选人，那些负责选拔的上司似乎知道候选人中谁具备、谁不具备这些能力。对于这类工作者的管理，必须采取更具有机式的组织结构，他们需要极大的自由度和弹性，以应用他们多年的经验所形成的判断力。

机械式和有机式组织的标准化

如前所述，例行工作的最佳管理方式是采取机械式组织结构，而高度非常规的工作则适合用有机式组织构架来管理。一提到"机械式"，我们往往联想到机器的一部分——僵化、固定、专门部件，每一部分都很容易被替换而不会影响到整个机器的运行，目的单一等。我们可以联想到僵化的官僚体制：自上而下地发号施令，有许多书面规则与程序……有机式组织结构是更人性化的制度——具有柔性并强调学习。若人员变化，体制就会改变。我们认为机械式组织是管控式的工作环境，有机式组织则让员工有发展及表达自我的自由度。

我们相信，绝大多数人（就算是高层管理者也不例外）都想在工作环境中拥有自由度并有表现自我的机会。大多数人认为他们隶属于有机式组织，拥有自治权，若你建议把他们的工作标准化，他们一定会抗议："我们的工作需要大量的创意，而且每种情况都不同，你怎么能够把它变成固定的日常工作呢？"人们总是认为自己是独特的，自认为有独特的、更好的方法。他们误以为标准化就是把他们变成像机器人一般。

莱克在《丰田模式》一书中对这个问题提出了不同的观点，该观点源自组织管理专家保罗·艾德勒（Paul Adler）在位于加州的丰田和通用合资企业新联合汽车制造公司中的观察心得。艾德勒指出，丰田已经发展出不同类型的层级制度。通常认为，层级制度是繁文缛节，欠缺效率且过度机械化的，但艾德勒表示，他在 NUMMI 观察到的是一种高度层级化的环境，充满标准化作业，而员工的创造性也得以发挥，他们把创意发挥于改善标准。

丰田视标准化作业为一项促成持续改善的工具，操作员使用此工具来改善他们的作业，在执行工作时，他们固然是按照规定的方式重复地做例行工作。在丰田，从事创造性工作的专业人员也避不开标准化作业，就连产品工程师也必须使用各种标准化流程、标准零部件和标准规则来从事优良设计。不过保险杠工程师的工作是不断改进保险杠的设计标准，他们在那些特定的标准范围内，仍有相当大的设计选择空间。事实上，工作中有一些部分是明确规定的，这使得工程师更能专注于设计的创意部分。

艾德勒把丰田工厂中观察到的层级制度称为"授权性层级制度"（enabling bureaucracy），有别于他在大多数公司看到的"强制性层级制度"（coercive bureaucracy），在授权性层级制度中，规则和标准程序帮助组织一贯地达成高水准绩效。不幸的是，长期处于强制性层级制度下的员工会感觉到任何新规则或程序都像枷锁一样，让他们受到限制，使他们无法发挥自己的能力、高质量地完成工作。除非组织的文化有所改变，否则这些员工的担心恐怕会成真。

各类工作的人才培训模式

很显然，不同类别工作需要不同的人才培养方法。接下来我们逐一讨论各类型工作人员的培养工作，表 5-1 为概要总结。

表 5-1　不同类别工作人才培养要点

工作类别	工作实例	可以标准化的项目	累计形成诀窍的必要条件
例行工作（多样性低，可分析性高）	组装线操作员、速食店服务人员、银行出纳员、资料输入员	工作项目单元、顺序、时程、基本技能、产品规格、工作现场的布置、工具	辨识问题、回应问题、解决问题
技术性工作（多样性高，可分析性高）	检验员、材料处理员、实验室数据分析师、电脑技术支援工作者、器材设备维修员	一般程序、核心流程、基本技能、产品规格、工作现场的布置、工具	排解疑难、直觉问题解决、对问题状况形成意识图
技巧性工作（多样性低，可分析性低）	团队领导人、护士、采购者、某些工程工作	一般程序、基本技能、产品的基本原则、工作现场的布置、工具	直觉问题解决、解读状况
非常规工作（多样性高，可分析性低）	方案经理、研发科学人员、发展工程师、外科医生	一般程序、基本技能、产品标准、工作现场的布置、工具	创新能力、直觉问题解决、解读状况

注：各家公司、各产业，甚至在同公司内部，工作内容有显著差别，因此相同的工作（如工程师）有可能归属于不同工作类别，必须视工作内容而定。

例行工作

例行工作可以分析、分解和详细说明。当团队人员熟悉设计优良的标准化作业后，他们的工作就会变得很顺畅，自然不再需要有意识地思考每个动作。其实，大多数人偏好以这种方式执行工作，而不是断断续续。当肢体动作流畅得近乎无意识状态时，此人就能把意识专注其他事项。在丰田，公司期望人员专注于两件事：第一，注意任何和标准不符的变差，一旦看到这种情况，可以立即停下整条生产线，这需要警觉性技巧，要非常注意每一个部分和工作项目；第二，思考改善工作的方法，参与解决问题的活动。

虽然例行工作的任务可分析性高，重复性也高，但觉察变化和解决问题却需要"直觉",可能得花上好几年的时间。我们之所以把执行例行工作的人称为"团队成员",是因为他们实际上就是以团队的形式工作。除了执行例行的工作项目外,身为团队成员,他们还要扮演其他角色,包括如何和其他人一起安排值班,针对标准作业的更改达成一致意见,可能还要协助培训其他人,以及参与解决问题的活动。

技术性工作

在学术界,当一位担任研究工作领导人的教授被称为"技术人员"而不是"研究人员"时,多半会被视为是不敬的批评贬抑。这种看法的潜在假设是:技术人员机械地执行日常工作。但事实上,优秀的技术人员善于创造性地应用相应的工具和原则来解决问题。因此被称为"优秀的技术人员",应该是一种恭维,而不是贬抑。

丰田公司对于维修机器设备之类的非常规工作所施行的培训,当然是不同于例行工作培训的。不过,仍然有一些基本技能可以明确定义,并进行专门教授。有意思的是,丰田的全球生产中心甚至已经发展出针对技巧性工作者(如制模技工)的基本技能培训,这类工作循环时间较长,相对于循环时间短的日常工作,所需要的学习时间也比较长。

这种以模拟实际问题来传授如何排解疑难的方式,就是传授直觉性技巧所需要的培训方法,也就是说,不能只是针对特定主题授课。这种辨识和解决模拟问题的培训,只不过是实际为器材设备排解疑难的学习流程的开端而已。每一种状况各有其独特性,实际执行工作的维修人员将会遭遇许多不同的状况,并开始就发生的问题类型和解决方式形成意向图(mental map)。不过这种模拟经验开启了学习流程,能缩短实际工作培训中的学习曲线。

丰田知道对复杂的器材设备进行维修需要大量的基础知识,这些知识不会在其全球生产中心传授,它们包括基本的数学知识(如几何学、三角学、识图等)。在肯塔基州,丰田把这些课程外包给当地的一所社区大学,在地区性生产中心开设这些课程。该公司仍然想控制好课程内容和教学质量，但把实际的教学工作交给专业教育者。丰田也知道，许多这类技巧必须通过师徒制度来发展，由经验丰富的维修人员在工作上对学员施以培训。

技巧性工作

以旧时代的铁匠为例，人们知道这类工作需要的复杂技能不只是力学而已，这当中还涉及技艺成分，技巧熟练的师傅都历经了长期的培训。乍看之下，这样的工作似乎没有什么可以标准化的部分，但实际上，此工作的某些层面是可以标准化的，并可以进行系统的讲解。我们很确信，打铁师傅以特定方法教授一些基本步骤（就如同他们的师傅对他们的教授），并期望学徒依照他们教授的方式，反复练习。唯有在学员学会了这些基本技能之后，才能开始学习创作部分，充分发挥想象力。

非常规工作

讲解非常规工作时，所面临的挑战类似于传授技巧性工作，但挑战性更大。根据定义，这类工作鲜有重复性，工作内容变化程度很高，不过，我们有专业学校来培养执行这类非常规工作的学生。基本上，专业学校教的是多年来积累的基本技巧。

丰田内部对这类专业人员有严格的培训课程，本书后文将会举例说明该公司如何在工程师的资历发展过程中对他们施以培训。从第一年到接下来的 2～5 年，以及随着工程师逐渐晋升至更高层级职位而执行越来越少的日常工作的发展过程中，都分别有明确定义的培训课程。当然，在必须学习的东西中，有一大部分是通过非常慎重的在职指导方式习得的。在美国，工程师在各家公司之间的跳槽率比较高，在这种情况下，为了提升公司内部的工程能力，丰田致力于把更多未以文件记载说明的工程技巧（隐性知识）变成显性知识。该公司正在建立完整的"专业知识数据库"，这其中包含关键点，以及务必依循这些工程关键点的理由。

从宏观工作分类到特定技能需求

我们必须指出,工作并不一定能准确地归类为培罗所定义的四种类型之一,若更仔细地观察,可能会发现许多工作包含了不同类别工作的特征。因此,重点不在于为每一种工作找到正确的类别与标准,你只需要了解各种类别的差异就行了。稍后,在我们开始探讨定义及教导每一类别工作的最佳方法时,会使用到这些差异。

图 5-2 的模型是以培罗的工作分类为基础的,区分执行每一项工作所需要的技能与知识。本书第二部分的其余各章将探讨如何定义任务单元与要素,并适当地记录它们。第三部分将讨论使用哪些方法来转移知识和发展其他人的技能与知识。图 5-2 可说明沿着这些阶段向前推进的总体架构。

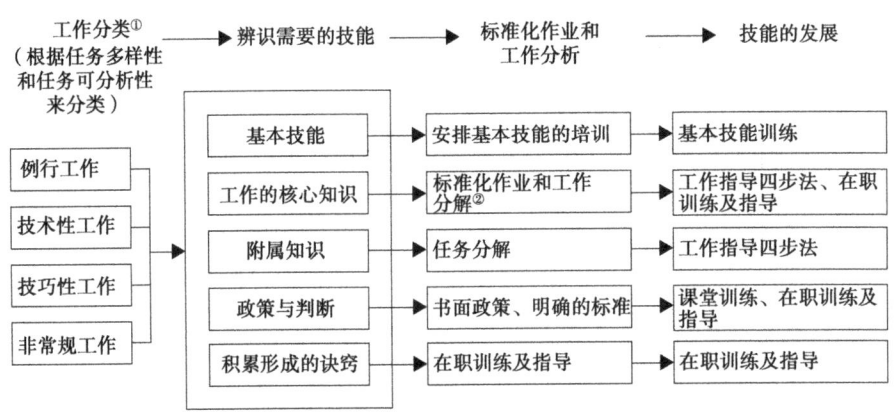

图 5-2 不同类别工作的培训流程图

① 有些工作可能包括不同类别工作的特征。
② 工作项目的标准化程度视工作内容而有所不同。

在这个模型中,我们首先进行工作的宏观分类,接着检视各类工作所需的技能。我们把这个模型应用于大多数人都熟悉的例子——开车,我们把开车归类为技术性工作。针对这项工作,有必须学习的各种事项和技能,这些技能大多数可以使用标准化程序来分析、分解及进行有效指导。把工作正确归类为特定类别并不重要,重要的是了解如何把分解开来的每一事项再继续细分为更小的项目，直到大多数的项目都可以明确定义。

我们首先要问的是：开车所具备的技能是什么？基本技能指的是可应用于所有开车情况的那些技能，相当于学习使用组装线作业中通用的、手工操作的简易工具。我们可以在课堂（如驾驶常识教育）中学习开车的基本技能，或是直接跟一位教练学习。不论是哪一种学习方式，很可能都是在"离线"学习，即不是在道路上实际开车。基本技能是在实际工作之前学习与练习的，就像在丰田的全球生产中心接受培训课程那样。

基本技能是工作的首要部分，但它们必须和其他技能及经验结合起来才能完成工作。它们可能是例行的、重复性的操作，也可能是无规律的以随机方式进行的重复操作。就算你不知道在公路上开车所需要应付的一切状况，你仍然可能执行一部分的开车项目。例如，你要学的第一件事是如何踩油门加速，直线行驶 50 米，然后停止。你可以在空旷的停车场反复练习这部分，直到达到一定的熟练程度。接着再加入另一个部分的学习，比如倒车。通常若可能的话，先"离线"学习基本技能，等到有了基本能力后，再把它们转移应用到实际之中，这取决于任务的重要程度，以及在实际情况下作业的相关风险，让学开车的新学员在交通繁忙的城市里练习，当然是危险而不明智的做法！

附属事项为次要及支持性质的任务，到了某个时点，将需要学习这些项目，但绝对有可能不做附属项目而直接执行核心事项（当然得有其他人做那些附属事项）。同样，也不需要在教授核心事项的培训课程中同时讲解附属事项，培训员应该把这两项区分开来，在另外的场合传授每一附属事项。

如今，任何领域的大多数工作都需要对政策和判断（如道路规则）的运用，具备这方面的知识。在开车的例子中，受训学员很有可能需要研读驾驶员教育手册，此手册中解释交通标志、限速，以及关于遇上紧急救护车辆、行驶于校区的校车等的法规及规则。受训学员必须学会理解交通标志，这些通常都是书面的信息，可以独立研读，不必在实际工作中学习。

在学员熟悉了基本技能，能够正确判断加速与刹车，了解了道路驾驶法规后，就可以把它们结合起来，应用于实际工作——在道路上行驶。这是核心事项，学习流程从"离线"移至"上线"，学员学习如何把基本技能应用于实际工作，他们必须学会如何应付真实状况，如怎样行经十字路口、如何并入车流中、如何超车，等等。

此时，学员仍然在培训员的留意监督之下，并开始在工作上取得能使他们直觉知道该做什么的知识，我们称此为"积累形成的诀窍"，是积累大量经验而转化为正确行动的能力。经验没有任何的替代品，经验的取得首先可能来自研读政策方面的知识（驾驶员手册中说明了这些情况），学员必须把所学到的技能重复无数次，直到指导员确信学员有能力处理他独自面临的新状况。

随学员重复工作次数的增加，他们也经历了许多不同状况，累积了在不同情况下如何处理的经验。由于这些是在积累中取得的，因此人们误以为没有任何明确定义的事项要素可供培训（以及没有步骤的程序）。其实，这些事项的每一工作项目本身都可以辨识出能够加以明确定义的关键点（将于第9章讨论）。例如，当人们在夜间开车时，必须做出一些特定的判断，包括：由于可见度降低，车速必须减缓；驾驶人必须学会判断车辆相对于道路上画线的位置。若是夜间行驶于乡间，参数将会改变，道路上可能没有画线，乡间道路可能比较狭窄，风势可能比较大，也可能是行驶于有坡度的道路上，同时，在这种情况下，可见度会更低。我们可以找到每一种情况下的特定关键点，驾驶员可以通过学习把它们转化为自己的经验。

千万别以为只要经历时日，就能自动获得这些知识，细节仍然必须经过传授，假以时日，它们就会变成自发性质，但你绝对不能指望新驾驶员在没有任何指导的条件下学会处理每一种情况，这太危险。因此你必须审视这类知识和你的工作的关键点。

图 5-3 显示了各种事项和技能如何搭配结合以形成完整的工作技能。基本技能是用以执行核心事项的通用技能，但仅凭这些技能，无法构成执

行核心事项的完整能力。附属事项支援核心事项，但不一定得学会它们才能执行核心事项（培训员可以执行这些附属事项）。累积形成的诀窍是在不断执行工作的过程中学到的，不过，我们可以辨识重要的知识，并使用修改版本中的工作培训概念来传授这些知识。

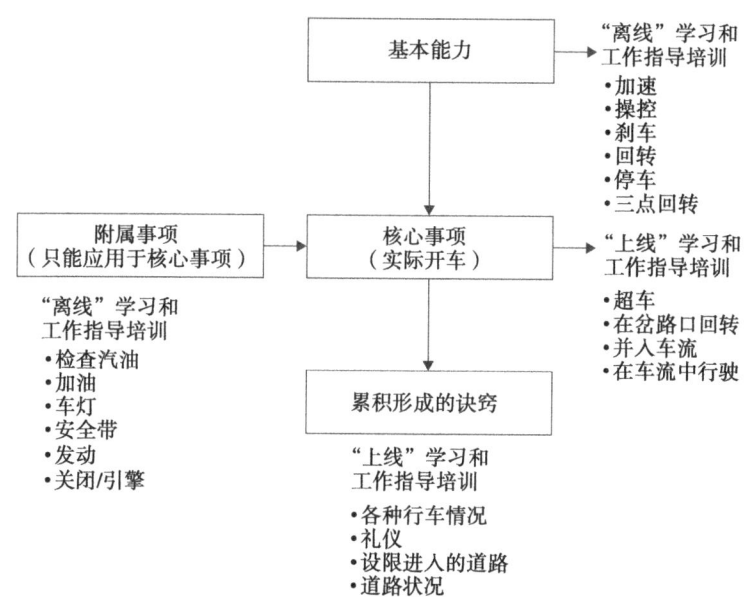

图 5-3　成为熟练的驾驶员所具备的各种技巧与能力

切记，在这个世上，任何人做的事，基本上都可以被其他人学习，当然特殊天赋除外。你或许无法像飞人乔丹跳得那么高、投得那么准，但你可以学会打篮球的基本技能。你也无法练就可媲美莫奈和毕加索等杰出大师的技艺，但你可以学会作画的基本技巧。对于是否能成为某项技能方面的专家而言，天赋的确有其影响，但是大多数人只要付出努力，接受有效的培训，再勤加练习，都可以掌握任何技能的绝大部分。

在后续章节，我们将使用三种不同的工作来说明有效培养人才的基本原理，这三种工作代表一些比较常见的类型。

我们使用制造业工作（保险杠制模操作员）作为事务性工作的例子，除了制造保险杠的日常工作外，这些操作员还有一部分工作是属于技术性的，在这部分的任务中，操作员在操作机器方面的需求多半各有差别。这些任务不是重复性质的，但可以分析，服务业中的许多工作也属于这种类别。这类工作可能是最容易分解的，因为大多数任务都是可分析的，不过我们将看到即使高度重复性和可分析性的工作也必须谨慎定义，辨识例行性、重复性工作中必需的关键要素，仍然是相当严峻的挑战。

在服务性质的工作方面，我们将以医院里忙碌的护士为例。这是偏向技术性质的工作，工作中没有重复性质的核心事项，大部分是非重复性、可分析的事项，有着明显的程序和累积形成的诀窍。此外，这项工作中也包含更多含糊的技巧，我们称之为"天赋"，这当中包括工作态度和服务他人的愿望。由于这项工作主要由可分析的事项构成，因此工作分析将类似于制造业。这类工作中没有重复性的核心事项，但那些非重复性的事项可以用相同于重复性事项的方法来分析。我们无法为工作项目制定一个标准流程，但工作项目本身是标准化的。这项工作的流程和相关知识可以在课堂上或在职培训的指导中学习而得，不过我们将看到，工作指导的核心概念仍然适用于这项工作。此外，这项工作也有一些关键点必须加以辨识并告之他人。

初级设计师的工作内容混合了技术工作、少量的技艺工作，以及许多非常规工作的项目。这类工作当然也包含一些例行工作，但主要是非常规工作。我们将看到丰田公司是如何使用一些工具（如"know-how 数据库"和检查表）来尽量把工作标准化，以利于沟通和任务有关的关键点的。尽管如此，这项工作会把经验结合在一起，对此，丰田已经发展出循序渐进的培养发展流程，但此培养流程长达多年。在这个例子中，我们可以看到，培训的循环周期重复了许多次，而且历经数年。

切记，相同的基本概念适用于所有培训。对于循环时间短的例行工作，几天或几周内可能进行少数培训，因此期间可以让学员练习新学到的技能。至于技术性工作，将需要多堂培训，每堂课培训一个事项，以及其他的程序知识。这么一来，培训时间可能长达数月，因为每一项任务必须重复练习，才能充分地开发技能。有些事项的重复率可能是几个月一次。工程师的培训将长达数年，若一位工程师学习为一款车设计某项产品，他可能得要数年才有再次执行此工作的另一次机会。不过，我们将看到，积累经验的过程中，至少有一部分可以应用于其他类似性质的设计工作上。

从简单的任务入手

本书从头到尾强调一个重要的人员培训概念：从简单的任务入手，再推进到比较复杂的项目。简单而可分解的事项是那些重复性事项，因此我们先从这类事项着手。由于丰田的名声，我们必须先讨论有关标准化作业的议题。如本章所述，任何工作中只有一部分具备可分析性，因而可以用标准化方法来明确定义任务。在下一章，我们将理清丰田公司所定义的标准化作业流程与工具，还会把丰田的流程作为分析其他工作的构架。

你可能会认为，由于你的工作不是例行工作，因此可以跳过第 6 章。实际上，阅读第 6 章后，你可能发现，其实你的工作中属于例行工作的部分超乎你的想象。此外，标准化作业的流程并非只是定义工作项目，并非只是书面记录而已，它还包括分析工作中的浪费情形（所有工作中一定存在浪费），以及持续不断地改善工作方法以去除浪费。

Toyota Talent | 第 6 章

培训两手抓
标准化作业与工作指导方法

建立有效的培训基础

你会注意到，本书的结构安排是从最高层级——整体培训计划的规划，逐步向下至更详细层级的工作分析与分类。我们首先需要决定发展员工的哪些才能，接着制订一个方案，使他们获得发展这些能力所需要的知识与技能。在第 5 章里，我们提出了工作分类和分解的总体架构（见图 5-2）。在这一章里，我们继续沿着第 5 章的思路进入更详细的工作事项，将展现丰田所谓的"标准化作业"流程。尽管工作本身看起来似乎无法分析或是非程序化，但仍然必须首先从标准化作业的角度来进行分析。我们区分了标准化工作表和工作指导培训中的工作分析表单，但实际上，这两者密切相关，互为基础。丰田公司认为，标准化作业流程和人才培训发展是密不可分的。

并不是所有的工作都具有可重复性、可预测性，但所有的工作中都存在浪费的情形。标准化作业的主要目的之一，就是分析出工作中的浪费，并且系统地消除浪费。在系统辨识浪费情形的同时，丰田也对工作方法进行了定义，并使之成为实施培训的基础。这两种流程的目的各不相同，我们必须了解它们之间的关系，不能将两者混淆。标准化作业并不是我们培训、教导员工的工具，我们为培训员工采用的分解工作的方法，也不等同于把工作标准化时采用的方法。在下文中，我们将提到，这是非常严谨的程序，费时费力。我们估计，丰田在详尽说明工作方法及员工培训上投入的时间，是我们所见过其他任何公司的五倍。

系统环节之标准化作业

标准化作业是丰田为改善工作方法所采用的流程，它描述了一个旨在工作中产生特定结果的整个流程。每一个组织都致力于不断地产生好的结果，为达此目的，成功的关键在于培养优异人才和制定优秀的工作方法。因此，标准化作业和工作指导培训（用以培养人才的方法）必须携手并进。

"精益"是获取高绩效的系统性方法，但实际上很多公司试图只实行该系统中的某些部分，期望这样就能产生高绩效。然而不幸的是，这根本就行不通。标准化作业和培训员工使他们发挥最佳潜能，这两者其实是相辅相成的，它们是整个系统中的一部分。建立标准化作业有助于减少流程中产生的质量波动与混乱情形，因而能够获得较优异的成果。但如果方法是随机的、定义不明的、缺乏规范的，又怎么可能有效地教导他人以可靠的方法来执行工作呢？

在开始讨论如何培训员工，使他们出色地执行工作之前，我们必须先弄清楚标准化作业和丰田用以培训员工的方法（即工作指导培训）之间有何关联性。许多读者可能已经很清楚地知道，标准化作业是高效率、高成效的工作方法的基础，但是从便于讲解的角度出发，研究一项工作并把它剖析成若干重要成分，这是定义标准化作业不可或缺的一部分。在本章，我们要探讨的就是这两种流程之间的关联性，也就是如何剖析一项工作的内容，并分解出细节以便确定执行工作的正确方法，同时又能作为把工作的要领传授给他人的基础。

TWI 与标准化作业的根源

第 3 章提到的 TWI 教材为丰田生产方式提供了两项要素：一是用以分析、改善和定义工作方法的流程；二是把谨慎制定的工作方法传授给员工的技巧与方法。但是，在 TWI 方法的基础之上，丰田进一步使用其他工作方法来去除作业流程中的浪费。今天，丰田的员工利用"标准化作业"的流程发展出定义严格且能产生高效率的工作方法。而知识、才能、技巧等，则是通过 20 世纪 40 年代由 TWI 发展的工作指导培训方法来传授的。这两种方法是密不可分的，因为若掌握关于优良工作方法的知识，但缺乏能力把这些知识传授给他人，那么，这些知识将会被白白浪费；反之，若有传授知识的能力，但缺乏关于工作的深入知识，将只能传授极少或不正确的知识。

丰田生产方式之父大野耐一认为 TWI 所提出的"工作方法"（Job Methods）太过狭隘，因此，他和他的后继者在 TWI 提出的概念之外，又加入了"单件流"（one-piece flow）的概念，并以此作为去除作业流程中浪费情形的主要手段。这个目标（去除浪费）促成了顾客需求速率（即生产节拍时间）和生产流程均衡化这两者之间的连接，这也是创造顺畅流程的必要条件。多年来，丰田不断完善"工作方法"的材料，并使之和与其他概念（如改善、节拍时间、生产流程的均衡化、可视化）等结合起来，发展出更符合其需要的标准化作业流程。TWI 的"工作方法"只是一个起点，但丰田将其概念扩大延伸，发展出了现在的标准化作业流程。

标准化作业模式，放之四海而皆准

当然，也有其他公司使用标准化程序的基本概念而获得显著成功。比尔·马里奥特（万豪国际集团董事长兼执行官）在其著作《服务精神》（*The Spirit to Serve*）中分享了他对标准化程序的心得感想，同丰田的标准化作业流程很相似。他说："或许，我们对于做事的方法有点偏执，但是，对我们而言，一切事物都有制度与程序是非常自然、符合逻辑的。如果你想获得一致的成果，就必须知道该如何执行，把程序固定下来，并进行实践，进而不断地改进，直到没有什么可以改进为止。当然，在万豪集团，我们相信永远有可改进之处。"马里奥特接着叙述了在万豪集团内部实行的一些标准化流程细节，如在30分钟内完成打扫一间房间的66个步骤程序。成功制定标准化作业的关键之一，在于关注最重要的细节。

若要我们指出丰田和其他行业组织（包括服务业、保健业和制造业组织）最不相同的一点，那应该是丰田员工对他们的工作有深入的理解。我们认为，大多数公司对于工作流程细节的重视与了解程度不及丰田的25%。在我们看来，在大多数其他公司，员工对于工作只有表面的了解，关于工作的某些要素还存在着相当大的不确定性。为了使工作取得好的成果，员工不得不自行摸索，他们必须付出很大的努力。经验告诉我们，在缺乏有用信息的情况下，人们会自行设法完成工作。

不幸的是，若每个人摸索出的方法不同，产生的结果也会大不相同。我们曾看到在器材设备的准备期（setup time），差别程度高达100%，全职操作员的生产差别程度高达50%。监督员通常对这些情形不在乎、不理会，认为这属于正常的学习曲线形态。如果对工作方法欠缺详细的了解，员工（和管理者）将花大量的时间去寻找解决问题的方法，从而感到困惑沮丧。丰田对工作进行了非常详尽的分析，把工作内容分解成许多部分，使员工能深入了解，并能持续改善。

在日常生活中，我们可以看到许多公司在实行标准化作业程序方面做得非常出色。许多快餐厅，如麦当劳、温迪、赛百味等，都实行标准化作业程序，从而确保了顾客不论何时光顾它们的任何一家分店，都能获得一致的产品和服务。

盲目遵从，还是小心谨慎

我们每次提及使用标准化作业时，总会听到如下的疑惑："我们怎么可能使我们的员工以完全相同的方式做事呢？"或者"员工不是机器，要是我们让每个人都采用相同的做事方法，就无法发挥他们的创造力了。"

人们会得出这样的结论，其实不难理解，毕竟"标准化"这个名词代表着相同的做法，而且有些公司的确是用标准化来控制并压抑员工的创造力的。很显然，丰田的用意绝不是要培养出不动脑筋、创意比不上机器人的员工。

丰田高度重视员工的创造能力、思考能力和解决问题的能力。在该公司，经常听到和使用的一个名词是"monozukuri"，意指制造东西的艺术。在丰田，创造被视为一门艺术，而且丰田也非常器重那些以标准化方法来制造汽车的技工。这些人不断地挑战着现有的标准，并改善标准化方法。丰田的资深常务董事箕浦辉幸（自2005年6月开始担任日本大发工业株式会社社长）把丰田生产方式改称为"思考能力制度"（thinking production system）。他回忆起当年大野先生曾经提问他如何解决某一特定问题的情形，说："我认为他对我的回答根本不感兴趣，我想他只是要让我经历某种培训，学会如何思考。"

对绝大多数公司来说，这当然是个很具有挑战性的课题。标准化作业的目的之一，当然是要实现一致的结果，控制变差。但是，标准化作业的另一个目的是要不断进步、持续改善。怎么样才能在达成一致的同时，兼容创造力和变革呢？事实上，我们希望在必要之处维持一致性，但在不那么紧要的部分，则允许一定程度的误差。那么，丰田是如何解决这种矛盾的呢？回答这个问题的最佳方法，应该是了解整个作业流程中到底有多少部分应该标准化，以及遵守标准化流程的严谨程度。

丰田的管理者所采取的做法是：辨识每项日常工作中最重要且一再重复执行的方面，学习如何无误地执行它们，并记录这些方法，再培训员工遵循这些标准程序（与万豪酒店的做法相同）。多数工作中还有其他相对不太重要的部分，有较宽泛的可接受度，或是执行率很低，因此不需要严格控制。丰田注重那些能够产生最大效益的部分，严格遵守工作中最重要的层面，因而能够一贯地产生优异成果。

马里奥特在《服务精神》一书中叙述了外界对万豪集团的批评以及对标准化程序的误解，他说："绝对不能把不动脑筋地遵守和考虑周详地制定标准混为一谈，在我们的事业中，后者已被证实是促使我们成功的主要推动力之一。"他继续解释道："就算是解释最详尽的程序，也无法涵盖所有可能发生的状况、问题或紧急事件……健全的制度和标准化作业程序所做的是在一开始就解决常见问题，使员工可以专注于那些不常见的问题。"由此可见，针对工作中最重要和常见的层面制定周详的标准，使员工能够在不需摸索方法的情况下执行这些部分的工作，这才是关键。这样，员工就能把精力专注于更需要花心思关注的问题，如辨识问题和解决问题。

我们发现，经理人和主管对于制定正确的工作方法，以及员工是否会遵循这些方法存在一些疑虑。任何事项都有适当的执行方法，按照能够达成期望结果的方式来做事情，向员工展示执行工作的正确方法，并期望他们遵循此方法，这又有什么不对呢？一般人在开始执行工作时不会这样想："我当然不希望有人告诉自己该如何做，这样，我自己就能摸索出方法来。"可是，若不向员工展示正确的工作方法，但又期望他们完成工作，他们最终还是会设法自行完成工作。但若事先不告诉他们正确的方法，而在事后告知他们使用的方法不正确，一般人对此会很反感。

主管经常对这点持有异议，他们声称："我告诉他们正确的方法，但他们就是不听。"这样的结果是沟通不良导致的，其原因是对正确方法的定义不够详尽仔细。主管和员工之间，对于工作的细节缺乏很好的沟通，导致双方产生了分歧。员工认为他们收到的指示太过笼统，而主管则认为他们的指示非常清楚明确，但员工并未照办。

这种沟通不良的责任在于主管。解决这种沟通不良的方法是仔细分析工作，找出工作的关键所在，然后完全按照规定去做。为完成整个环节，工作指导流程必须包含后续追踪，以确认员工是否正确学习及应用培训所学的知识。你会发现，员工不但不会觉得拘束，反而会因为知道了正确执行工作的方法而感到安心自在。

我们经常听到管理者说"我无法使员工遵循正确的方法执行工作"。遵循正确的工作方法怎么可能会变成一种自由选择呢？正确地执行工作，这绝对不是自由选择。不过，决定正确工作方法的流程涵盖了讨论与评估，或许那些管理者真正要说的是："我们从来未明确指出执行工作的最佳方法，也不想花时间去定义并告诉员工。"当深入审视时，你往往会发现，以特定方法执行工作的决定是根据来源不明、缺乏证据下自然形成的"都市传奇"（urban legend），这类不确定的、错误的信息往往会像病毒般散播。当强制要求员工定义作业中真正关键至要的部分时，他们往往会说"我认为这就是正确的方法"，或是"他们告诉我应该这么做的"。很少有人确切地知道若不按照某种特定方法执行工作，或是改变工作方法，将会发生怎样的情况。他们对此的了解仅停留在表面。

改进TWI"工作方法"的技巧中，有一项是"打破砂锅问到底"。例如，为什么要以这种方式执行工作？这么做的目的是什么？这项工作应该如何执行？谁来执行？这些问题是丰田公司在分析工作方法时经常询问的一些问题。在寻找答案的过程中，试验是很重要的一部分。如果不知道问题的答案，可以进行一些试验，以发现最佳答案。不过，要切记的一点是，所谓的"最佳"，只是当前所知的"最佳"，可能以后会发现并使用更有效的方法，这时标准就会发生改变。

互为前提

到底是先要标准化作业还是先要有工作指导培训呢？这个问题类似我们的老难题——"鸡生蛋，还是蛋生鸡"。一般来说，你可能会希望为一项工作制定标准化作业流程，以便在进一步把该工作分解成可传授的工作单元前，先去除浪费现象。如果在缺乏标准化作业流程的基础下尝试讲解某项工作，结果可想而知。如果你的目标是非标准化的工作项目，一定会得出不符合标准的结果。在混乱的基础上，培训工作也会出现混乱。事实上，我们为了培训对工作进行的详细分析，是属于制定标准化作业中的一部分，若欠缺两者，就无法得出完整的结果。

丰田的加藤功在大野耐一的指导下，开发出了丰田使用的大部分培训教材。他认为，工作指导培训方法是制定标准化作业时不可或缺的一部分。他在2006年接受精益生产专家亚特·史摩利的访问时说："我认为在缺乏培训方法的情况下，是不能够做好实施标准化作业或丰田生产方式中的其他几项必要工作的。我发现不少公司在实施标准化作业和其他工作时遇到困难，公司虽然在短期取得了一些成果，但却无法持久获得成果。直接原因之一是，它们欠缺培训员工的适当计划。而工作指导可以帮助解决此问题。我不知道在缺乏工作指导培训这个长期基础的情况下，如何实施标准化作业。如果能正确地实施工作指导培训，将可以避免作业流程中的很多问题，可以稳定作业流程，改善生产效率，提高质量，辨识工作要素以便分析。接下来就只需采取很少的步骤来平衡生产节拍时间，并加入其他的标准化作业要素。至少，在丰田，我们采用的就是这样的流程，也是靠这样的流程才获得成功的。"

我们经常看到培训师费力地讲解那些未被标准化的工作项目。他们不能确定哪些是关键的东西，哪些不是，也不知道哪些是关键而必须依照规定方法去做的、哪些是可以依据他们的喜好去做的。在这种困惑下，他们只能说："这是我自己的方式。"于是，员工各有各的工作方法，得出的工作结果自然不一致。缺乏真正的理解使员工采取正确执行方法的努力最终带来无尽的挫折与沮丧。

另一方面，如果不了解工作指导的方法，怎么可能了解如何实行标准化呢？在工作指导的方法中，我们学习如何解析工作的重要方面，询问诸如"这为何重要"之类的问题。如果我们能了解工作关键项目的重要性，并能成功地执行那些项目，我们便能把它们标准化，使之成为"最佳方法"中的一部分。

在实际操作中，必须同步学习使用标准化作业和工作指导培训这两项工具。使用工作指导方法来辨识那些能够成功完成工作的要素及关键点，并把它们纳入标准化的作业中。分析工作中的浪费情形，修改工作方法，决定目前所知的最佳工作方法，教导所有员工采用此方法，直到发现新的更好的方法再进行培训。图6-1显示了标准化作业和工作指导培训之间的关系。

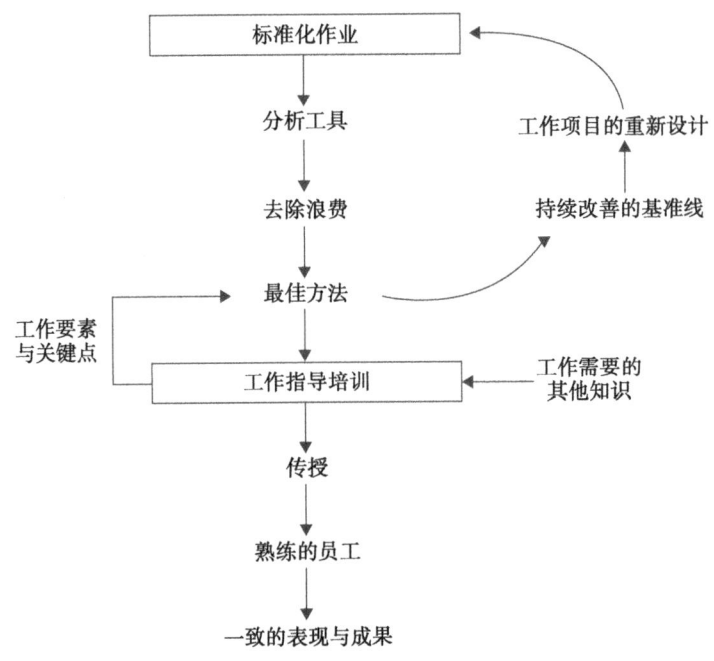

图6-1 标准化作业和工作指导培训之间的关系

从图6-1中我们可以看出规定工作项目的执行方法，用以教育员工遵循规定方法的培训流程，再重新定义工作执行方法等形成的回路。本书必须假设参与人员了解标准化作业与工作指导培训两者之间的关系，但本书内容关注的是培训方法，而不是工作方法的制定。本书目标是注重人才的培训发展。但若不定义工作方法，就不可能达成有效的培训。我们在本书中并不想深入探讨标准化作业这个主题本身，而是审视它同培训流程之间的关联性。

既是流程，又是手段

标准化作业流程包含了无数的工具与工作表（见表6-1）。其中之一称为"标准化工作表"。有些人混淆此概念而误以为标准化工作表就是标准化作业流程。事实上，标准化作业是整个整合流程，其中包含了使用工作指导培训方法来教导员工如何高效率地、一致且无误地完成工作。

表6-1　标准化作业流程中包含的工具与文件

工具或文件	用途
标准化工作表 （标准化作业流程图）	用以辨识重复性工作项目中浪费情形的主要工具。记录基本的工作流程，掌握重要资讯以均衡作业的节拍时间，表示标准的制成品数量
工作组合表	用以分析操作员和机器的关系，以有效地使工作同步化，去除操作员浪费于等候机器的时间。当有多人同时在相同的产品上执行作业时，也可使用此工具
流程产能表	用以分析器材设备的产能、工具改变因素、准备期和其他规则下的损失
操作指南	用以详细说明重要的循环工作项目和非循序性工作事项（特别是那些非经常执行的工作项目）。这项文件是参考性文件，并未张贴于工作区
循环平衡圈 （堆栈图、山脊图）	用以比较循环时间和节拍时间，以使操作人员平衡节拍时间，去除波动的工作流程。通常被用以找出组合工作的机会，以去除浪费，并降低人力需求

让事情更为复杂的是，还有一些其他不同但很容易被混淆的项目，例如，工作指示表也称为"操作指南"，跟工作指导培训中使用的标准化工作表很相似。这些文件主要是作为那些间或进行的工作，以及那些重要或复杂工作项目的参考文件。为了简化并提高工作效率，精益生产方式的实行者往往会尝试把几项功能结合成一体。但是，所有优秀的机械技工都知道，一项多功能工具或许能完成工作，但不如专门针对此工作而设计的特定工具那么实用。

这里列出了各种工具的名称，你无须太在意工具的特定名称，关键是要了解每项工作的用途，懂得如何使用每项工具并不容易。例如，若你要分析的工作流程是单一的作业（即不是沿着一条生产线的产品流程），就不需要使用循环均衡图来均衡多项作业的时间。不过，单项作业仍然需要在节拍时间上保持均衡。

此外，如果是纯粹的手工作业，不涉及自动化机器的循环作业（即机器作业与手工作业相互独立），就不需要使用工作组合表。使用工作组合表的目的，是要确保操作人员的工作与机器同步，操作人员没有浪费时间来等候机器。当有多位操作人员同时在相同的产品上执行作业时，也可以使用该工具，目的同样是使他们的工作步骤同步，避免任何的延误。

标准化的工作表单可用于任何包含重复性步骤的工作，主要是用来分析动作的效率，但并不是仔细地分析说明工作的细节，而是注重操作人员的动作（此概念也适用于分析机器的动作）。根据工作的性质，这项分析可能是针对较大的动作，如行走。或者当工作内容涉及较小的手部动作时，分析针对的是较小、较为细节的动作。

丰田公司所谓的标准化作业，不同于规定的标准化作业方法。丰田试图把工作的所有要素单元标准化，针对工作中循环重复的增值部分进行分析、记录并张贴于工作区。至于工作中非重复性、固定循环作业之外执行的部分（包括与监控机器相关的附属事项，以及其他的政策知识，如安全性程序），同样也加以定义并标准化，但并不记录在相同的表单上。这样区分有如下理由：

第一个理由是固定循环作业之外的工作通常不会增加价值。丰田不想把浪费的部分标准化而形成流程，这是丰田生产方式中的一项思维，若把浪费的部分标准化，基本上代表你接受浪费。当然，并非所有的情形都是如此，一些非固定循环性作业内的工作也可能会增加价值，不过这只是个笼统的概念。另一个理由，试图把固定循环的工作和非固定循环的工作结合在一份文件上，是徒劳无益的做法。

大多数人在造访丰田工厂时，看到的是标准化作业流程的最终结果——张贴于工作区的标准化工作表。但事实上，白纸黑字记录的工作方法只不过是整个标准化作业流程的结果之一，并不是此流程的主要目的。此流程的主要目的，其实是通过去除流程中的差异，达成一致的工作结果。

我们了解到丰田的流程中存在的问题是，实际的工作方法和使用的工具根据工作情况的不同而有所不同。缺乏经验的人在造访丰田工厂时，看到了各种方法、形式和表格。但实际上，丰田内部各部门使用这些表格的方式并不相同。因此，用来建立标准化与一致性的流程看起来似乎并不一致。如果我们审视的是特定的工作事项，就会看到这种不一致性。但是，若我们审视整个标准化作业流程时，就会看到适用于各种不同情况的一致流程。

在造访位于印尼的一座丰田工厂时，我看到一种薄片式、彩色的标准化工作表，上面有数字相片。莱克询问工厂经理，经理解释，丰田如今已是一家全球化的公司，必须在标准化作业流程方面更加制度化，因此，针对组装线上工作的关键点，丰田制定了全球标准。通过网络，公司定期更新这些标准。这位经理还表示，他可以把特定的工作单元混合搭配，为不同的工作进行重新均衡和调整，也可以修改它们，而且工作团队也有一定程度的自行调整修改的权力。这位经理在日本待了几年，非常了解丰田生产方式的理念。他表示，公司总部的标准化和工厂实地改善工作之间必须有一定程度的取舍，以后者为优先选择。

精益生产的实行者往往会询问该如何实行标准化作业的细节，或是该使用哪些工具。其实，他们更应该询问的是：我们想以标准化作业流程实现什么目标？而这个问题的答案是：我们想以最熟练的员工、最少量的浪费，来实现最有效率的工作。若你询问丰田的"老师"：我该如何进行标准化作业？他的回答将会非常简单：视情况而定。听到这样的回答，一开始，你可能会觉得沮丧，因为你期望获得一个使你能够正确地实行标准化作业的答案。问题在于，并没有唯一的最佳方法，你必须先斟酌情况，才能决定要采取怎样的行动，你必须对各种工具有一个了解，以及它们是否适用于特定情况。

这使我们联想到一个笑话，有位技师被请去解决一部机器发生的故障。仔细检查后，他从工具箱中取出一把铁锤，轻轻地在这部机器的边缘敲了敲，机器便修好了。这位技工把铁锤放回工具箱，并把收费账单递给顾客，收费500美元，这令客户大吃一惊，询问此技工："只是用铁锤轻敲机器几下，这么简单的服务哪里值得了500美元？"这位技工镇定地回答："您说得对，让我调整一下账单。"他重新开了一张账单，写下收费项目：用铁锤敲打，收费1美元；知道该敲哪里，收费499美元。深入了解如何在各种不同情况下使用标准化作业的工具，这才是最重要的。唯有亲身经历，才能获得深入的了解，没有人能提供给你现成的答案，该使用什么工具，取决于你面对的问题。

学习稻农的思考方式

你可能会感到不知所措。在尚未把每项工作分解至最详细的程度，并以清楚的文件说明该如何执行工作项目之前，我们怎么可能去培训别人呢？这可能得花上几年时间才能做到。

我们曾经造访过一家"精益模式工厂"，工厂里的每个工作站都挂着漂亮的标准化工作表。工厂经理解释说，他们曾经造访过一家丰田工厂，其标准化作业给他们留下了深刻的印象。因此，他们立志超越丰田的标准化模式。例如，他们决定在标准化工作表上附上工作的每个步骤的示范照片，而丰田的标准化工作表上只有文字性说明。此外，他们标准化了所有的工作表，使它们一致并都具有相同的高质量，而且加上了英文注释。他们是如何开展这项工作的呢？一开始，他们要求每个部门这么做，但结果却不能获得一致，而且还很耗费时间。因此，他们聘用了一位高中英文老师，请她负责完成标准化工作表。那么，他们会因此而有所改善吗？当然没有！他们被"标准化"了！

　　显然，他们并不懂得标准化作业的真谛，他们并未超越丰田，而是从根本上误解了在造访丰田工厂时所感受到的东西。他们的标准化作业只不过是张贴标准化的工作表，可是，当我们观察他们的员工执行工作的方式时却发现，那些员工的动作一点也不标准。而且，工作团队显然并未把标准化作业作为持续改善的工具。外表漂亮的工作表并不能代表工作方法的优良。

　　在阅读本书后续章节时，请记得停下来思考一个问题：目的是什么？当你询问丰田的员工，丰田生产方式的精髓是什么时，他们多半会回答：常识。毕竟，丰田是作为日本名古屋地区的稻农而起家的，因此，它会像稻农，一个有智慧的稻农那般思考，知道在每种情况下该使用的正确工具，也知道该如何改进。

第 7 章

善分主次
分析例行工作及辅助任务

分析例行工作

工作流程的第一步是分析整个工作的任务单元，并把他们根据需要具备的技能进行分类（见图 5-2）。我们可以从这个步骤中看出进行标准化作业的最佳方式。

我们从最容易分析的工作——例行的制造工作着手。在例行工作中，有一些循环重复的内容，称为工作的核心项目。分析例行工作的第一步，是把整个工作区分为独立单元，并把持续性核心任务和间断性辅助任务区分开来。我们可以用另一种方式来看待这个步骤，那就是把整个工作项目区分成两大类，第一类是工作的主要部分，也就是增值的活动；第二类是为执行增值的活动所需要的其他工作。在重复性的人工作业中，核心工作通常是在每一循环中执行的那些工作，也就是在循环内执行的工作。辅助任务则是在作业循环之外，只需间歇性执行的那些工作。

切记，任何情形都存在例外。有些工作项目可能全都是作业循环内执行的工作，也有工作可能只有极少的作业是循环内工作，或者你所分析的工作有多个部分是循环的，而与非循环的任务区分开来。辨识共通的、重复性质的工作任务很重要。你的目的是要把重复频率最高、时间变差最小的工作任务集合起来,因此,你必须花时间好好研究工作,观察相似或一致的工作任务。乍一看,工作似乎完全随机而无规则,但若要更深入探究,你就会看出一贯发生的项目。一开始,你可能需要花些时间站在"大野循环"(Ohno Circle)内观察数小时甚至数天,才能看出一些重复性的工作,等到你有了更多的经验之后,这项工作就不会再花这么多时间了。

在分析工作时,先从例行的、层次较高的任务项目着手,它们通常比细节和容易变化的项目更容易了解。切记,要从简单部分开始,再逐渐转向复杂部分。一个常见的错误是,还未了解基本规则之前,就去担心和处理细节。我们将在下文看到,当找到成功执行例行工作所必须注意的重要细节时,我们就会发觉这项工作其实相当复杂。表 7-1 显示首先把保险杠制模作业这项工作区分为例行核心工作、非常规核心工作和其他辅助任务(不属于作业循环内的工作任务)。在这个步骤中,我们还未辨识其他政策,需要判断的任务或累积形成的诀窍。记住,先从简单部分开始,再逐渐转向复杂部分。此外,切记要先培训能够提升价值的工作任务上需要的技能。我们稍后将定义程序性和判断方面的知识。

表 7-1　把保险杠制模作业区分为三类工作任务

后保险杠制模操作员		
例行核心工作	非常规核心工作	辅助任务
保险杠脱模	喷脱模剂	启动机器
把保险杠放入整修槽内	补喷脱模剂	机器循环作业
补喷脱模剂	全套模具的清理工作	换模
修整闪光	部分模具的清理工作	关闭机器
用砂纸擦分模线	清理后的模具准备工作	其他任务
检验	擦净模具表面	
把保险杠放到货架上	质量相关工作	

例行性核心工作任务的特定步骤简单明了,可以很容易地放入标准化工作表单,如图 7-1 所示(注:这项工作没有标准的在制品数量。质量

检查工作和安全事项也未呈现在图中）。完成后的最终标准化工作表看起来也相当简单，但千万别让这表面的简单给骗了！稍后我们将会看到，执行这些例行工作任务的细节其实相当复杂，优秀人才需要更深入的了解与努力。

标准化工作表主要用于分析工作动作，并定义及描述操作员在执行工作步骤时最有效率的移动方式。标准化工作表列出工作步骤，根据动作绘制图表，定义标准在制品的数量，显示每个工作任务的时间（以秒为单位）和整个作业所需的时间。

请注意，此标准化工作表上每个步骤的说明都相当笼统，图表上的工作步骤显示的是操作员在执行该步骤时的大约位置，这是个非常粗略的工作方法，帮助我们了解工作形态，并判断这是不是最有效率的工作方式，但绝对不是实际工作方式的详细说明，所以，我们才需要工作指导方法来帮助分析工作内容与执行方式，工作指导方法用于成功执行并维持各工作目标的细节要素。我们建议你先依照我们这里的示范，定义基本的工作要求，然后再研读我们在第 8 ～ 10 章所讨论的工序分解分析法（job breakdown method），学习如何辨识更多的重要工作细节。也就是说，推进方式是从定义工作的基本形态，到如何执行工作的细节，再到教授准确的工作方法。

分析非常规工作任务和辅助任务

这里的保险杠制模操作员的工作中有一大部分是属于非常规工作任务和辅助任务，即用以支援完成核心工作任务的其他工作。在这个例子中，个别工作任务的确以一贯的形态进行重复，但这种形态有多种变化。对于非常规工作而言，重复性或工作形态的重要性不像对例行工作那样大。因此，在分析这些随机或辅助任务时，适合个别检视，或是以共通的方式来检视，这些共通类别可能是以工作种类、工作发生地点、效率、工作时期或其他标准来区分的。

标准化工作表

工厂		日期：9/1/20		
部门：塑料	工作团队：保险杠制模	零件名称：后保险杠	表单制作人：David Sullivan	每一班要求数量：190
	操作：后保险杠作业员	零件#：	在制品标准数量：无	节拍时间：135秒

#	工作任务	工作时间	流动时间
1	从右边脱模	4	3
2	推模左边	4	3
3	放入修整槽内	2	3
4	喷右半部分	14	3
5	喷左半部分	14	3
6	撤除滚筒，开始作业循环	4	2
7	修左侧旁引闪光	13	2
8	修出口闪光	7	0
9	修右侧旁引闪光	13	3
10	用砂纸擦右边分模线	14	2
11	用砂纸擦左边分模线	14	2
12	把保险杠放在货架上	4	
	总计	107	28

图 7-1 保险杠制模作业的标准化工作表

就保险杠制模作业而言，这些工作任务适合依据机器功能、制模工具的准备、质量相关任务和其他任务来分类。我们此处的分类也跟工作任务发生频率和工作任务本身的重复性有关，以下是这些工作的非常规任务和辅助任务的分类。

- 机器作业（变化频繁，重复性的工作）。
- 和机器有关的工作任务（变化频繁，重复性的工作）。
- 质量相关任务（变化频繁，重复性的工作）。
- 其他任务（不同的工作，有些为重复性）。

接着，我们把这些工作的基本项目分解成更细的项目，这些更细的项目将会进一步细分，以作为定义各细分工作任务的标准方法的基础。我们已经有了该工作的例行工作任务的标准化工作表，在操作员工作指南和工作分解表中，我们也定义了每项非常规工作和辅助任务的方法，可用以培训员工。以下把上述每项分类再分解成操作员必须掌握的更细的项目。

（1）机器作业活动。

- 启动机器。
- 控管机器。
- 机器循环作业。
- 换模。
- 停止机器。

（2）和机器有关的工作任务。

- 喷脱模剂（每10次循环作业执行一次）。
- 补喷脱模剂（每一次循环作业都要执行，是标准化作业的一部分）。
- 全套的模具清理工作（每120次循环作业执行一次）。

- 部分的模具清理工作（每 40 次循环作业执行一次）。
- 清理后的模具准备工作（每 120 次循环作业执行一次）。
- 擦净模具表面（修正瑕疵，随机发生）。

（3）质量相关任务。

- 部分检验（每次循环作业都要执行）。
- 全套检验（每小时执行一次）。
  i. 目测。
  ii. 重量认证。

（4）其他任务。

- 安全装备与要求。
- 使用手动工具。
- 完成数据收集表单。
- 完成生产数据板。
- 调整喷枪。

接下来，我们继续把上述细分项目进一步细分，以机器作业活动中的"启动机器"这一项工作为例，进一步细分后得出如下"启动机器"项目。

- 打开电源。
- 用手取出模芯。
- 打开滚筒。
- 倾斜滚筒。
- 扩展上滚筒。
- 撤除上滚筒。
- 启动空料试转循环作业。

现在，我们越来越接近我们要做的事了。上述这份清单显示了启动机器的必要步骤，但全部的流程描述还没有完成。我们也许可以从现在开始定义如何执行这些步骤，有些步骤相当简单，只需要很粗略的定义；有些步骤则比较复杂或有安全方面的忧虑，需要较详细的定义。在任何包含机器运转的作业中，都必须清楚辨识及说明安全性重点，我们将在第9章讨论这点。

从上文可以看出，机器操作员的最基本辅助任务之一（启动机器）其实是相当精细复杂的工作，必须告诉每个新手应如何执行每一个细节，因此，我们可以看出这项工作的教授是件颇为复杂的工作。在这些细项中，有些相对简单，无须花太多的时间，有些则比较复杂，可能得多花几天或几星期。人员技能培训工作的繁重程度往往比我们想象得要大得多。切记，务必把某项工作分解成细项，才能使人员发展出更高水平的技能。

为避免发生"分析瘫痪"（analysis paralysis），陷入不必要的细节泥沼中，我们使用进一步分类的方法，根据这些工作任务的重要性，对它们做进一步的分类。这些工作任务中，有一些是至关重要的项目，必须非常谨慎地定义，其他项目的重要性较低，或是有较宽的可接受度，不需要如此详尽的分析，本章稍后将会讨论这个概念。

现在，让我们先回头讨论工作类别和标准化作业流程的记录方法。我们已经在图7-1中呈现了例行的核心工作任务的标准化工作表，那么，例行工作的辅助任务，该采用怎样的记录文件呢？这当中有"视情况而定"的成分，不过，图7-2显示了保险杠制模作业的细分工作任务，以及用以记录规定方法的相关书面格式（另请参见表6-1）。不论用怎样的文件来记录实际工作任务，所有类别工作任务的知识转移都要使用工作指导方法。

日常的辅助任务都有一定的程序，但在工作说明书（或称操作员说明书）上以变化、任意次序的形式呈现。其他和政策及工作实务相关的信息

后保险杠制模操作员		
日常作业循环内的工作任务	循环外辅助工作任务	政策和以判断为基础的工作
保险杠脱模	启动机器	安全措施
把保险杠放入整修槽内	机器循环作业	环境措施
补喷脱模剂	换模	质量标准
撤除模筒	停止机器	机器监管与程序设定
修整闪光	喷脱模剂	
用砂纸擦分模线	补喷脱模剂	
检验	全套的模具清理工作	
把保险杠放到货架上	部分的模具清理工作	
	清理后的模具准备工作	
	擦净模具表面	
	质量相关工作	
	其他任务	
一贯重复的循环作业，一致的重复顺序	一贯的工作程序，非一贯性的随机顺序	无循环，无顺序
标准化作业	书面记录的程序与工作指导方法标准	规定的政策、措施与标准
	使用工作指导方法来培训人才	

图 7-2 用于各工作任务和发展知识的文件

可能也出现于诸如材料处理之类的操作员说明书上，和政策与措施相关的信息包含在标准政策文件中。

我们经常发现，刚学习精益生产方式的人总是希望确定他们已经找到了"理想"或"完美"的解决方案，但是，持续改善的理念，其前提假设就是没有完美的解决方案，也不想花过多时间去寻找完美的解决方案。丰田的基本方法是先辨识需要（如提高产出），研究工作方法以找出存在浪费的地方，辨识短期内（最多只需要几天）可以做到的改善，一边忙于做出改善，一边规划及实行长期任务。然后，再重复上述步骤，做出更多改善，这就是"计划－执行－检查－行动"的循环。

医疗保健领域

在医疗保健领域，即使要定义"洗手"之类简单任务的有效方法，其重要性也可能攸关生死。在医院内，因感染而导致的患者死亡率相当惊人。单以美国为例，每年有超过 200 万名患者在医院内遭到感染或染上疾病，其中有 10 万人死于医院感染，相当于平均每 5 分钟就有一人死于医院导致的感染！

一项研究调查询问医生是否遵守规定的洗手标准，他们全都回答完全遵守规定，但在实地观察中却发现，只有 32% 的医生遵守相关规定。这项研究调查发现，有些医生完全忽略了洗手的规定，许多医生则未使用规范的洗手方法。

另一个例子是，导致感染的一大主因是静脉导针，用于注射通向心脏的血管，使静脉注射液更容易供输。据估计，每年有 25 万名患者因为这道程序而受感染，其中 15% 以上导致死亡，尽管美国疾病控制与预防中心（Centers for Disease Control and Prevention）制定了一般原则，但是，这道程序仍然存在极大的变差。一家医院研究了导致感染的根本原因，并实现流程标准化、使用视觉信号、培训护士，使感染发生率从一年前的 37% 降至 6%，感染导致死亡率从 19% 降至 1%。

未坚持遵守或方法不一致的问题并非只存在于保健业，其他产业也总是出现这类问题。我们相信，所有情况的根本原因都相同——未能深入到工作细节，辨识至关重要的项目，规定执行工作事项的特定方法，勤勉地教授所有人正确的方法，并持续追踪以确认所有人都使用正确方法，同时使用特定的评量指标，如感染率，以确认流程真正被掌握。

在此，我们以护士为例进行分析。当然，护士有很多分类，每一类护士在医院的特定区域执行不同的工作，切记前面提到的：先从宏观着手。医院里大多数护士的工作属于技艺或技术性质，这种类型的工作大多不会有固定的例行核心项目（有些可能是例行项目，对于这种情形，可参见前一节）。但是，护士工作的辅助任务可能是例行性的、可明确定义的。护士工作需要具备一些护理学校传授的基本技能、广泛的急救知识，以及必须在工作中才能形成的判别力。

在观察典型的护士工作时，我们看到的是一连串随机发生的事件。护士可能正在照料一位患者，患者向她索要某个东西（如一个枕头），正当她前去取枕头时，另外一个病房的呼叫铃响起，她急忙去解决新问题。处理完新问题后，被一位医生叫住，要她对一名患者施以一项特殊护理，于是，她前去处理这名患者的药物治疗。一小时后，她想起先前那名患者要枕头，但在取枕头的路上又被一位护士拦下，要求她协助把一名患者移到另一张床上。如果跟随这名护士进行一整天的观察，我们可能会觉得她忙个不停，被唤来唤去。看似如此随机而无规则的流程，怎么可能加以标准化呢！

这个护士的"真实世界"需要弹性和应付不断变化情况的能力，在制造业或其他变化频繁的领域，我们也听到了这样的异议。他们认为，所谓的标准化，就是必须把护士的工作固定化。其实，这是一种误解，标准化作业的目的，并不是使所有工作具有高度重复性，而是要定义最佳方法，以尽可能减少工作方法的变化。

仔细研究护士工作，以辨识出共通或重复的工作，而不是只看到差异性，这样，我们就能看出一些模式。我们会看到一些相同的工作任务并未依循一致的模式。组装线工作中的例行性工作任务有相同的工作任务，但并未依循相同的模式，从而完全重复。反观护士工作，确实有一些重复性的工作任务，这些项目有时依循相同的模式，其他时候则未依循相同的模式，这些是零星分布的随机事件，相当混乱。

我们使用本章之前用于分析保险杠制模作业的方法，开始把护士的整个工作区分成个别项目，找出可以定义的项目，如表 7-2 所示。护士的工作中有一部分是例行工作，依循某种模式，例如一小时进行一次巡房，在这些巡房工作中，护士依循标准化方法来检查患者的重要症状，施行药物治疗，确认正确操作和静脉注射等。在巡房时间（和其他随机时间），护士可能被叫去执行别的工作，如抽血。这些工作任务本身是固定的，属于例行项目，但并未依循重复的顺序。

表 7-2 护士工作的任务类别

医院护士		
例行核心任务	非常规核心任务	辅助任务
例行巡房	静脉注射	制表与记录
检查重要症状	电击患者心脏以恢复心律	住院记录
施行药物治疗	抽取血样	存放用品
确认药物注射	办理住院手续	检查器材
		销毁生物废弃物
		协助医生
		协助患者
		其他任务

还有许多其他可定义的工作任务，但并未依循特定模式，而是视需要而执行的"按需"工作。其他无法分类的工作也是由个别定义的工作任务构成。

我们可以明显看出，医疗保健行业和其他许多领域的工作任务，整体看来相当复杂，但如果我们花时间从共通性的角度来观察，就能看出有大量的工作任务是简单、可定义、可传授的,这些工作任务就是我们针对的重点。我们的目标并不是要违背事实,创造出完全重复的、一贯的流程,而是要致力于减少导致工作差异的原因。

切记,在这个阶段,我们的目标不是详细说明每一项工作,而是辨识出此工作的各项任务,至少要辨识出构成此工作的大部分任务。若我们能辨识出最重要且经常发生的工作任务,并进行分析,我们的努力就会发挥出整体效益。当主要任务全部定义并传授给全体护士后,就可以开始分析工作的细节部分。

如同绝大多数的工作,护士工作的这些任务中有一些是比较容易定义与说明的,我们先从重复性最高、最容易定义的任务着手。我们很幸运地搜集到了有关行业的一些例子,肯南梅托卓越运营中心(Kennametal Center for Operational Excellence)的理查德博士给我们提供了外围血管静脉注射的详细步骤,请注意,这只是护士静脉注射工作的一部分。

理查德博士详细说明了完成这项工作所需要的全部步骤,并把它们做了如下分类。

主要的工作任务包括:

- 找到适当部位。
- 挑选适当型号的静脉注射器。
- 保证设备按次序排放。
- 对静脉注射部位进行消毒。
- 刺破血管。
- 移开注射器。
- 安全处理注射器。
- 固定导管。

辅助任务包括:

- 取出静脉注射施打包。
- 重新补给静脉注射施打包至标准存量。
- 判断患者是否对乳胶过敏。
- 预先撕开胶带至适当长度。
- 打开微孔导管的束扎设备。
- 判断并取得正确的静脉注射液。
- 判断正确的注射液输管种类。
- 把注射管插入注射液袋里。
- 使注射液通入导管里。

政策措施及判断任务包括：

- 尖状物（注射针的使用与丢弃）的安全政策与程序。
- 预防及控制感染的政策与程序。
- 对感染造成的浪费的管理政策与程序。
- 乳胶过敏的处理措施与程序。
- 图表的记录要求。
- 注射部位的记录要求。

整个护士工作的这一小部分涉及了许多细节步骤，这些步骤要进一步分解成更细节的项目，以便于培训。在图7-3中，我们把静脉注射工作的项目（以及外加的几个项目）予以分类，以便于培训，并找到必须标准化的工作。

我们决定了如何根据合理分类和培训目的来区分这些工作任务之后，再辨识能够提升价值的核心工作类别，在进行培训时，要先告诉受训者核心工作任务类别，因为这是最重要的工作，在这个例子中，核心工作任务是实际施打静脉注射。

优先顺序居末	第三优先	第四优先	第二优先	第一优先	第一优先	优先顺序居末
间或性事前工作	重复性事前工作：需要做决策	重复性事前工作（根据决策得到材料）	重复性事前工作：准备材料	重复性核心工作：静脉注射	重复性事后工作	间或性事后工作
重新补给静脉注射实施打包至标准品 • 存量 • 订补给品	• 确认患者的医疗史以挑选施打部位 • 挑选正确的静脉注射器材与种类 • 判断患者是否对乳胶过敏	• 挑选正确的静脉注射器材规格与种类 • 拿取静脉注射器材与打包 • 改定正确注射输管种类 • 改定并拿取正确的注射液	• 预先撕开胶带至适当长度 • 打开微孔导管束扎机设备 • 把注射管插入注射液袋里 • 使静脉注射液通入导管里 • 确定器材以适当顺序	• 静脉注射部位进行消毒 • 刺穿血管 • 移开注射器 • 安全地丢弃注射器 • 固定导管	• 清理 • 处理废弃物 • 流程记录	• 当天结束时的清理 • 5S 活动
政策措施与判断	政策措施与判断	政策措施与判断	政策措施与判断	政策措施与判断	政策措施与判断	政策措施与判断
采购程序 • 存货程序（看板管理）	• 乳胶过敏处理程序 • 相关资料		• 尖状物的安全处理措施与程序 • 预防及控制感染的措施与程序	• 尖状物的安全处理措施与程序 • 感染性废弃物的管理 • 在图表上做记录 • 记录注射部位	• 5S 程序	
决策工具	决策工具	决策工具			决策工具	决策工具
	• 使用患者面谈表	• 用决策矩阵挑选注射输管 • 使用决策矩阵来挑选注射液				• 5S 检查 • 使用患者表

图 7-3　静脉注射工作分类

接着，我们要找出需要不断重复、但未被包含于核心工作的任务，此类别的工作任务之所以未包含于核心工作中，是因为它们并未以相同的频率重复，或是在核心工作以外的事件中执行。在图7-3中，重复性非核心工作任务依据它们是发生于核心工作之前或之后来分类，这些重复性非核心工作通常是为核心工作做准备，或为核心工作收尾（就像做完饭之后收拾厨房）的。

在本例中，我们认为，核心工作之前的准备工作和之后的收尾工作应该在不与患者实际接触的情况下执行。在进行准备工作时，让患者在一旁坐等是不智之举，这就好比在准备工具的同时，让机器等候整备更换一样。在这个例子中，材料（静脉注射液袋和输管）的准备可能是例外，因为如果是在事前准备，可能会发生污染的问题，因此，必须在实际把输管插入静脉注射液袋之前执行此工作。如果材料必须在每次执行核心工作时进行准备，那么，这部分的准备工作也应该视为核心工作任务的一部分。不过，为了取得更好的效果，我们仍然把这两项工作加以区分做专项培训。这些重复性的工作在培训中将属于次重要部分，由于重复频率极高，因此，培训人员如何执行也很重要。

最后，我们考虑其余重复频率低以及不需要重复的工作，同样地，它们也被区分为发生于核心工作之前与核心工作之后这两类。我们持续对工作任务进行分类，目的是根据培训活动和培训的优先顺序来组织它们。我们应该先教给员工最重要的核心项目和重复性工作，然后才是次要的，或发生频率低的工作。我们也必须包含必要的支持信息，如政策措施和决策工具（培训辅助），在讲解如何执行那些需要做决策或需要更多指导的工作时，这些信息可以帮助学员。

到目前为止，我们已经辨识出各类别的工作任务，并进一步适当地细分，但我们尚未实际定义，也未把任何方法标准化。我们必须为工作指导而分解每一项细分任务，这样，才能找出最佳工作方法，并加以标准化，这才是重点。到目前为止，我们已经辨识了工作任务的步骤，这些步骤可作为标准化流程和该做什么的基础,为培训工作而进行的工作分解,将把整个分析流程往前推进一步,并辨识工作的关键点。关键点说明执行工作步骤的最佳方式,我们将在第9章讨论关键点的问题。

在结束这个例子之前,让我们再谈谈标准化作业。在前面我们说明了如何检视各工作任务的细节,并对它们加以分类,以利于定义执行工作任务的特定方法。不过,请记住,标准化作业的主要目的是分析工作,以找出并去除浪费。下一节中,我们将加入一点复杂的内容。在丰田,人们不会把工作区分开来进行孤立而盲目的分析,因此,在更深入细节之前,最好再向后退一步,扩大你的视野,从单一作业的角度来审视整个流程。

评估整个流程

在评估标准化作业时,切记整个丰田公司和传统的成本导向公司有个重要差别:丰田注重整个系统的效率,而不是局部的效率。在评估标准化作业时,不要只看个别的工作,而要看工作现场的整体情况。

若我们审视上述的护士的例子,再把视野扩大至包含整个部门或场所的所有护士,我们将会看到几位护士跑来跑去,去巡房、照料患者,在他们从事主要的增加价值活动中总是被其他事务分心。我们在《实践丰田模式》一书中谈到的一个重要原则是:把工作流程中的变动独立出来,当有变动发生时,最好是把它独立出来,尽量让更少的人执行这些变动性工作,以控制这些变动造成的影响。丰田有一个制度构架,让从事价值提升活动的成员能专注于他们的工作,不至于被其他事务分心。

例如,假设一个部门有五名护士,她们都在做同一件事——试图在不断的干扰和他人的呼叫中完成自己的工作。现在,我们若把持续性的工作(提升价值的工作)和间断性的工作(可能仍是提升价值的工作,但是随机性质)区分开来,看看能否让其中三名护士只专注于持续性工作(如巡房),

而不被其他事务分心,她们将能成功地完成先前由五名护士执行的持续性工作(这五名护士还需要执行随机性事务)。这里使用的原则是把许多人的低效活动整合成一个人的职责,由此提高工作效率。我们经常发现,若几个人都在执行工作时被其他事务分心,那么,总体影响会更大,因为每个人都在重复类似的低效活动。若把这些活动整合起来,就能提高效率,而且整体的人力需求也会减少。

现在,假设剩下的两名护士中有一人专门负责回应随机出现的呼叫和患者需要,而不需要执行巡房的工作。在这种情况下,或许需要设置一个呼叫制度(安装呼叫灯),让那三名护士在需要时能够和这名负责支援的护士联系。这么一来,第五名护士就会成为腾出来的人力。

在决定如何处理多出的人力时,我们建议要从持续改善的角度来思考。或许,剩下的这名护士不需要执行一般的工作,但可以更有效地执行其他工作。也许这个部门需要专门的护理照料工作,或是其他的行政工作,或者她可以担任培训员,或参加其他的持续改善活动。可能性很多,许多医院面临护理工作人手短缺的问题,从例行式工作中腾出的护士或许可以调配至其他岗位。建议你从充分利用人员的长期潜力来考虑,而不是着眼于短期成本,裁掉那些多出的人员。

辨识关键项目,确保执行无误

在请管理者及工作者估计整个工作中有多少比例为关键项目时,我们通常会得到非常高的数字,多半是90%或以上。其实,一般人对于"关键"的定义有所误解。为成功完成工作,所有工作步骤都是必要的,但并不是所有的步骤都是关键的,关键工作步骤指的是必须精心准备的依循规定的步骤,如果没有严格地遵守既定步骤,将会出现瑕疵(即不符合期望标准的结果)。工作的关键部分也多半具有限制性很强的可接受范围,因此必须非常小心地监督。

在大多数情况下，关键部分占整个工作的 15%～20%，在关键步骤之外的其他步骤，其重要性从高至低，程度不一。成功培养人才的关键在于，辨识占整个工作中一小部分的至关重要的部分，特别认真地定义执行它们的最佳标准方法，并培训每个人要严格遵循规定的方法。工作的各个层面，重要程度不一，对于能够产生最大效益的部分，应该特别重视与留心。此外，关键项目也必须密切监督。

管理者应该把注意力集中于最关键重要的工作任务，并向员工强调它们。若管理者对所有细节都给予同等关注，成果多半很有限。在工作中，要对每一个细节都明确监督是不切实际的。要达成期望的成果，管理者必须有能力区分关键项目、重要项目，以及次重要或不重要的项目。

务必坚持让所有人都遵循关键步骤，至于不会对绩效产生影响的不太重要的项目，可以在界定的可接受范围内允许不同的工作方法。在某些情况下，工作执行方式并不重要，需要的后续追踪和监督不多。

我们以保险杠制模作业为例，说明工作的细节与关键部分。每一工作步骤或程序有可以接受的绩效范围，有些可接受的范围相当窄，必须高度遵守规定；其他步骤的可接受范围较宽，但仍必须小心地以特定方法执行。最后，几乎每项工作都有一部分项目允许更大程度的变差，方法与技巧的差异对最终结果并无多大影响。表 7-3 总结了大多数工作内容的权重，当然，每一类别的实际权重依个别工作情形而有不同，但基本概念是一致的。

一般原则是，把 80% 的时间花在 20% 的最关键项目上，这些项目的作业参数只允许极小的误差，不允许有违规定的工作方法，也不允许小组成员有自己偏好的作风。在许多例子中，我们看到管理者错误地对工作的所有层面给予同等关注，而关键项目的重要性被降低至一般程度，这种忽视关键项目的做法往往会导致安全和质量问题。另一种极端情形是，重要性低的项目被过度强调。若你对整个工作的所有项目都给予高度关注，就会坚持完全依照规定来执行工作,不允许有任何的误差,若你试图对所有项目都给予最高程度的关注,使所有人都以最高关注程度来执行所有的工作任务,必定会使工作者感到厌烦,也会把自己逼疯。

表 7-3　工作任务权重分类

占整个工作的比例	重要性	对工作的影响
15% ~ 20%	关键:工作必须高度一致	若超出规定范围执行,一定会对结果造成影响
60%	重要:工作必须在稍宽的范围内一致	若超出规定范围,可能对结果造成影响
20%	重要性低:可采用不同的工作方法	不论使用何种工作方法,都不太可能影响结果

丰田和许多公司的一个主要差别在于:丰田会阐明工作各种层面的不同重要程度,多数其他公司则对所有工作任务一视同仁,并未区分重要程度,对于执行工作的"最佳方法"也存在相当大的分歧。在丰田,每个人都很清楚工作的关键项目,以及以规定方法执行它们的重要性,他们知道,若不依照规定方法执行这些关键项目,将会产生不良结果,对整个制度造成影响。丰田在组装线上张贴信号,指出哪些工作涉及关键的安全性或质量步骤,在工作区很容易看到这些信号。

值得一提的是,当年在丰田乔治城工厂担任团队领导者的梅尔,负责这项保险杠制模作业时,必须了解上述所有以及更详细的问题。他也负责培训人员,并经常进行检查,以确保他们遵循标准化作业(广义来说,包含所有的关键点)。任何质量问题大概都可以追溯至未遵循标准化作业。请注意,标准化工作表上的东西并不是细节,细节程序会超过此表上的内容。此外,许多公司并不会对其主管人员进行如此细致的培训,因此,他们无法传授或指导他人。

成功在于细节

不幸的是,标准化作业和规定方法的制定并未依循既定的路径。我们总是希望能够说:"这就是逐步执行标准化作业的方式。"可惜,实际情形并非如此。我们主要着重于分析工作,定义工作步骤及关键项目的流程,以供员工培训之用,但还有其他的许多标准化作业流程层面,我们并未谈到。在分析工作时,当分解到个别细节时,任何一个细节本身都不复杂;可是,当把数百个或数千个细节结合起来时,整个流程就变得非常复杂。在这里,我们试图从可定义、易讲解的每一步来思考工作。

看似随机、无规则、非标准化的工作活动,其实只要改变你的视角,大多数也能加以标准化。我们很容易先入为主地认为,某些特定情况下的工作无法予以标准化,我们建议你在假设哪些可能或不可能时,必须十分小心。实际上,在任何状况中,本文所提到的原则皆可在某种程度上应用,我们的目标是尽可能地应用这些原则。当你开始采取行动,逐步走向标准化作业时,就会看到更多可能的步骤,这是持续改善的本质。如果你让自己意识到永远有别的可能性,意识到目前的活动永远不会是"终极"解决方案,那么,你就会走上正确的轨道。

如前所述,我们认为,丰田以外的大多数公司对于工作的评估不够仔细,工作方法的定义多半粗略,不确定正确方法是什么。丰田之所以能一直拥有高绩效,是因为该公司非常仔细地分析工作细节,并致力于教导每位员工正确的工作执行方法。

你的努力如果要取得成功,关键在于必须学习仔细分析工作,把每一项工作任务分解为细项,辨识关键项目,严格地要求他人遵守规定步骤。切记,这是个持续改善的流程,每次分析工作时,都应该学到东西,并使其他人掌握这种分析流程,使人人都能了解每项工作最重要的项目。

如果你把大部分时间和精力花在最关键重要的部分,你的成功就会更加显著。我们并不认为失败存在于细节之中,但是,成功确实存在于细节之中!当你认为自己已经检查了足够多的细节时,请再检查一次。如果能掌握最重要的细节,你将会获得更大的成功。

Toyota Talent | 第8章

培训制胜武器之工作分解

培训工作分解的差异性

第6章讨论了为制定标准化作业而分解工作的方法，标准化作业的制定和用于工作指导方法的工作分解之间有直接关系，这两者不可能被完全区分开来。为了把工作标准化而定义工作项目，可以为如何执行工作及指导他人提供一个构架。未标准化的工作很难通过讲解使人掌握，也没有执行工作的规定方法。

但是，标准化方法所规定的步骤并不一定和工作分解的步骤相同，标准化方法的步骤也许更笼统，必须进一步细分才能有效教授与学习。学员学习依照标准化方法来执行工作，但他们是以更有助于学习流程的方式来接受培训与学习的。现在，分解工作的目的从界定工作方法转变为把有关工作的重要信息和必要技能传授给他人，把工作分解成容易理解和消化吸收的小片段，方能让别人更容易掌握。

例如，标准化方法可能把一个工作步骤叙述为"安装散热器"，但为了利于受训者理解，这个步骤可能进一步分解成以下三个更细的步骤，以简化培训流程。

- 把散热器定位于螺柱上。
- 安排管线。
- 安装螺帽。

两种流程的最终目的相同，都是让小组成员无误地执行定义周详的工作。标准化方法步骤和工作指导步骤的这种差异的确给尝试仿效丰田生产方式的人带来一些困惑，他们以为标准化工作表就是培训用的表格。为使培训流程获得最佳成效，必须把工作分解成更细的步骤，学员才能有效学习。若工作分解得不够细，将无法显示和解释工作的许多关键项目。在此值得一提的是，一些公司选择在标准化工作表中列出工作项目的关键点，然后在工作操作中使用此表，我们可以有效地做到这点，虽然通常不建议这么做。

分解任务，注重细节

《实践丰田模式》第 7 章提到，在分析产品组合时，若产品种类很多，可以使用"交叉分析法"（slicing and dicing）。这个概念是针对差异性较大的更复杂的情况，把工作分解成更小的部分。首先分成多组，然后再把每一组分成多个小组。把这个概念用于工作分解时，首先根据工作性质把整个工作切分成多个工作项目（如第 7 章），接着再把每一工作项目切分成各个步骤，每个步骤又再分割成合适讲解的细节项目，如图 8-1 所示。

你如何知道已经把一项工作拆分得足够详细，但又不至于过细呢？这必须等到你向学员展示作业方式时，才能进行评估。若学员学得很快，且产生很好的学习成效，就代表你很有效地分解了这一工作。本章我们将提供一些原则与启示，使你更容易掌握此流程，不过就某种程度而言，你需要进行一些试验，评估结果，才能确定成效。

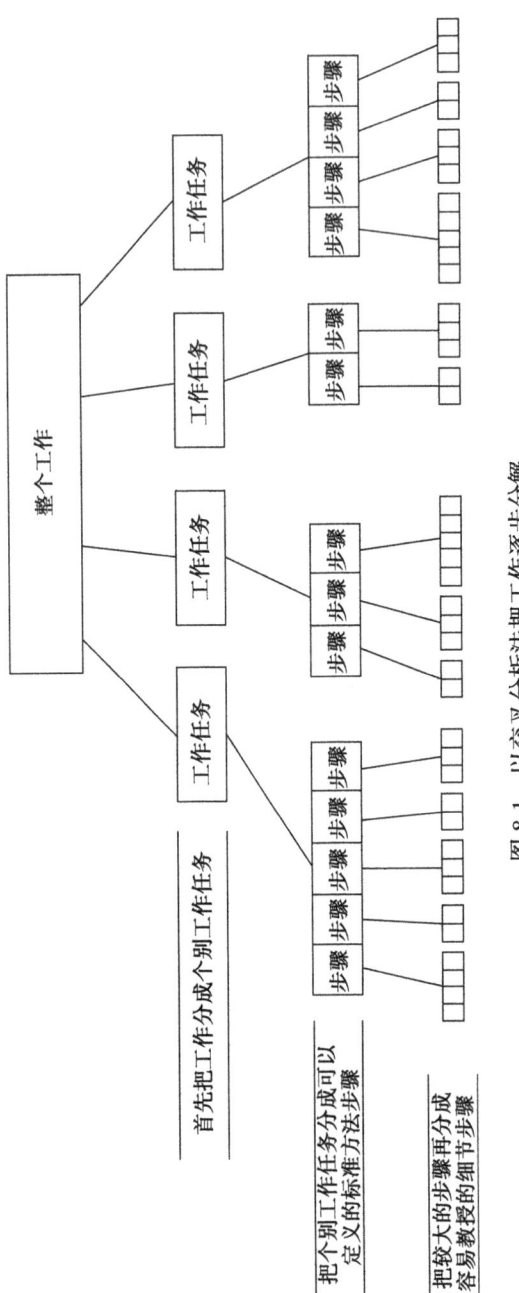

图 8-1　以交叉分析法把工作逐步分解

我们观察到的最大错误之一是试图在一节课中放入太多东西：试图在一节课中囊括所有项目，或是把工作的许多重要细节放入一个工作项目中。在工作分解的流程中，有效分解五次是很重要的概念，而且必须非常慎重处理。当你认为已经把工作分解得足够详细时，请不要忘记，丰田分解定义细节的详尽程度可能是你的五倍！在培训人员时，务必以容易消化的小片段信息呈现给受训学员。

工作分解需要反复思索

在分解工作以定义工作项目及决定工作执行方式时，经常遇到的问题是，那些熟悉此工作项目的人不再思考工作内容和工作方式，他们的行动已经变成自然而然的习惯。在培训人员之前，若对工作进行全面彻底的分析，工作事项的许多重要层面可能会被忽略，因为它们已经变成下意识的行动。

以绑鞋带为例，你可能多年来每天都会做一次这个动作，你大概不需要看着鞋子，就能完成绑鞋带的动作，让我们来看一个工作情况：假设某人执行的工作是每分钟循环一次，执行此工作一整天等于重复 400 次，只需 50 天，这名工作者就执行这项工作 20 000 次！

只需承担工作 50 天，就能取得"肢体经验"，即能够在不需要积极思考的情况下执行此工作。当然，这名员工仍然要思考，只不过他不需要再思考执行此工作的每一步骤，或是何时该做什么和如何操作某个特殊工序，他的记忆变得更流畅、更自然。

可是，若不先花时间分解工作，回忆起工作的重要层面，将非常难以培训他人。我们当中有不少人在教小孩如何系鞋带时，很快就会意识到必须停下来思考其中的每个步骤，以及那些我们不假思索、自然使用的小窍门。工作分解流程需要仔细地思考，分析到底需要做哪些以及如何做才能成功地完成工作，而且必须在实际培训人员之前进行这种仔细的思考分析。

课堂讲授需要量力而行

工作指导方法强调一次只教学员能够消化吸收且熟练掌握的分量。每位学员的学习能力不同，在培训活动中，培训员必须评估情况，依据的原则是：每一节的培训时间不要超过 30 分钟，让学员能够消化吸收所学习到的方法与技巧，然后才能进入下一节的培训。

对于重复性的人工作业，另一项总体原则是：需要花 15 秒执行的工作项目，大约得花 30 分钟来讲解（但学员需要花更多的时间才能熟练）。这只是原则，实际需要时间由工作复杂程度和方法技巧来定。这 30 分钟只是示范如何操作，并让学员有几次练习机会。要熟悉一个工作项目，得花上很多天或几星期，可能需要重复执行几千次。

让我们进一步计算有效培训所需的时间。使用前述原则，若一项需花 15 秒执行的工作，要花大约 30 分钟的时间示范如何操作，而一项工作有 30 个项目，每一工作项目花 1～3 分钟（平均 2 分钟，可能需要 8 节培训），培训一名学员需要投入的全部时间是：

30 个工作项目 ×8 节（每节 15 秒）×30 分钟 =7200 分钟（或 120 小时）

如此大量的时间需求，大概就是那么多培训员试图以此涵盖所有细节以缩短培训流程的原因。我们要再次提醒你，潜在回报很大，但需要做出的投资也很可观。

难怪许多经理人和员工觉得他们似乎未获得适当的工作培训，我们经常听到管理人员说，他们告诉员工如何执行，但员工就是不愿按正确的方法执行。不过我们观察的结论是，培训员多半把过多的信息"抛"给学员，而这会导致学员无法完全了解。学员往往会想尽办法填补空白，当缺乏有效培训时，他们会自行设法完成，而不论方法正确与否，他们只能以所获得的东西来尽最大的努力。

选择工作培训方法

许多培训员认为让他人掌握执行整个工作的最佳方法是在实际执行工作的同时，以连续的方式进行传授。其实，最佳方法是一次讲解一小部分，依序进行（但不一定要按照实际的工作步骤顺序），这需要培训员的事先考虑，并且能够针对整个工作的各项任务来定义各节的培训。

下文以一个假设的培训活动来示范说明。这是根据实际培训课程来操作的，括号内部是我们附加的评论，从培训的角度来说明有何问题。

模拟培训

培训员：嗨，约翰，我是艾德。今天我将教你如何操作中心柱焊接作业。这是焊接器和你的器材装备。首先，我们必须取得这项工作所需要的零部件。

（虽然零件是完成日常核心工作项目的必需品，但是取得这些零件却是辅助任务，应该分开学习。培训员把工作事项对调了，零件的获取应该是准备工作的一部分，这样对核心工作项目的学习才不会被打断。）

接着，我们必须用电脑订购零部件。

（他们走向电脑，打断了培训流程。）

现在，你必须使电脑显示到这一页上。你有没有取得进入电脑的用户代码？

（若这是另一区分开来的培训活动，这项细节应该在培训之前进行确认，也就是说，这是培训前的准备工作。培训课程再度被打断。）

没有？好吧，我等一下就带你去办公室取得一个用户代码。现在，我们暂时使用我的识别代码。

（这是不正确的示范，若不是示范实际流程，可能会导致困惑。）

你必须检查图表，查明零件的型号。

（这项工作应该着重订货流程，从图表中查明零件型号属于工作知识，最好在另一节培训课程中教授。）

好，我们来看看零件的号码是什么？嗯，看来，这些零件的型号尚未更新，这是旧的型号，我们得去工程师办公室了解新的型号。

（这又一次从原来的培训课程中分散了注意力，原来要培训的是焊接作业，现在他们却是在追查零件的型号，至此，已经不清楚实际工作是什么了。）

既然来到这里，我们可以顺便去取你的电脑用户代码。

（进入一个办公室，他们发现负责核发电脑用户代码的人正在开会，他们必须稍后再来。当他们到达工程办公室去取零件的信息时，工程师翻查积分档案夹，以寻找零部件的信息，他不知道新的零件型号，并说稍后再告诉他们。培训员回到电脑前，继续零部件的订货工作。我们可知道实际要培训的工作到底是什么？）

（所以，"培训"已经花了30分钟，但截至目前，什么也没教。培训过程被打断了好几次，最终，学员见识了好几件事，却不清楚该如何执行工作。培训员试图一次涵盖所有事项，结果却没能完成什么，只是令这名员工感觉到沮丧罢了。）

在这个例子中，你可能看到了一些熟悉的情形，而不禁自问：怎么可能做到不同的培训呢？他必须订零部件，不是吗？他必须知道如何确认零件的型号，不是吗？当然是，但不需要以这样的方式来施行培训。如果要讲解的是工作中的焊接作业部分（不错的培训起始点），在培训开始之前就应该准备好所有零部件、材料、工具和器材设备，这样培训员才能专注教导工作。零部件的订货工作应分成两部分培训：第一部分是收集与确认零件的型号，第二部分是把信息输入到电脑中。

这项培训活动的问题早在实际培训展开之前就发生了，培训员并未花时间分解工作，把它分成若干部分，而每一部分应该是区分开来的培训活动。把工作项目、事件区分开来，学习将更有成效。我们的记忆力有限，只能同时处理多项事物至一定程度，当信息混杂在一起，各项目之间没有清楚的区分时，学员将更加困惑，记忆力也将降低。

表8-1显示如何分解此工作，以确定示范工作项目的最佳方法。焊接部分的工作可能需要三节培训课程，这得视工作的复杂程度而定。从前述对话中可以看出，确认零件型号和下订单的工作最好要区分开来教授，这

要根据各项工作执行方式的差异性来决定，因为这两项的工作性质不同（确认零件型号需要判断，培训将包括许多细节），因此最好不要混合在一起。把这些项目区分开来培训，并不会多花费时间，除非你试图把整个工作一次"抛"给学员，然后继续其他项目，这么一来，稍后的后续培训和矫正问题将花费更多时间。

表 8-1 焊接作业分解包含的各项培训活动

工作	焊接作业						
工作项目	焊接			取得零部件		器材设备操作	
培训活动	第一部分	第二部分	第三部分	确认型号	下订单	启动与停止	设定参数

分解工作：第一部分

工作分解包括三大部分：辨识工作的主要步骤；取得如何执行各项步骤的重要信息（所谓的"关键点"）；解释关键点为何重要的理由。截至目前，我们的讨论内容着重在把工作分解成多个工作任务。现在，必须掌握更多的细节，辨识具体的教授步骤。在整个工作分解中，关键点是最重要的部分，我们将在下一章专门讨论。

辨识主要步骤

每一项工作都是由一连串的活动构成，这些活动是以特定顺序与方式完成的，TWI 称这些活动为"步骤"是很自然的，因为人们往往以一定次序思考工作项目。在培训活动中，我们经常听到培训员说："你要做的第一件事是……第二件事是……"主要步骤叙述要做什么，既不能太宽泛也不能太狭隘。主要步骤并不包括如何执行工作的细节，如何执行步骤将和关键点一起解释（工作分解第三部分）。

我们已经在前面提到，标准化作业中所辨识的步骤，并不一定等同于为了培训而进行的工作分解中所辨识的步骤。标准化的步骤是对需要执行工作的概括描述。而工作指导方法中的工作步骤更加详细，以便学习流程更容易，或是更强调工作的某些部分。更复杂或关键的步骤可能会进一步细分。

如何界定每一个主要步骤的适当工作量，并没有不容变通的原则，不过有些可供参考的提示。在分解工作时，最好能有一位技能纯熟的操作人员现场操作。原先的TWI要求，在作业人员执行工作的过程中，请他停下来并问他："你在做什么？"若他回答"我在做这个项目和那个项目"，就可以代表两个步骤。让这位操作员再重复执行程序，但这一次，在他完成第一个项目时就请他停下来，问他："你在做什么？"并把他的回答记录下来。

获得回答之后，TWI建议思考的下一个问题是："这会使工作向前推进吗？"这个问题类似于思考这工作项目是否能增加价值。例如，"拿起零件"可能是一个主要步骤，但"拿起零件走向机器"就不是一个主要步骤，除非走向机器的过程有什么特殊事件发生。光是拿着零件走向机器，并不会使工作推进。若拿着零件走向机械的过程并没有什么需要特别注意之处（关键点），就不要把这些活动列为一个主要步骤。

任何工作都有一些"明显"不需要解释的部分，这些部分不应列为主要步骤。举例而言，如果你需要教学员学会如何拧紧螺栓，那你不需要告诉学员怎样去拿到工具，这是很明显的事，而且学员只需要观察就能学会怎么做。不过还是要提醒你，不要随便做出假设，对你来说很明显的事，对他人则未必。

一个值得注意的例外是（凡事总有例外），在拿着零部件走向机器的同时，给零部件定位或进行装配作业。在不懈地追求去除浪费方面，丰田尽一切努力在无法免除的必要浪费步骤中包含一些能够增加价值的活动。

在这个例子中工作步骤是：

- 拿起零件（关键点包括如何定位零件的规定）。
- 在行走的同时，把零件A组装到B上。

- 把局部组装件装入机器里。

原始的 TWI 文件提供了把工作分解为步骤的指引原则，TWI 的问句是主观性的，并未提供绝对性的指引原则。

当你在进一步分解工作时，我们建议你在实际培训情况下测试你得出的结果，要知道你分解的工作步骤是否太宽泛或太狭窄，最好的方法就是从学员那儿取得反馈信息。我们将在第 13 章解释这点，现在以下项目可以帮你决定一个主要步骤中应该包含的工作量。

- 行动的困难或复杂程度。比较困难的工作项目应该区分成多个步骤，区分成较小的部分比较容易学习及掌握。
- 若各个活动在不同地点进行，即过程中涉及手或脚的移动，最好把他们区分为不同步骤。
- 同理，若工作项目需要使用到不同的工具或零件，最好区分为不同步骤。
- 工作的循环时间也可以作为一个指引原则。例如，整个工作能在 60 秒内完成，每一个步骤通常不会超过 5 秒或 10 秒。
- 若一个步骤中含有许多相关的关键点，最好把这些步骤区分成多个更小的步骤，比较容易理解。这些决策与工作项目的复杂程度有关，你将需要进入下一个部分的辨识关键点，才能决定每一步骤和辨识关键点。我们发现，有时候必须在辨识主要步骤和辨识关键点这两项分析工作中来来回回，以对主要步骤做出必要调整。

主要步骤很重要，但关键点至关重要

经验多了，你就能学会如何确定每一主要步骤的适当工作量。切记，每次课堂培训都是独特的，也将需要做出调整，学员的能力和可支配的时间将有所不同，培训员必须据以调整，包括调整每一主要步骤中定义的工作容量。学员所展现的执行力可以为培训员提供有用的反馈信息，让培训员评估如何才能有效定义工作的主要步骤，你必须掌握诠释学员非口头反馈信息的技巧。

其实，完美地辨识主要步骤，并不会对培训成果造成太大的影响，当然，适当定义主要步骤对培训的整体成功而言很重要，但并不像辨识关键点那样至关重要。主要内容若有一些轻微的误判，一般不会对培训成效造成大影响，步骤的调整比较容易，若培训员在培训活动中觉察了错误，可以当场做出调整。在许多情况下，学员可能仅靠观察工作执行过程，就能了解并学会主要步骤，完全不需要培训员的任何解释。当然，若你完全省略了其中一个步骤，那问题就大了。不过，在培训活动中可以很快觉察到这种错误。

第9章 培训制胜武器之关键点

Toyota Talent

分解工作：第二部分

对关键点的辨识与呈现是整个培训流程中最重要的部分。关键点是确保员工的安全、产品的质量、生产率，以及成本控制的工作项目。我们可以使用特定的方法与技巧来达到这些标准。主要步骤定义了该做什么，关键点则说明该以怎样的方式来执行主要步骤。

在大多数情况下，当学员仔细观察如何执行一项工作时，即使他们不能很好地界定主要步骤，也能够辨识出工作的正确步骤。员工不难看出正在执行的是什么工作，但若未仔细地给他们示范，要他们看出并了解如何执行工作，就困难得多了。这样，培训员往往会产生一种不正确的假设：如果学员正确依循步骤，他们自然就会做好关键点。关键点往往会比较细微而难以捉摸，学员光靠观察并不容易看出来，往往需要培训员的细心教导，他们才能依照规定执行。培训员若能掌握辨识与教授关键点的能力，将会显著提高培训的成效。

有效辨识关键点的重要性

正如前面所谈到的，辨识任何工作项目的最关键部分并把主要精力投注于此是非常必要的。有效地辨识关键点，是培训流程中最重要的部分。在辨识关键点时，我们应该使用一些技巧与原则，并让员工在培训活动后进行反思，从而使这部分流程变得更容易。培训的后续追踪阶段必须评估学员的绩效，以判断关键点产生的成效，如果存在任何表现不佳的问题，就必须仔细分析工作方法，以判断是否需要找出更多的关键点。

在第8章，我们说明了观察操作员执行工作的方法，以及询问他在用什么分解方法，我们可以用此方法来辨识主要步骤。在找到主要步骤后，我们继续询问操作员："你以这种方式执行该步骤，有什么重要性？"我们再深入充分探究，询问操作员："为确保工作质量，是否有必要做到的事项？""安全性方面呢？""在执行此步骤时，是否有必须留心的重要事项？"我们可能还会问："我注意到在你执行这个步骤的过程中，使用了特定的动作把零件插入机器里，你能不能解释一下你是如何做这动作的？"在寻找关键点的过程中，你必须问很多问题，直到揭露每一个细节。下文的一些标准可作为辨识工作关键项目的一个架构。

关键点从何而来

就某种意义而言，为完成工作而做的每件事都是必要的。但是，这其中有一些是关键的项目。必须正确做好这些项目，否则这些工作将很难被正确地执行。这些项目是培训流程中最重要的部分，做好这些项目的秘诀在于正确辨识关键项目，不要因为过多不必要的细节而导致学员无法承受。因为关键点关系工作的成败，因此，它们不是可自由选择的项目，小组成员绝对不能在没有和督导员共同检视评估新方法之前，擅自偏离既定的方法。

任何仅凭观察就能轻易辨识的项目，就不需要列为关键点。例如，这项工作项目可能需要操作员用右手拿取某个零件，同时左手去拿一件工具，这同时进行的活动也许有助于达到生产的要求。但这些活动很容易被观察与学习，只需要培训员做一下示范，员工就能明白，因此就不需要把它列为关键点。此外，对于工作区的安排也很明显地说明了这一点，零件将被放在右边，工具放在左边。

虽然这些项目是工作的必要部分，但其技巧细节并不能决定工作的成败。许多培训员犯的一个错误就是试图讲解工作的每个细节。其实，培训员只需强调那些关系到工作方法或需要特定技巧的项目。在这个例子中，关键点是学员必须学会以正确的方式执行工作，因此并不需要强调用哪只手执行工作。正如我们所言，任何事都有例外的情况（这也是培训工作如此具有挑战性的原因），若因为某个原因，有人不能够正确地执行工作，培训员就应该在培训过程中"增加"这个关键点，以强调其重要性（他必须在培训过程中根据需要做出调整）。因此，如果希望学员非常详细地知道及了解所有的关键点，你只能把最重要的工作层面作为关键点加以强调。若你把太多项目作为关键点强调，真正的关键点反而会被忽略。因此，最好把关键点留给真正重要的项目。

以经验为指引

辨识关键点的最佳方法是运用过去的经验，经验会告诉你，以往问题出在哪里。我们可以采用辨识纠正方法——也就是可预防发生问题的适当工作方式，了解当前的质量问题，以及它们是以何种方式发生的。如果你对试图预防的问题欠缺深入的了解，就不可能辨识出纠正方法，这也是培训员必须具备渊博知识的原因。

这个道理也可以反推，若发生问题，我们了解其发生的原因（当以某种方式执行工作时，就会发生问题），那么，就有可能找到某个可预防问题的关键点。因此，当问题产生时，对此问题进行评估，判断是否有一个先前辨识出的关键点可以对此进行预防。若是，则确认工作人员正确依循此关键点；若否，找出正确的执行工作方法，并要求所有人都要使用新方法（此为持续改善）。

如前所述，丰田员工不懈地追求对每项工作有真正影响的事实信息，这当中可能包括通过测试和实验来验证关键点的成效。直接确认顾客期望，为顾客最终使用项目提供指引，同时，减少因过度加工而造成的浪费情形，因为大家总是误以为顾客期望额外的功能，因而常做过多不必要的加工。

经验可帮助培训员掌握"诀窍"，也就是使工作更简单的特殊技巧，或者说使工作适当执行的其他方式，这可能包括如何正确执行作业的步骤，以及该步骤正确完成时的状态。这些工作层面具有"艺术"性质，而不是"科学"性质，但它们还是可以解释的。在实际培训过程中，培训员可以向学员示范如果不正确地执行工作，那么声音、外观和感觉将有何改变，并给他们提供没有遵循关键点而出现质量问题的例子。这里要提出一个关于"经验"的告诫：我们倾向于将"经验"视为日积月累下形成的知识和技能，这意味着我们必须持续反省并从中学习。可惜，人们往往在学习了一年后便停止了这一过程，只是重复使用他们数十年来的老方法。

以正面用语说明关键点

在说明关键点的时候，最好使用"如何做"的肯定句，尽量避免使用"不要做"的否定句。举例来说，若你不希望操作员的手在某个位置受伤，想要避免这个问题，关键点的陈述方式应该是："你的手应该拿住物体的这里和这里"（在说明的同时，指出手持的位置），避免这样的陈述："不要把你的手指放在这里。"在说明操作方式时，最好陈述正确的做法（希望人员如何做），而不是告诉他们你不想要他们如何做。顾名思义，意外就是意料之外发生的事，若你告诉员工不要把手指放在卷压点，而不是告诉他们如何正确地拿着物件，以避免手指受伤，员工很可能因为把手指放在任意位置而意外地移动到危险区。教他们永远把手放在相同的安全位置，才能使发生意外伤害的可能性降到最低。

有一项研究是针对小孩提出肯定句和否定句的要求。若你告诉小孩"不要碰玻璃杯",很明显地,他们会去碰玻璃杯,因为他们受到玻璃杯的吸引(任何有小孩的人都可以证实这点)。

因此,在陈述关键点时,最好向人们说明你想要他们做什么。这并不容易,因为我们已经习惯于从"不要做"的角度来思考。想想看,当你不希望小孩碰玻璃杯时,你要告诉他们如何做呢?也许,你会说"留在这边",或"玩这个玩具"。回想一下,你告诫员工"不要做……"以及告诉他们"做……"的频率,前者恐怕远高于后者。请努力改变陈述方式吧。

在解释理由时,必要时应该让员工知道要求他们这么做是为了避免发生什么。例如:"把你的手放在这里,是为了避免把手放在卷压点而受伤。"解释以特定方式做某件事的理由时,可能要包括避免受伤或质量事故的信息。

辨识安全性关键点

安全性的关键点多半和避免受伤或减少发生重复应激损伤(repetitive stress injury,人体工程学的一个关键点)的做法有关。通常,员工了解某一情况下很明显的潜在伤害,但他们可能不了解肌肉与关节承受的累积压力所产生的影响。培训师应该彻底了解人体力学,并善于应用人体力学,以有效辨识关键点,并在培训的尝试操作阶段发现并纠正不良习惯。

注意,个人保护装备(personal protective equipment,PPE)并未被列为某项工作的安全性关键点。这可能是因为保护装备只是其中一个步骤的要求装备。最好在工作项目的整个执行过程中都穿戴保护装备,以免在关键步骤中遗忘。不过也有例外的情形,那就是保护装备太笨重而不适合在整个工作项目的执行过程中穿戴。总的来说,使用保护装备是非常重要的,应该以专门的培训使员工掌握正确使用它的方法,包括何时、何地,以及如何使用。

辨识质量关键点

辨识质量关键点的目的，是要教导如何执行工作项目而尽力避免问题产品的出现。同样地，在教导员工时，最好使用"如何做"的肯定句，避免使用"不要做"的否定句，因为你的目的是让小组成员知道如何正确地执行工作，而不是教他们如何避免错误。质量关键点与了解何时适当地完成主要步骤有关。

注意，检验标准（问题的种类或可接受度）并未被包含于工作项目的关键点之内。关键点的目的是要说明如何执行特定的工作项目。发现问题与进行判断同如何实际地执行工作是分开的。如果培训师在讲解如何执行工作时，包括了判断和进行决策的内容，将会偏离培训重心。在第14章里，我们将讨论这些问题。

辨识生产效率关键点

生产效率关键点说明用以确保在适当时间内维持工作项目的特定方法与技巧。在很多情况下，若不利用生产力关键点，将无法在限定的时间内完成工作。因而，在这些情况下，生产效率关键点决定了工作成败。在其他情况下，生产效率关键点则帮助工作者减轻负担，并简化工作。

辨识特殊技巧关键点

几乎每项工作都有一些方面需要特殊技巧，这些项目很微妙，很难从简单的观察中看出。如果员工曾经受过相关培训，他们通常能看出这些技巧来，但不见得了解怎么样去做。在观察一位技能熟练的操作员时，你会看到他流畅的动作，甚至能同时执行多项活动，他可能在运送一零件时，稍稍转动了某个零件，或是以微倾的角度把这个零件插入机器中，这些动作很难让人察觉。当一名操作员不能顺畅地执行某项工作时，很可能是还未掌握某种特殊的技术，或某项需要时间积累的技巧，也可能显示流程本身发生了某种改变，因此必须对流程进行评估。

特殊技巧关键点很难用文字说明，在实际培训课程中，培训员将会使用姿势和动作为学员示范特殊技巧。来自日本、会说英语的丰田培训员会被强制要求使用动作来示范特殊技巧，这种方式相当有成效。有时，也可以引导学员用手做出动作，使他们易于了解动作。

辨识成本控制关键点

成本控制关键点指的是用以控制标准产品成本的必要方法，通常，它们指的是用以完成一项工作所使用的原料或消耗品的数量。材料用量的不正确通常不会影响产品质量或操作员的安全（除非它们被错误使用或完全未使用）。但是，适当使用材料对于成本的控制很重要，过量使用材料可能会使平均成本提高几毛钱或几块钱，但别小看这不多的额外成本，长期累加起来（尤其是高产量的生产流程），它们将会对利润造成显著影响。丰田要求其员工必须非常注意浪费问题，即使是少量材料的浪费也不行。

成本控制关键点经常被忽视。丰田位于肯塔基州乔治城的工厂每年产出近40万辆车，若每辆车只增加5美分的成本，一年就等于增加2万美元的成本；若1%的员工（相当于70人）每人为每辆车增加5美分的成本，每年增加的总成本就高达140万美元！因此，就算是最微不足道的成本也不容忽视，尤其是当乘以较大的数量时，其成本会更为可观。

确认关键点的理由

要判断关键点是否必要，方法之一是思考"这关键点的目的是什么？"所有关键点都必须符合以下标准之一：安全性、质量、生产效率、特殊技巧或成本控制。就某种意义而言，关键点的理由比辨识关键点本身更重要。如同前面所说，关键点的辨识是建立在个人经验和对潜在问题了解的基础上的。若你知道当一项重要技巧未被使用时，将导致某个问题的发生，你就辨识了不止一个关键点（使用技巧）和关键点理由（若不使用此技巧，将发生哪些问题）。

在工作中，关键点是最重要的部分，因此理由应该充分合理，以促使员工重视关键点。假如某质量关键点规定，在修剪材料时，必须在零件边缘保留半英寸⊖的突出部分，若你告诉学员，这么做的理由只是"确保质量"，那么他们将无法充分了解其重要性，并且他们不太可能严肃看待这个关键点。你必须针对这个关键点提出更详尽的说明理由。

如果提供的理由太过苍白而无法证明关键点的重要性，学员可能会认为它无关紧要而偏离规定的方法。随后，培训员会抱怨："我告诉他用正确的方式执行，但他就是不听。"正因为如此，我们必须谨记工作指导中的座右铭："若学生未学好，是因为老师没教好。"培训员必须确保学员充分了解每一个关键点的重要性。

警惕都市传说

"我们一直都是这么做的"——这已经成了我们之所以用某种方式做某些事的理由，而这正是我们必须努力避免的。在某些例子中，我们听到某个关键点之所以关键的理由，听起来似乎是对的，但员工显然并不确定，培训员的解释中也带着犹豫。工作人员对于这个关键点是否重要也存在意见分歧。可能是很久以前，某甲告诉某乙，必须以某种方式做这些事，因为这是他（某甲）被教导的执行方式，或是他摸索出来的执行方式。我们称这些为"都市传说"，典型的对话如下。

"你为什么那样做？"

"因为这很重要，若不这么做，将出现问题。"

"真的吗？什么样的问题？"

"嗯，如不这样做，会发生质量问题。"

"怎么样的质量问题？你确认过吗？"

"嗯，我并不是十分确定，也许你应该去询问监督员。"

⊖ 1英寸等于0.0254米。

"你知不知道如果改变方法的话，会发生什么情况？"

"不是很确定，但有人告诉我应该这么做。"

在丰田，每件事都被视为是重要的，应该加以确认，这使得员工必须证明此事为何重要，若不遵循正确方法，将发生什么情况。这并不是说丰田内部不存在"都市传说"，也不是指该公司内部对于最佳方法没有任何歧视，但丰田的员工总是尽力确认工作的所有方面，并向全体员工传达应该采用的最佳方法。

关键点的关键性

关键点并非只是我们应该考虑的，它其实代表你应该教导员工的重点，以使他们能持续地以高水准执行工作。工作步骤本身的说明相当简单，就是告诉受训员工该做什么。但关键是告诉学员该如何做才安全、才具有生产力、才能确保高质量。而说明关键点的理由则有助于激发学员严肃地看待关键点。任何能够帮助培训员强调关键点重要性的行为，都将有助于达成期望的结果——建立一个能够胜任工作的小组，能够可靠地执行工作。

另一项激励措施是让新小组本身看到他们工作的影响性。在培训期间，可以带领学员到后续作业环节（他们的顾客那里）去亲自看看工作对他人的影响，以及工作在整个组织中扮演着怎样的角色。这么做能够使学员感受到他们工作的重要性与意义，"现地现物"（genchi genbutsu，亲临现场查看）做法的普及化，往往就是出于这个目的。例如，一名正在进行如何设计某项组件培训的工程师，将被安排前往使用这种组件的生产线去观察，了解特定的工作方式对于组装的重要性。

现在，你已经有了把工作分解成个别项目和辨识关键点的基本概念了。接下来，你可以开始将这些信息结合起来，形成工作分解表，工作分解表概括了主要步骤、关键点和关键点的理由。下一章，我们将以各种工作类型为例（包括非常规工作），带领你感受这个流程。

Toyota Talent | 第 10 章

成效试金石

把它们整合起来

前面4章中,我们分解工作的基本概念与方法。我们根据"工作指导方法"提出的概念,一次讲解一小部分并反复强调关键点,从而促进学习。这一章,我们将以几个具体的工作分解为例,探讨在分解工作时常见的一些错误。

当被分解成易于培训的细项时,不论这些细项的工作为何种类别(例行的、技术性的、技艺的和非常规的),在工作分解表上,它们都有类似的格式。如前所述,当你钻研每一类型工作的细节时,最终会发现,工作的某些部分是可以逐层定义的,这就是工作分解表上呈现的内容。不论工作属于哪一种大类别,你都可以分解到这种程度。现在,我们就来处理可定义的工作项目。

保险杠制模工作分解表

首先以第7章介绍的保险杠制模作业为例,这项工作被分成若干培训单元,如图10-1所示,每项工作项目变成一节培训课程,详细步骤构成了个别的工作分解表。

第 10 章 成效试金石 143

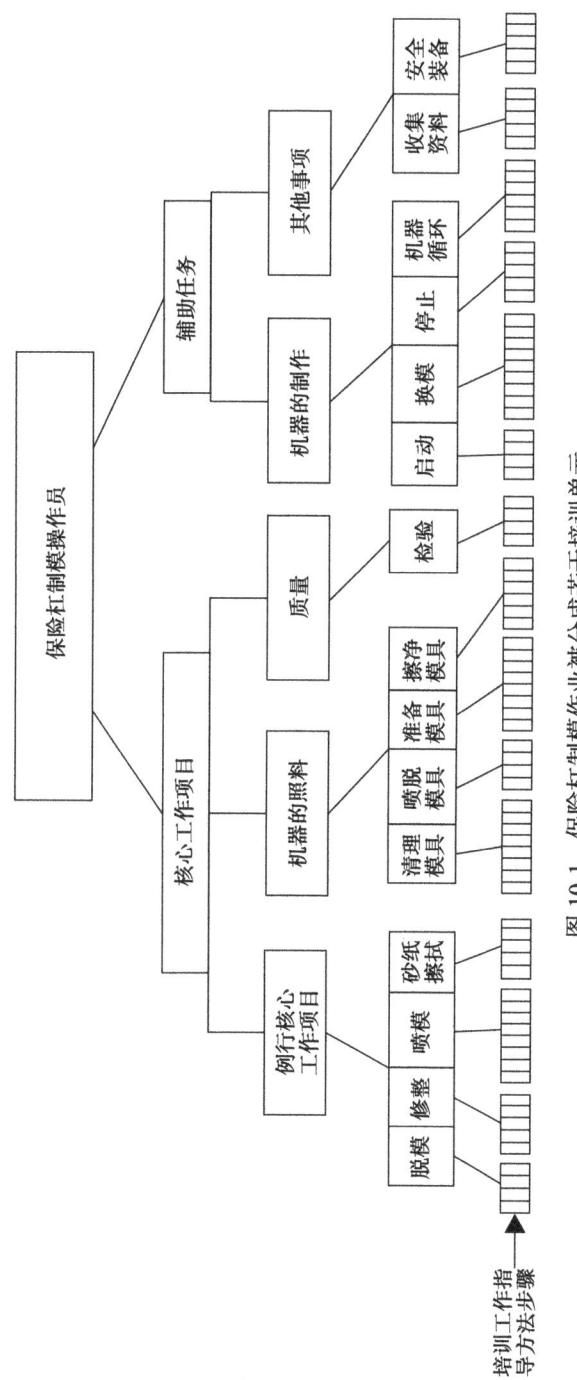

图 10-1 保险杠制模作业被分成若干培训单元

图 10-2 显示了"脱模"和"把保险杠放入修整设备内"的工作分解表。把保险杠放入修整设备内是相当简单的步骤作业，也是脱模作业流程中的一部分，因此这两个项目被结合成一份工作分解表，也被整合到一节培训课程中。

主要步骤、关键点和关键点理由的说明非常简短，这些说明并不是作为工作指导方法的充分细节解说，只是供培训员在培训时拿来做参考，培训员将示范并解说方法，因此不需要在工作分解表上详细说明。此外，简短的说明更容易使学员了解，冗长的叙述可能使学员负担过度，影响他们对重要内容的关注。请记住，这样的信息量大约适合一节培训课程。

例行核心工作项目的每一部分各有一张工作分解表，图 10-3 显示了保险杠制模作业中的修整工作，即该工作中最重要的部分（也是最难的部分）。因此在培训时，可以把每个步骤分开学习，一次教一个步骤，让学员重复培训操作几次，然后再进入下一个步骤。

我们需设想分解和详述每一工作项目所需的时间。幸运的是，并非每次培训新学员时，都得执行一次工作分解的工作。接下来，让我们来看非重复性质的核心项目是如何定义主要步骤和关键点的。

间或性核心项目的工作分解案例

世界上充满不同于传统制造业中重复性核心项目的工作，实际上，只有很少的工作依循核心项目的循环模式。其实制造业中许多工作并非属于重复性质，每个循环作业都会因为产品变化或项目内的其他变化而有所改变。

由于属于非重复性质，因而这些工作往往难以显示出标准化形态。在制造业中，这类工作之一就是管理持续工作中的机器——添加材料、调整机器、监察状况等，与护士巡房、照料患者类似。

第10章 成效试金石

工作分解表 日期：8/24/20		Steve Morgan 小组领班		Pete Desoto 督导员
工作场地：保险杠制模作业	工作：后保险杠制模操作员——脱模			制表人：D. Williard
主要步骤	关键点 安全性：避免肘伤害 质量：避免弄脏，检查点，特殊材料 技巧：有效移动 成本：适当使用材料		人体工学 危险点 标准方法	关键点理由
步骤1 保险杠右边部分脱模	1. 抓在上方及后方 2. 拉出2~5英寸 3. 拉出后向下拉			1. 容易用手固定 2. 拉出太少将无法脱模，拉出太多会导致纹折 3. 把边缘脱离模具
步骤2 保险杠中间部分脱模	1. 在中间部分用左手下推 2. 右臂保持伸直			1. 使中间部分脱模 2. 若从右边在中间拉，会导致纹折
步骤3 保险杠左边部分脱模	1. 用左手大拇指沿着保险杠边缘推 2. 在大拇指关节处使力 3. 保险杠左边推离模具 4. 当保险杠脱离时，抓住上缘			1. 以剥除动作使保险杠脱离模具 2. 若在指尖用力，会导致受伤 3. 脱下保险杠的左边 4. 正确把握住保险杠以避免造成损脏
步骤4 把保险杠放入修正槽内	1. 保持双臂分开 2. 确保出入口未朝下折 3. 修整设备必须干净而没有残渣			1. 若双臂合拢将使保险杠起纹折 2. 若朝下折，出入口会因弯曲而报废 3. 任何残渣将导致凹痕而报废

图10-2 脱模作业的工作分解表

工作分解表 日期：7/20/20		小组领班 Rebert Peters	制表人：Greg Hancock	督导员 Tom Cummins
工作场地：保险杠制模作业	工作：后保险杠制模操作员——修整			

安全性：避免伤害，人体工学，危险点
质量：避免瑕疵，检查点，标准
技巧：有效移动，样抹方法
成本：适当使用材料

主要步骤	关键点	关键点理由
步骤1 修掉左边的闪光部分	1. 把闪光部分朝上稳住 2. 修整时，误差和手臂要远离 3. 刀片和表面齐平	1. 使修整工作更容易 2. 避免割伤 3. 明显的表面，使闪光线最大误差不超过1毫米
步骤2 修掉左边核心的闪光部分	1. 从修整开始，误差保持在1毫米之内 2. 刀片必须修成直角 3. 沿着修整线，误差保持在1毫米之内 4. 修整时的曲线移动	1. 明显的表面，质量规格 2. 角度切割不被接受 3. 明显的表面，质量规格 4. 使修整工作更容易的技巧
步骤3 修掉出口的闪光部分	1. 水平地把刀出口朝上稳住 2. 刀片水平地放在保险杠边缘（但刀面保持水平） 3. 一次完成的连续动作	1. 避免在切割时扭曲切割 2. 帮助平直地切割 3. 更容易切割 4. 若中间停止，会导致锯齿状的切割
步骤4 修掉右边的闪光部分	1. 把闪光部分朝上稳住 2. 修整时，身体和手臂要远离 3. 刀片和表面齐平	1. 使修整工作更容易 2. 避免割伤 3. 明显的表面，使平顺线最大误差不超过1毫米
步骤5 修掉右边核心的闪光部分	1. 从修整开始，误差保持在1毫米之内 2. 刀片必须修成直角 3. 沿着修整线，误差保持在1毫米之内 4. 修整时的曲线移动	1. 明显的表面，质量规格 2. 角度切割不被接受 3. 明显的表面，质量规格 4. 使修整工作更容易的技巧

图10-3 修整后保险杠的工作分解表

表面上看，这项工作似乎完全处于变动状态下，各项核心工作并不重复，每一时刻的机械设备需求不同。某些情况下，员工必须同时看管多台机器，就像一名护士照顾多个病人一样，同时，还要接受来自医生的无数指示，而且，看管机器的工作项目顺序变化更大。

对于高度自动化、连续流程作业，过程中就没有固定循环的工作项目。这类工作包括塑料树脂、金属、橡胶压模，造纸，浮法玻璃，化学加工，书籍印刷等的加工处理或制造。整个工作是看管机器，每个工作项目的发生频率不一，视机器在某一时点的需要而定，因此不可能为整个工作制定一套标准化的流程（即标准化工作表）。但是，用以执行非常规核心工作的方法却可以标准化。

表 10-1 显示一连续作业（不是来自丰田公司的例子）的各种非常规核心工作项目和辅助项目，没有一项工作以特定频率执行，因为产品种类的变化导致工作项目的执行时间变化不一。对于这类作业，必须有某种安灯设置（发现视觉和听觉信号的方法），使操作员事先警觉到必须去执行某台机器的看管工作。这让他们有时间去准备这项工作所需要的工具和材料。

表 10-1　把看管机器的工作场地分成不同工作类别

连续作业的机器看管	
非常规核心工作项目	辅助事项
更换卷轴	启动机器
更换层料	机器流程检查
更换输管	记录资料
检查线间距离	停止机器
检查线圈	调整机器
转换缆线	其他事项
矫正断线	

图 10-4 的例子是机器作业中一个很小的工作项目，这项工作只需要 1 分钟即可完成。这台机器的另一项看管工作（转换）可能得花上 4 小时才能完成。很显然，这项作业无法通过一张工作分解表说明，必须进一步分解成几个更细的项目（培训也必须区分成几个单元）。

工作分解表		RickLusk		StevePreston	
日期：4/10/20		小组领班		督导员	
工作场地：皮线缝辫机		工作：缝辫机操作员——更换层料		制表人：Di. Bartels	
主要步骤		关键点 安全性：避免伤害 人体工学，危险点 质量：避免弄脏，检查点 标准 技巧：有效移动 成本：适当使用材料 方法		关键点理由	
步骤1	移出空的层料	1. 切断安全互锁		1. 使机器停止运转	
步骤2	装上新的层料	1. 穿过上轴和下方的中断棒 2. 和旧斜重叠约5英寸		1. 保持层料的均匀和对称 2. 能够以斜角度裁剪	
步骤3	裁剪层料	1. 以大约45度角裁剪		1. 以斜角度裁剪，能让层面以正确角度缠绕 软管而不致产生不平顺的凸块	
步骤4	把叠接的尾端黏合起来	1. 在两面各涂上约1英寸的黏合剂 2. 使尾端重叠3/8到1/2英寸		1. 必须有足够的黏着剂量以确保适当的叠接 （3/8英寸） 2. 重叠超过1/2英寸将会导致大外径；重叠少于 3/8英寸可能会导致拉开	
步骤5	调整卷轴绷绷紧度	1. 去除松弛部分 2. 设定绷紧度，使其稍微拉紧		1. 松弛将导致不当的缠绕 2. 如不绷紧，层料将会松软，导致堵塞	

图10-4 为机器更换材料的工作分解表

在进行这类工作的培训时，遇到的挑战之一是需要知道每一工作项目在何时执行，而这需要从个人的经验中获得，培训员必须和学员并肩工作以提供指导，直到学员掌握这种知识。

医疗保健领域的间或性核心项目案例

医疗保健行业和制造业全然不同，医疗保健行业里没有像流畅组装线上那样的重复性工作。若要把丰田生产方式中的一些工具与概念应用于医疗保健行业，可能必须做一些修改。但是，在人员培训方面，医疗保健行业和制造业的差别其实并不大。

医疗保健中的许多工作为重复性的，但仍有一些核心与辅助工作项目。因此，可以用相同的方法来分析工作，定义个别工作项目，并使用工作指导方法进行培训。此外，不少政策和知识可以在课堂中学习，或是在工作上由指导员传授，不过，基本的核心工作项目的传授将会把丰田或其他公司的培训方式原汁原味地展现出来。

现在我们用相同于保险杠制模作业的工作分解模型来分解护士的工作，如图10-5所示。

图10-6是"在周边血管施打静脉注射"这项工作，还有其他部分将在其他培训课程中讲解。这部分是工作的核心内容，是重复性质部分，这项工作的其他部分可能是重复性质，也可能是以不同于核心内容的频率重复。由于重复性不同，因此它们应该分开。我们先前讨论过，若在一节培训课程中讲授多项重复频率不同的工作项目，将会导致混淆困惑。

从这个例子可以看出，医疗保健的工作分解与制造业的工作分解差别不大，医疗保健行业的工作项目和制造业的工作项目都有规定的步骤指出该做什么，两者也都有关键点解释每个步骤做法的重要性和理由。此处，我们并不着重说明这项工作和其他项目如何搭配，或是此项工作是否为重复性质。这是一个重点概念——工作分解的基本概念与方法适用于任何行业或工作的规定工作项目。

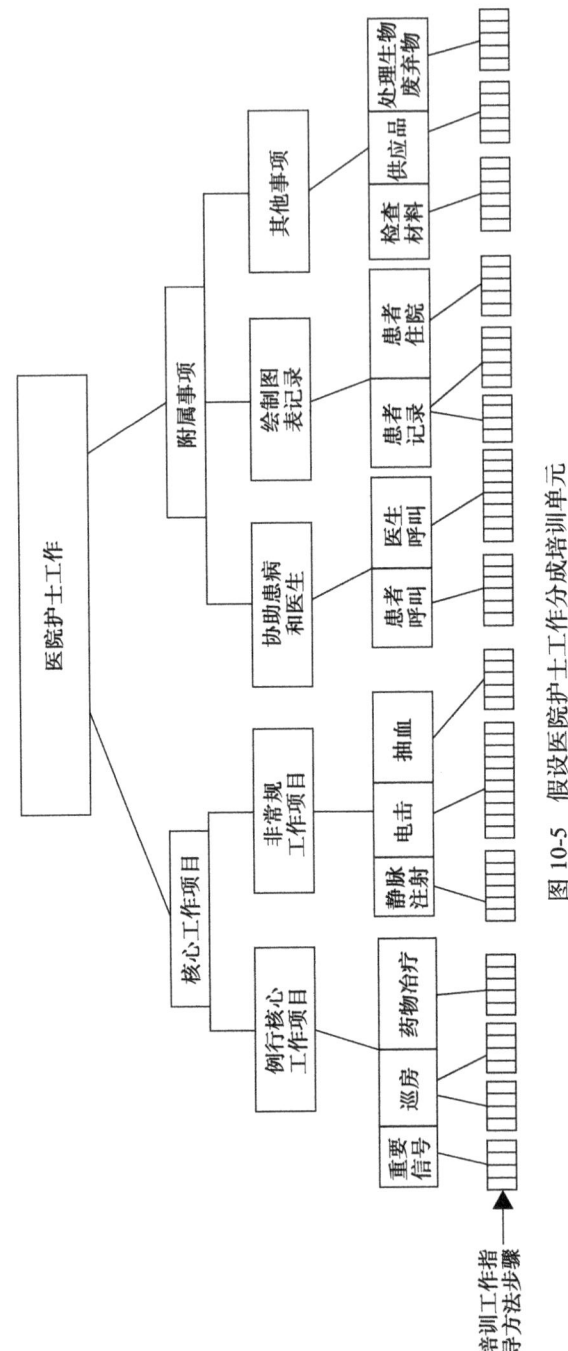

图10-5 假设医院护士工作分成培训单元

第 10 章 成效试金石 151

工作分解表		M. Warren	P. Kenrick
日期：7/20/20		小组领班	督导员
工作场地：急诊室	工作：在周边血管施打静脉注射		制表人：R. F. Kunkle
主要步骤	关键点	关键点理由	
	安全性：避免伤害、人体工学、危险点 质量：避免瑕疵、检查点、标准 技巧：有效移动、特殊方法 成本：适当使用材料		
步骤1 稳住血管	1. 把血管上方的皮肤向外拉紧 2. 使用不常用的那只手的拇指和食指	1. 避免血管滑动 2. 腾出常用的那只手来操作导管	
步骤2 把针头置于皮肤上	1. 注射针成斜角 2. 注射针和皮肤成5°角倾斜	1. 更容易且更准确刺入血管 2. 刺入皮肤的正确角度	
步骤3 以注射针下压皮肤	1. 把皮肤下压约1~2毫米 2. 保持注射针的角度	1. 使血管凸向注射针 2. 若角度过大，可能会刺入血管	
步骤4 注射针刺入皮肤	1. 以平行于注射针的角度把注射针往前推 2. 继续前推动作，直到感觉刺到轻轻的一样，以及感觉阻力降低 3. 缓慢前推	1. 破除皮肤阻力，刺穿皮肤 2. 代表你已经刺穿血管壁	
步骤5 改变注射角度	1. 抬起针头（把针筒向后压低） 2. 注射针与皮肤平行	1. 使针头斜倾向于血管上方；避免刺到血管的反面 2. 使注射针对齐刺孔，注射针比较容易推进	
步骤6 推进导管	1. 完全插入直至"松紧带"	1. 松紧带指的是每一种导管的适当深度，若插入得不够深，可能会脱落	

图 10-6 在周边血管施打静脉注射的工作分解表

昆寇博士很贴切地提供了医疗保健的更多例子，我们又构架了另一份工作分解表，如图10-7所示，这是"使用心室纤颤器"的工作分解，这未必是每位护士的职责，但却是重要工作项目的极佳例子。

注意到这项工作的工作分解表比其他例子要长一些，每节培训课程的适当工作量并无一定限制，这项工作大概要花30分钟左右的时间，约一节培训课的分量。另一项考量是，在此工作项目中并没有自然间隙（natural break），可以把它区分为两节培训课程。当一项工作项目有一些小的区段，每个区段包含其中一部分工作时，每个区段之间就是自然间隙。保险杠制模作业就是一个例子，操作员可以把保险杠脱模后放入修整设备内，其余的工作项目可以完全由培训员操作，让学员在一旁观看。但是在使用心室纤颤器的过程中，很难把纤颤器放于一旁，因为这可能会危及患者生命。

工作分解中的常见错误

刚开始尝试分解工作时，常犯一些错误。图10-8是一工作指导培训员资格课程中呈交的工作分解表，我们将以此为例，探讨人们在初学工作分解时常犯的一些错误。这样做并不是要苛求那些进行工作分解的工作者，"工作指导方法"和培养人才的基本精神之一是愿意反思任何情况，并接受教导。培训员必须和学员明确共事，他们有责任纠正发生的任何错误。在以"工作指导方法"培训培训员时，这些原则也适用。

在培训课程的示范部分，可以让受训者使用图10-8的工作分解例子来了解一些常见的错误会造成什么影响。有时候，最好是在真实情况中尝试采用工作分解表，再明确注意其结果。在图10-8的例子中，工作分解时犯的一些错误导致学员困惑，使学员无法以正确的方式执行。

步骤1只简单陈述"安全性"为主要步骤，关键点则是"随时随地穿戴个人保护装备"。我们的第一个评论是：有关个人安全装备（PPE）的使用应该在区分开来的另一节培训课程中解释，因为它其实并不是一项工作，而是对工作的规定性要求。此外，这个主要步骤"安全性"并未告诉学员要做什么，关键点其实也并未说明如何执行此步骤（因为根本没有步骤）。

若要让员工明白应该如何正确使用 PPE，工作分解必须陈述一项行动（动词），例如"带上耐切割的袖套"；而关键点是："用别针把它别在衣衫袖子上，充分盖住手。"我们固然希望员工随时都穿戴 PPE，但应该在工作培训活动之前，甚至在使学员为工作做准备时，就先指导这些事项，因为这并不是重复循环事项的部分。在培训课程中，切记把重复性的核心工作项目和其他非重复性的工作规定要求区分开来。

步骤 2 陈述的是"开启机器"，除非在每一个作业循环中都得做开启机器的动作（即这是一项循环性质的工作项目），否则这个步骤只是启动作业的一部分，并不是重复性工作项目之一。器材设备的开启和流程参数（温度、压力等）的确认等应该属于另一节培训课程。这个步骤若忘记了，并不会导致什么损害。在培训员要求受训员照着示范操作以确认他们确实已经掌握要领时，机器必须处在运行状态。

在修正的工作分解表（见图 10-9）上，我们删除了这个步骤，不过为了学习，让我们来看看这个步骤的关键点。图 10-8 上的关键点有没有说明如何开启机器呢？没有，它的第一个关键点说："确定温度达到标准。"这听起来如何？让我们把语词改变一下："确认温度的设定。""确认"是个动词，所以这其实是个主要步骤，并不是关键点。如前所述，最好把非循环性的工作事项和固定循环的工作事项区分开来。开启机器或确认温度都应该在实际的日常性质工作项目开始之前就做好。

步骤 2 的第二个关键点是："螺旋枪必须开启。"这是关键点吗？说明了如何做特定动作吗？没有。它告诉我们该做什么，因此这其实是个主要步骤。不过同样地，这也不是一项循环性的活动，最好放在启动部分的培训课程中。我们就把这个关键点从循环性质工作项目的培训中删除。

工作分解表		Michael Adam		Matthew Aaron
日期：9/4/20		小组领班		督导员
工作场地：急诊室	工作：使用心室纤颤器（第一页）		制表人：R. F. Kunkle	

主要步骤	关键点	关键点理由
	安全性：避免伤害，人体工学，危险点 质量：避免假脏，有效移动，检查点，标准 技巧：适当使用材料 成本：	
步骤1 开启电击器	1. 按下电击器前方标示"电源"（power）的红色开关	1. 电源开关未开启，电击器不会操作
步骤2 选择"非同步"模式	1. 按下标示"synch"的黄色按键，直到代表同步化的黄色灯熄灭	1. 必须关闭同步模式，电击器才会通电颤动患者的心室
步骤3 拿起胸骨板（Sternal Paddle）	1. 用左手拿 2. 胸骨板标示 3. 胸骨中线部位图在电击板把手上	1. 电流必须从胸骨通向侧边，同时，这些操作关键点可以避免你用错电击板，导致你身被电击交叉，避免你的身体倾向患者，导致本身被电击
步骤4 拿起侧面板（Lateral Paddle）	1. 用右手拿 2. 侧面板标示 3. 侧面电击板部位图在电击板把手上	1. 电流必须从胸骨通向侧边，同时，这些操作关键点可以避免你用错电击板，避免你倾交叉，避免你的身体倾向患者，导致本身被电击
步骤5 把电击膏涂抹于电击板面上	1. 挤出1英寸的导电膏于左边的电击板上 2. 把导电膏均匀涂抹于每面电击板上 3. 两面电击板相互摩擦两三次	1. 若未涂抹足量的导电膏，患者的皮肤会在击时明显灼伤；若涂抹过多导电膏，电流可能会在两电击板之间形成电弧而未通向患者心脏
步骤6 电击板定位	1. 胸骨板置于胸骨中线上方 2. 侧面板置于腋中线上方 3. 两电击板置于平行于第四根肋骨的位置	1. 这些位置将使最大电流量通向心脏

图 10-7 使用心室纤颤器的工作分解表

工作分解表		Michael Adam	Matthew Aaron
日期：9/4/20		小组领班	督导员
工作场地：急诊室	工作：使用心室纤颤器（第一页）	制表人：R. F. Kunkle	

安全性：避免伤害、人体工学、危险点
质量：避免损坏、检查点、标准
技巧：有效移动、特殊方法
成本：适当使用材料

主要步骤	关键点	关键点理由
	1. 胸骨板稍微下压施力约20磅①	1. 这样的力度可确保和患者皮肤有良好的接触，及最大电流通向心脏
	2. 对侧面板施力直到二头肌拉紧	
步骤7 向每一电击板施力		
步骤8 提醒小组成员，你即将电击患者	1. 呼叫"全员离开"（all clear）	1. 避免任何医护人员或你本身遭意外电击
		2. 使医护区所有人听到，立刻离开患者床边
步骤9 再次发出警告	1. 呼叫"全员离开"（all clear）	同上
步骤10 电击患者	1. 同时按下两电击板上的红色按钮	1. 使通向患者的电流最大
	2. 保持施加的力量	2. 同上
	3. 患者床边保持清空	3. 避免本身和其他人遭电击
步骤#		
步骤#		

图 10-7 （续）

① 1磅等于0.454千克。

工作分解表		Phil Posey		David Sullivan
日期：3/8/20		小组领班		督导员
工作：以螺丝和黏胶固定绝缘玻璃			制表人：Lana Waters	
工作场地：玻璃室				
主要步骤	关键点 安全性：避免伤害，人体工学 质量：避免晃动，检查点 技巧：有效移动，样样方法 成本：适当使用材料	危险点	关键点理由	
步骤1 安全性	1. 随时穿戴个人安全装备（PPE）		1. 安全第一	
步骤2 开启机器	1. 确定温度达到标准 2. 螺旋枪必须开启		1. 黏胶才足够热，可以适当地涂胶 2. 如未开启，无法栓螺丝	
步骤3 安装螺丝	1. 必须把螺丝钉放直		1. 螺丝必须笔直安装，才会比较美观	
步骤4 黏合镶板	1. 镶板涂上黏胶，才能使玻璃密合		1. 若玻璃不密合，将会起雾	
步骤5 擦拭角落	1. 把多余的黏胶延展涂抹，以密合上方		1. 可帮助完成流程，黏胶必须在玻璃之下，否则会溢到框架上	

图10-8 工作分解时常犯的错误

工作分解表		J. Hanson		D. Picknell
日期：3/8/20		小组领班		督导员
工作场所：玻璃室	工作：以螺丝和黏胶固定绝缘玻璃		制表人：G. Hager	

	主要步骤	关键点	危险点	关键点理由
		安全性：避免刮方式手持螺旋枪 质量：避免眼睛移动，检查点 技巧：有效移动 成本：适当使用材料		
步骤1	把螺丝装入镶板内	1. 以水平方式手持螺旋枪 2. 螺丝头应该一英寸处齐平		1. 螺丝必须笔直安装 2. 若螺丝头突出将会磨坏窗框
步骤2	把黏胶涂在镶板上	1. 一次不要涂抹超过5个镶板 2. 从上缘离角落1英寸处开始 3. 从上往下发离角落1英寸处涂抹 4. 这嘴该一次离和镶板齐平 5. 只涂抹刚好填满黏胶板和玻璃之间空隙的黏胶量		1. 若一次涂抹超过5个镶板，黏胶会凝结而无法妥善密合 2. 1英寸以确保妥善密合 3. 这样的动作比由上往下涂抹容易 4. 若不齐平，就会挤出过多的黏胶 5. 若黏胶量过多，必须去除；若黏胶量不足，无法妥善密合，将导致起雾
步骤3	把黏胶平顺地推向角落	1. 拇指以外的手指持在上缘 2. 拇指由上往下推 3. 拇指只推到镶板的下缘		1. 以固定你的手 2. 动作比较容易 3. 黏胶必须凹一点，以防止黏胶和框架抵触
步骤4				
步骤5				

图 10-9　检视实际上工作后修正的工作分解表

让我们跳到步骤 4："黏合镶板"。这个步骤本身没有问题，可以如此陈述主要步骤："把胶涂在镶板上"，因为此步骤的动作是把胶涂在镶板表面，并不是把镶板黏合起来。这只是细微差别，但你的目的是要说明和明确叙述要做的事。关键点呢？这个关键点告诉我们想达成什么目的？使玻璃密合，这是个理由，但并未详细说明使用的方法。为了找出正确的程序，我们前往工作场地观察作业的执行。在观察这项工作的实际执行后，我们发现了一些特定的使用技巧，如图 10-9 所示，这些关键点是否理清了如何把黏胶涂在镶板上呢？

步骤 5 和步骤 4 的情形类似，主要步骤没有问题，但关键点并未说明实际使用技巧，它说的是目的："把多余的黏胶延展涂抹，以密合上方。"这是关键点的理由，却未说明延展黏胶的技巧。这是必须了解的重点：关键点不是要说明我们的目的，而是要说明如何做到我们的目的。若想均匀地延展涂抹黏胶以黏合上方，我们就必须告诉学员该如何做。

为了充分了解正确方法，改善工作分解，我们观察实际作业（切记要亲身到工作现场实地考察），图 10-9 是检视实际作业后得出的工作分解修正版。我们使用第 8 章和第 9 章中叙述的询问方法来判断主要步骤和关键点，观看操作员执行工作，很容易看出步骤，但我们必须深入发掘他执行工作的关键细节，以及适当完成工作的重要性。

我们看到作业人员安装螺丝于镶板上，我们问他："如何装入螺丝，有什么要点吗？"他指着螺丝说："必须笔直。"我们问："你如何确保螺丝笔直装入呢？"他回答："我必须水平持螺旋枪。"在此处，"安装螺丝"是个目的，不是"如何做"的指示，它是完成工作的必要动作。因此在修正的工作分解表上，我们把"笔直安装"列为水平持螺旋枪的理由，而"水平持枪"其实是个关键点。我们可以进一步询问："为何螺丝的安装必须要笔直？"这样可以更深入地了解理由。

我们继续询问："在安装螺丝时，还有没有其他重点？"操作员表示："螺丝必须完全装入螺丝座里。"我们又问："你如何确定它完全装入呢？"

他回答："若螺丝完全装入的话，枪会发出一种声音。"我们询问："所以你是听声音来确认了？"他说："对，听声音就可以。"我们问："有没有可能通过外观进行确认？"他说："嗯，可以，螺丝头必须和镶板齐平。"我们又问："为什么螺丝必须完全装入？"他回答："若不完全装入，突出的螺丝头就会把窗框磨坏。"

操作员接着把胶涂抹在镶板上，我们询问如何涂抹黏胶？是否有什么要点？我们发现，在延展涂抹的动作之前，最多只能把胶敷上5个镶板，若敷上过多的镶板，胶就会开始凝结而无法适当地延展及完全密合。此外，管嘴应和镶板齐平，帮助延展黏胶，并避免挤出过多的黏胶，以致需要花额外的功夫除去多余的胶，会增加成本（多花时间和材料）。接着，我们询问如何涂抹黏胶，我们发现，最容易的动作是从上往下及角落涂抹，这样可更容易地把黏胶下拉及黏着于镶板上。我们也发现其他重要项目，并在修正版的工作分解表上把它们列为关键点。例如，在延展涂抹黏胶时，把拇指以外的手指放在镶板上缘，以作为固定支撑，同时以拇指由上往下延展黏胶，并且推向镶板的边缘。

我们继续探究和询问，直到辨识出所有关键点，并充分了解正确方法。我们询问的其他问题包括：你为什么用这种方式？若用别种方式，会发生什么情形？

亲自尝试操作也是非常有益的经验，你可以从中"感觉"工作，深入了解为何以及如何以特定方式执行。这是重要的确认阶段，丰田的理念是你本身应该确认自己的认识是否正确且充分。在探寻及建立工作分解的结尾，我们其实已经接受了正确技巧的"培训"，只要再加以练习，就能完全掌握这项工作了！

在人员培训流程中，有效分解流程必须相当严谨，主要步骤和关键点定义不准的工作分解将导致不良的培训结果。最好能以简单词句说明主要步骤和关键点：主要步骤陈述该做些什么；关键点说明该如何做这些步骤。非重复性和重复性的工作项目不要放在同一节课程。若能熟练掌握工作分解，你的培训成果就将明显改善。若培训自身的准备不充分、不合理，就算是世界上最好的培训方法，也不可能产生好的培训成果。

复杂工程任务可以标准化吗

丰田有一套开发新车款的标准流程，几年来，它致力于去除浪费，前置期从20世纪80年代中期的4年缩减至现今的15～18个月，工程师清楚地知道他们需要做什么以及要在何时完成。汽车里面有许多标准零部件，也有许多用以制造这些零部件的标准制造流程，丰田把大量的专业知识记录在工程作业检查清单上，现在放入该公司的"know-how数据库"里。

但在丰田，任何一名工程师都会告诉你，仅仅依靠"know-how数据库"里的标准和作业检查清单，并不足以造就一名优秀的工程师。要成为优秀的工程师，靠的就是创造力和深入了解工程专业，而对工程专业的深入了解来自日积月累地在工作上接受经验丰富老师的培训。在回答他们是如何学习而成为工程师的问题时，丰田的工程师不会提到他们在大学时代上的课程或学习的东西，他们会说他们如何和经验丰富的工程师并肩工作，一起学习。

话虽如此，位于密歇根州安娜堡的丰田技术中心近来快速扩张，并引进新工程师，为应对此挑战，丰田致力于发展作为工程师必须具备的一套标准技能，并把培训流程标准化，甚至把小组主管如何培训年轻工程师的流程也加以标准化。

丰田在分解工程工作、辨析工程师在他们的职业发展过程中必须学习的知识与技能类别方面，做得非常出色。在日本，丰田工程师的大部分学习类似于旧时代的工匠，其中包含了不少在职培训，这些在职培训内容鲜有以文件形式记录下来的，那些真正被极其严谨地记录下来的文件，被称为"工程作业检查清单"（engineering checklist）。

每一个工程部门都有责任保存自己的检查清单，各专属部门的资深工程师负责维持及补充，数百页的装订本内记载着发展设计时必须考虑的规定事项。参与特定计划书的工程师必须携带一本影印的笔记本，以检验每一项目，也让他们的督导员检查每一项目。

检查清单信息中包括哪些是良好实践，哪些是不良实践，它们提供了标准。清单内描述了好与不好的情况，并用曲线显示可接受的范围。就某种意义而言，这是丰田内部正式的知识积累库。

可是，你也许会认为这种人工的检验清单太原始了，你会问：这样的检查清单不是全部应该电子化吗？丰田认为，如果无法以人工做到，你就无法在电脑上做到。不过，真正的答案是，使用电脑的确有一些好处，而且多年来，丰田已经逐渐把这些信息移往电脑数据库里，如今被称为"know-how 数据库"。它的运作方式仍然像旧式的人工检查清单，工程师从事某项设计时，必须检查他们是否考虑了清单上的每一项，他们的督导员也必须检查他们是否完成了每一项，只不过现在是在电脑上做这些事。

由于是在电脑上做事，所以就更容易使用引擎来寻找资料，也更容易增加较生动的信息。例如，零部件的相片和通过超链接获得的3D影像。不过功能仍然相同于以往，而且唯有在工程师不断为此数据库增添信息，并在设计流程中严谨地使用，这数据库才能发挥效益。

我们可以把"know-how 数据库"视为每一工程特有的关键点，它们不像工作分解表那样，罗列设计流程中的每个步骤，但它们仍然是关键点，小组领班使用此数据库作为辅助工具来帮助工程师理解这些关键点，方式跟工作指导方法差不多。

位于安娜堡的丰田技术中心并不满足于只是检查关键点，在那里，短时间内有大量的新进人员。在美国，工程师的离职率高于日本，因此丰田的经理人认为他们必须为"know-how 数据库"增加更多的信息，包括关键点理由。举例而言，这个数据库可能将竞争者的某款新车作为优良范例，也可以把另一款竞争者的车子作为反面教材，示范的目的是让工程师了解某种设计方法的重要性。或者，数据库里可能有过去某款车的一些历史，以便让工程师了解为何要在数据库中增加某个要点，这相当于工作分解中的关键点理由。

这些数据库里有许多东西，例如，车体工程师必须知道，配线和钢板之间最少必须留有 10 毫米的空隙。此外，这数据库里也有关于安全性的标准。表 10-2 列出根据美国联邦汽车安全性标准所制定的乘客安全气囊警告标识的设计关键点，从网络上取得这些要求项目，但丰田公司不想让工程师在每一次进行设计工作时都经常去搜索所有相关的数据库，该公司也希望工程师系统地检查他们的设计，以符合这些规定的要求。在这个例子中，设计安全气囊的工程师也必须设计相关标识和标识的位置，他们必须针对每个丰田汽车销售国设计出正确的标识（当然，在涉及另一种语言时，他们将获得特别的协助）。

表 10-2 乘客安全气囊警告标识的设计关键点

步骤	关键点	检查是否 OK
1. 评估是否需要警告标识	A. 若没有安装安全气囊就不需要 B. 若安装的是符合标准的智能乘客安全气囊（能感应乘客的体重），就不需要 C. 若制造者建议定期维修或更换安全气囊，必须标识建议时程（依照年月或车辆行驶里程数）	
2. 决定标识位置	A. 由制造者选择，永久固定于安装了安全气囊汽车的遮阳板的任何一边 B. 贴上警告标识的遮阳板上不应该再出现其他信息	
3. 设计警告标识	A. 英文大写字母和数字不得小于 3/32 英寸高 B. 标识内容应遵循图 6-1 或图 6-2①上的标识内容（注：此处不再赘述） C. 标题部分为黄色背景，"WARNING"这个字和警告符号为黑色 D. 文字说明部分为白底、黑色字体，面积不得少于 30 平方厘米或 4.7 平方英寸 E. 图识部分为白底、黑图，外加红色圆圈及斜线 F. 图识的红色圆圈直径不得少于 30 毫米（1.2 英寸） G. 若车辆没有后座，警告标识可修改，删除"后座是对孩子最安全的地方"这段文字	

① 此处图 6-1 和图 6-2 为 "know-how 数据库" 中图表。

这个警告标识例子来自美国政府有关部门公布的资料，把它纳入

"know-how 数据库"中，是为了确保遵循标准。这个数据库里的大部分资料是丰田本身历经数十年形成的技术积累，被视为非常珍贵的专有资产。丰田对此极为珍视，视它为一项竞争优势，保密度非常高，甚至连该公司的工程师也没有办法进入其他部门的"know-how 数据库"。

考虑到工程师可能离职，公司不想让离职员工带走这些数据库的复印件，曾经有一位即将离职的工程师把一个数据库整个影印出来，带给一家竞争公司，被丰田及时发现并阻止。这样的教训已经使该公司采取了更严密的安全措施，不仅技术诀窍被严加保护，连目录也严密管控。各工程专属部门有各自的"know-how 数据库"，只有所属部门的资深工程师才有权修改它。

丰田的工程师强调，学会使用"know-how 数据库"并不能使你成为一名优秀的工程师，它只是一种提供指引原则、确保工程师不忘记关键点的工具，能帮助培训年轻的工程师。这些数据只是对可能的设计方案加以约束和限制，根据这些数据，工程师知道不能超出某个限制，或是某项目必须维持的最低水准。但它并未告诉工程师详细规格是什么，而且若有特殊理由，工程师甚至可以超出这些限制。

工程师们从过去的经验中发现，超出此限制（警告）可能会导致某个问题，因此现在若要超出这项限制，他们就必须进行额外的测试或现场研究，以证明超出此限制不会出现问题。真正优秀的工程师会创造性地思考以解决问题或为顾客提供这方面的功能，同时把这些标准视为约束限制。丰田非常强调在老师指导下执行工作，不断地积累工作技能，因为这是培养工程师创造力的唯一途径。

工作分解：关键的一步

除了培训本身，工作分解可以说是"工作指导方法"流程中最关键的一个步骤。在这个步骤中，你需要辨识工作内容、做法及这么做的理由，它和标准化工作表单密切相关，但正如我们解释的，它不是标准化工作表，而是另一层次的分析与细节。标准化工作表告诉我们执行工作时的步骤，每个步骤该花多少时间以及每一工作项目的时间和生产节拍时间如何关联。但当我们更进一步分解工作及辨识关键点时，我们也同时有了对标准化步骤更详细的认识，这些标准化步骤使我们的工作正好符合有关安全、质量、生产效率和成本控制的要求。如果我们的工作不按照这种细节性层次，就无法完成标准化作业。

我们并不会把工作分解表贴在工作现场，只把标准化工作表贴在那里。实际上，标准化工作表并不是要让工作人员在执行其工作时参照的，因为若在执行工作时参看标准化工作表，他们将无法流畅地执行工作。他们应该在培训期间就学会无误地执行工作，标准化工作表主要是让督导员在稽查工作时作为参考。

对于稽查标准化作业的督导员，工作分解表也是一项有用的参考。特别是在出现问题的情况下，如某工作人员无法跟上速度，或出现质量、安全问题时。在历经时日而学到更多后，必须修改工作分解表以反映在流程中做出的改善，这将有助于记录目前执行工作项目的最佳方法，并更新在培训新小组同仁时的相关内容中。

在接下来的章节中，我们将开始讨论实际的培训流程。在开始把知识转移传授给他人之前，得先辨识正确的信息。我们在前面曾提到，林肯说：若给他6小时的时间去砍一棵树，他将花4小时磨斧子。我们建议你花时间把工作彻底分解至非常详尽的细节，深入探究每一个工作项目的重点，把你的心智集中于每一个工作项目的关键层面。要得到好成果，就得付出艰苦的努力，没有任何捷径。工作分解是人才培训流程中决定成败的关键，你必须在这两个步骤尽自己最大的努力！

第三部分

知识大迁移

> 对于那些必须先学习才懂得如何去做的事,我们必须通过实践来学习。
>
> ——亚里士多德

Toyota Talent | 第 11 章

做好培训准备

工作指导方法需要周密准备

现在,你大概已经意识到了人员的培训需要大量的准备工作。我们在第 4 章回顾了必要的组织准备工作,如挑选和培训培训员,以及评估公司的整体要求。我们也已经详细地探讨过,为了达到必要的培训效果需要将工作进行分解。所有这些工作都必须在实际培训之前进行。不过,我们的准备工作尚未完成,还有很多事需要考虑。

当考虑到课堂上的培训时,我们多半会想到需要一定程度的准备。你必须挑选老师、设计课程、搜集整理培训资料、邀请学员、安排后勤、设计课程评估。可是,当进行工作上的培训时,这些准备似乎都被抛到九霄云外了。新进人员,不论是工程师、工厂操作员、护士、督导员或是经理人,可能在接受了课堂培训之后,立即就被推到工作上,成败全靠自己。幸运的是,我们对工作人员的绩效评估方法通常是肤浅而草率的,因此,就算他们绩效下降,他们还是能够过关。一般的在职培训指的是你开始工作后,遭遇困难时就提问,经历些时日,你将会找到完成工作的方法。

想想以下的情境：你要负责为期三天的培训课程。第一天早上，学员到齐，你站在教室前面，开始发放培训教材，你向学员快速介绍了培训课程的主题，但当你想向他们展示某些东西时，却发现没有投影仪或幻灯机，因此，你让学员先看讲义，你等一下再回来。几个小时后，你带着一台幻灯机回来，开始展示一些教材。然后，你问学员有没有问题，没有人提出问题。既然没有问题，你就说："很好。"接着，请他们自行研究讲义，互相讨论，你几个小时后会回来……哦，对了，如果他们肚子饿的话，这里有餐厅。你可能会说，你参加过这样的课程，而且付了不少钱，但是所有人都说这些课程令人厌恶，学员闹哄哄地乱成一片。但是，当你进行工作上的培训时，是否也以这种混乱无序的方式进行呢？

若你事先考虑一流的培训课程所需要的事前准备工作，并把这些准备工作应用于在职培训，就会有个好的开始。我们多半很了解该如何准备课堂培训课程，如果因为没有做好准备而被学生难住，那将令人非常难堪。工作指导方法是一套井然有序的培训流程，必须像一流的培训课程那样充分准备与安排。其中，令人振奋的是，工作指导方法全都是要"干中学"的。我们经常在课堂上想尽办法寻找情境模拟的演练，若能进行在职培训，那就更棒了，因为这是实际工作的操作演练。

创建复合型员工培训计划

员工的能力培训发展十分重要。周全的规划流程不仅能提高成功的概率，而且能向团队成员展示能力培训的重要性，并让他们知道领导者很重视才能的发展。

让员工学习执行工作所需要的技能，应该是每位管理者的首要任务，这是创造价值的工作。工作技能培训计划的发展以"在何时之前必须学会多少"为前提，也就是说，此员工必须在什么期间学会做什么工作项目。

若需要此员工执行日常性质的制造作业，通常会期望他能够在几星期内（视工作项目的复杂程度而定）变得熟练并胜任第一项工作，并且能在三个月内熟练执行三项工作。

丰田发现了让员工学会执行多项工作的意义。那种长达35年的工作，由某人操作一部机器，而且只负责此单一工作的方式，早已成为过去式了。培养复合型员工（multifunctional workers）不仅有助于增加灵活性，支持操作系统，也能让团队成员在工作中增加一些变化，变换工作以达成人体工程学上的效益，并让他们获得通过学习增长能力的机会。我们经常听到管理人员抱怨，由于员工欠缺必要的技能，致使他们无法完成一项重要任务或必须调动人手以填补空缺。培养复合型员工应该是每位领导者的优先要务。

丰田把最早由TWI推出的培训计划按照流程加以调整，制定所谓的"复合型员工培训时程表"（Multifunctional Workers Training Timetable，MFWTT，TWI称之为培训时程表）。此培训计划的目的是展示特定工作所必须具备的技能水平，以及每位员工的技能发展水平。图11-1是完整的MFWTT例子。MFWTT的制作概念非常简单：辨识工作区的工作项目，列出此工作区的所有人员，评估每个人在每项工作上的能力，确认每个人目前的技能水准和所期望达到的技能水准之间的落差，以及制定消除这些落差所需要的技能发展时程表。着重于你期望达到的成果——尤其是技能出色的人员才能达成的优异工作成果。

MFWTT也提供视觉指示以显示小组或团队内部的技能发展情况。可把图表贴在小组开会的地方，只需浏览此表格就可以看出小组全体人员的技能发展状态。MFWTT能够反映出领导者对员工才能发展的重视程度，领导对此应该认真看待。管理层有责任确保每位领导者致力于充分发展其小组或团队所有成员的技能。

第 11 章 做好培训准备 169

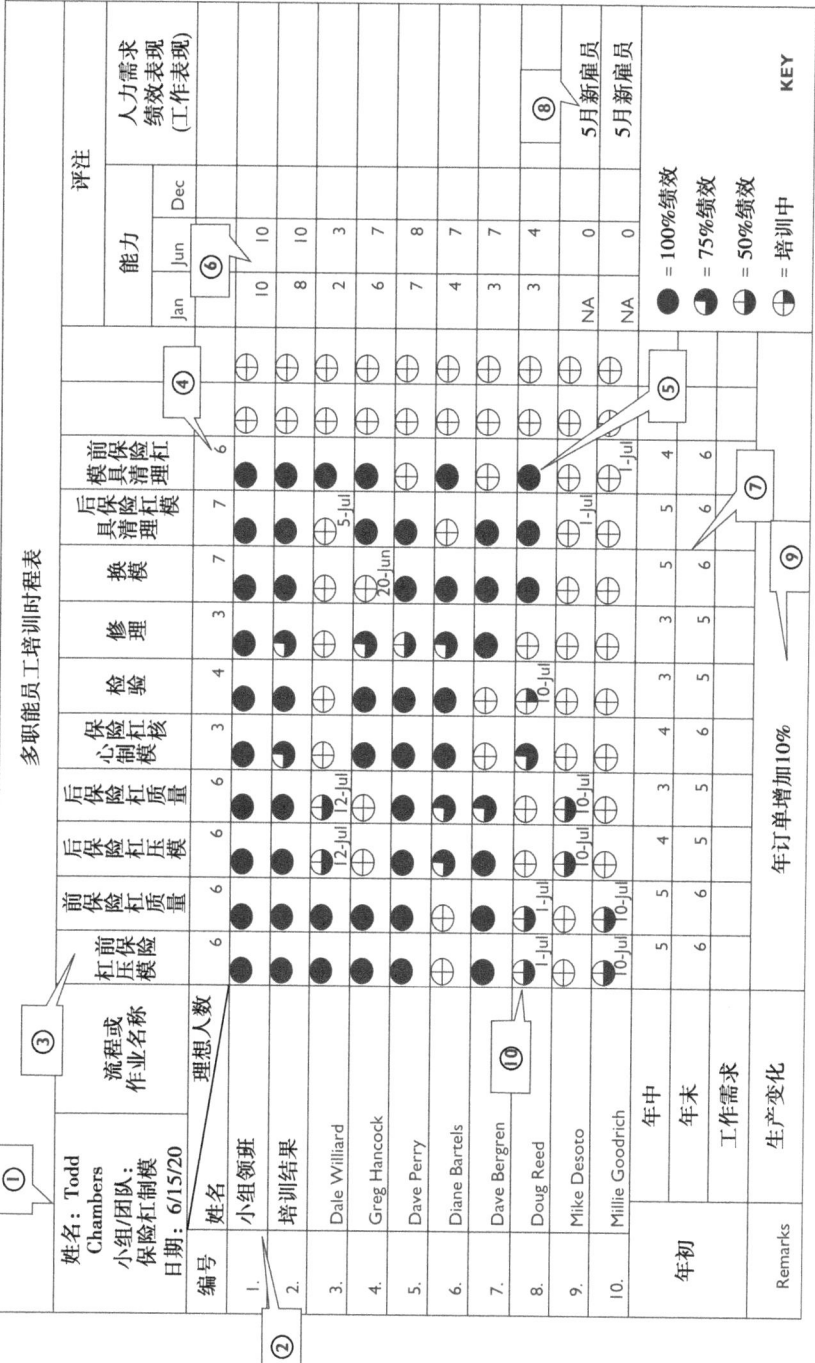

图 11-1 完整的复合型员工培训时程表范例

有时候，管理者可能试图美化其小组成员目前的技能发展情况，因而夸大了小组成员的能力水准。管理阶层必须通过绩效指标来加以验证。若此小组在安全性、质量或生产效率方面的绩效水准不佳，则很可能是此小组成员的实际技能水准并不如MFWTT所呈现得那么高。当某些小组成员执行某些工作项目的绩效指标下滑，就表明成员的某些技能水准不足。这样做的目的并不是要找出绩效不佳者，而是要找出哪些技能水准不足，并加以纠正。

我们在第1章中提到，丰田生产方式需要技能非常纯熟的员工。如果他们的技能有任何弱点与缺失，就无法符合生产的需求。我们建议你在填写MFWTT时，诚实报告员工的实际技能水准。若夸大或美化个别小组或管理者的技能水准，长期而言，对谁都没有好处。在稽核过程中，领导者应该以实际执行工作的绩效来确认员工的技能发展结果。

以下说明如何制作图11-1中的MFWTT，下面的每一项对应于图11-1中的圈码。

（1）填写此表格的督导员在这一表格内填入其姓名、团队、工作现场和日期。培训计划通常是在每一年年初制作，若你在年中时开始此流程，你可以在任何时候完成你的初始计划，并在次年初进行重新评估。

（2）列出所有小组或工作团队成员的姓名。若超过10人，可使用更多表格。在丰田的大多数工作现场，一小组通常为4～7人，因此，一张表格即可完成。

（3）列出此工作现场的所有工作或工作项目。本书第6章及第7章提供了如何定义工作项目的详细信息。有些工作项目（换模和清理模具）其实并不是区分开来的工作项目，不过，它们是工作中的重要层面。在此，管理者想要追踪小组成员在这些重要层面的技能水准，因此要把它们分开列举。

（4）"理想人数"表示为确保在工作空缺时永远有人员进行填补而必须培训的最低人员数目，此数目大于任何时候执行此工作项目所需要的最低培训人数。例如，若有三项相同的作业（任何时候都需要三名操作员），就需要三个以上人员来完成此项作业的受训，以便在有人不在岗时，别人可以替补他。在这个例子中，理想的培训人数是 5 人（最低人数），有两名多出的受过此培训的人员可作为临时替补者（如当原操作员休假时），或是长期的候补者（转换工作）。最理想的情况是每位小组成员最终都能受到所有工作项目的培训。

这常常令很多管理者感到困惑。他们希望每位小组成员都接受所有工作项目的培训，因此认为理想人数应该是所有成员。虽然这是理想状态，但实际上，目前状态和期望状态之间往往存在落差。若把理想人数确定为小组或团队的总人数，那么，任何时候都需要即时的培训（除非所有人都正在接受某一工作的培训）。"理想人数"指的是为求任何时候都有人担任此工作所需要的最少人数，并用以帮助确认即时的培训需求（必须消除的落差）。丰田的管理者并不满足于最低数目，因为这只代表一旦人员减少时（无论什么原因）作业流程仍然能顺利运作。督导员有责任决定每一工作的理想培训人数，并以下列标准作为指导原则。

- 对于比较难以掌握的工作或工作项目，应该有较多的员工接受相关培训。例如，若一工作项目需要花 6 个月的时间才能熟练掌握，就应该有更多的人接受相关培训以满足某位技能熟练的员工意外离职时的替补需求。
- 若有多个相同的工作或工作项目，理想的受训人数就应该增加。在此例中，前保险杠制模机器和后保险杠制模机器分别有三部。这项工作的学习曲线较长，因此，最好每一工作都有 6 名受训者。目前，有 5 个员工擅长后保险杠制模作业，这虽表明目前并不存在人手短缺的问题（此工作只需 3 个人），但却显示了潜在的问题。因此，有必要计划培训更多人员。
- 未来的人员调动（如晋升、转调、离职等）将影响预期的理想培训人数。因此，若预期将发生这类调动，就必须调整理想人数。

（5）划分成四个象限的圆圈用来显示每个员工在特定工作上的技能水准。根据每个员工在每项工作或工作项目上的个别技能水准填涂圆圈内的象限部分。下列说明可作为判断每个人技能水准的原则。

- 空白圆圈代表未实行任何培训。
- 1/4 阴影的圆圈代表此人刚开始接受这项培训流程，其熟练胜任程度约为 25%（初学者）。绝对不能让他单独担任这项工作，因为他尚未充分了解安全性和质量方面的要求，也无法维持适当的工作速度。
- 一半阴影的圆圈代表能够在短期内独自或在密切监督与协助下执行此工作。一般来说，最好不要在缺乏密切监督的情况下让这种水平的员工独自执行此工作。但在紧急情况下，他们或许可以替补空缺。他们执行此工作的速度可能太慢而无法安全地独自工作，因此必须注意监督其工作质量。
- 3/4 阴影的圆圈代表此人非常胜任这项工作，不需要太多的监督。这种水平的员工大部分时候可以独自工作，并符合技能熟练人员"理想人数"所要求的条件。因为他已具备足够的能力，可以在没有培训员协助的情况下独自操作。在此阶段，唯一剩下要学习的东西是必须日积月累而形成的诀窍。在遇上异常情况时，他懂得要停下来询问他人。
- 填满的圆圈代表已得到充分培训，不需要或仅需要极少量的督导。他们熟知安全性和质量的规定，并且能保持要求的速度。通常，一位受训者必须至少执行此工作项目数月，累积了必要的工作经验后才能获得填满的圆圈。得到充分培训的人员可被视为专家，他们的知识与技能必须达到优秀。

我们见过在某些例子中，圆圈的第四个象限被用来代表水平已经足够培训他人的个人（即合格的工作指导方法培训员）。不过，我们倾向于以另一种方式来代表培训能力（如在姓名旁边加注一个星形记号），仍然以填满的圆圈来代表优秀的工作能力。我们赞同充分培训的人员应该能够教导他人，但这并不代表他必须是优良的培训员，这是两种不同的方法。

培训员和督导员应共同评估每位学员的培训进展和技能水准（督导员也必须是合格的培训员）。有些培训员和受训者把培训进展视为"分数"，因为未填满的圆圈而感到不自在。我们必须在此强调，培训流程并不是一项竞赛，管理者若试图美化培训效果，使其看起来比实际状态"好看"，对任何人都没有好处。

经常有人问我们，丰田如何奖励员工以激励他们学习多项技能。其实，学习多项工作技能是丰田从一开始就对员工制定的工作期望之一。在丰田，所有生产线员工的工作分类和待遇都相同（当然，待遇以年薪而定），每位员工最少要掌握所属小组的全部工作，小组成员可以选择学习更多东西，丰田也鼓励员工这么做，但并没有任何报酬或红利制度。

丰田并没有各种激励学习知识的制度。丰田认为，除非自动自发，任何刺激或奖励都可能导致问题与限制。丰田期望每位员工必须符合最低要求（丰田的最低要求相当高），并提供许多机会，让员工发展更多的才能。

在丰田，不良的工作技能将反映在其他绩效指标上，如质量和生产效率，而且，如果培训员和领导者缺乏优秀的员工，会不断遇到问题。在培训过程中走捷径并不会提供你所期望的长远利益，同时学员也会感到巨大的压力，因为无法承担自己力所不能及的任务。这必然会造成"不良态度"。

- 至少有3/4阴影的圆圈数量计算后将置于员工一列的末栏上。督导员将在每年年初、年中和年末做出评估，判断个人和整个培训的需求，并评判培训计划是否完成。这使得督导员有机会跟踪每位员工的进度，并为每个人的发展制订计划。这一数字在每年年中和年末都会进行更新，以核实进展。
- 彻底完成工作培训的人员数量计算后记录在表末。这让督导员能够监督个人的进步，实现每项工作的理想培训目标。至于个人的进展，年中和年末会进行评估，以确保他们取得进步。注意，目标日期已经订立，以弥补这些缺陷。

- 这里要注意任何特殊发展需求。多数时候，这些关系到尚未掌握的特定技能。缺乏技能会造成瑕疵品数量增加，或减慢工作进度。对此，往往要求3/4阴影的圆圈变成填满的圆圈，或在本例中，暗示着近期雇用的员工需要格外注意，要使自身技能水平达到最低标准。
- 注意产量将做出的任何更改。例如，如果产量上升，或者一位关键员工休假，需要引起注意。这是一个提醒，要么学员的理想数量需要调整，要么需要培训额外的人员。
- 当培训需求的确认是基于受训学员数量的不足，或个人能力的欠缺时，则需要制订一项培训计划，同时附上目标日期。目标日期表示培训流程开始，或者表示需要到某一时刻完成培训，进入下一阶段。即时需求必须首先考虑，而长期发展会拟定在未来的某个日期。

MFWTT完成后，要贴在工作现场，所有员工和管理者都可以据此监控进展，并确认任何发展需求。注意，督导员和工作指导培训员将在全年内审视进展，更新员工定位，并制订新的计划。不幸的是，我们经常看到尽管计划贴在工作现场，却没人关注，似乎完成表格只是一项作业，现在作业已经完成了。计划现在必须付诸实施。这是一个动态的过程，必须定期重新评估。培训职责到此结束。

其他类型的工作培训计划

你可以将多职能培训计划加以改造，再用于其他不同种类的工作。例如，丰田发展了高度视觉化图形展示，帮助产品研发部门的所有工程师审视技术发展的状况。我们为内部精益推动者制定了培训项目，将工作分解为基本技能，并运用类似于培训计划矩阵的模型来跟踪进展。图11-2显示了精益推动者的培训计划。开头是一些基本介绍，之后是更多涵盖多种精益工具的课堂培训，包括模拟练习和为期一周的持续改善体验。必须掌握为特定公司设置的个人工具，然后精益推动者可以有效领导持续改善团队运用这些工具。图11-3列出了所需技能，培训方式类似于工作指导方法，学员运用这些工具参加推进式培训，然后领导与之相关联的培训，直到他们可以在没有任何帮助的情况下进行领导工作。

精益推动者的培训计划					
资格层级	重要管理者培训（为期两天的基础知识）	推动者培训（为期一周的精益工具和RIW培训）	参加RIW，担任主持人或合作主持人	在有人督导的情况下引导三场以上的RIW	在无人督导的情况下，使用多项精益工具引导制度改善计划
精益项目执行人	必要	必要	必要	必要	必要
RIW①推动者（按领域）②	必要	必要	必要	必要	
精益黄带级	必要	必要	必要		

图11-2　精益推进者的培训计划

① RIW：快速改善研讨会或称 kaizen workshop。
② 专长领域：流程/拉式系统、绘制价值流程图、全面生产维护（TPM）、标准作业、5S、业务流程改善。

　　推动者培训：为期一周的培训课程，包括对精益工具的更深入了解、引导与解决问题技巧，也包含参加一场 RIW。

　　合格的 RIW 推动者至少要专注于两项专长领域，第一项专长必须参加三场研讨会（观察、共同领域、领导）；其余专长则可以减少受训要求（如只参加一两场研讨会），因为先前受训学到的许多东西可适用于其他专长领域。

　　在培训过程中，精益执行人必须练习主持或共同主持几项不同专长领域的研讨会，这部分是更加量身定制的培训计划，根据个人的背景与技能水准来设计。此外，他们也必须练习在无人督导的情况下，引导制度层级的改善计划。重要管理者培训包括为期两天的精益工具培训课程。

培训最后一个阶段，他们参加一项系统持续改善工作，运用一系列工具形成精益价值流，最终引导一组人员在某工作现场发展并实施系统持续改善（价值流中的关键部分）。个人进步在技能发展矩阵中有所体现，该矩阵类似于复合型员工培训计划。

姓名	基本内容		成功主持RIW					制度改善		评注
	重要管理者培训	推动者培训	流程·拉式系统	绘制价值流程图	全面生产维护	标准作业	5S/视觉管理	业务流程	制度改善活动成员	制度改善领导者	
	⊕	⊕	⊕	⊕	⊕	⊕	⊕	⊕	⊕	⊕	
	⊕	⊕	⊕	⊕	⊕	⊕	⊕	⊕	⊕	⊕	
	⊕	⊕	⊕	⊕	⊕	⊕	⊕	⊕	⊕	⊕	
	⊕	⊕	⊕	⊕	⊕	⊕	⊕	⊕	⊕	⊕	
	⊕	⊕	⊕	⊕	⊕	⊕	⊕	⊕	⊕	⊕	
	⊕	⊕	⊕	⊕	⊕	⊕	⊕	⊕	⊕	⊕	

图 11-3　精益推动者的培训时程表范例

首先设定行为期望

我们经常听到经理人和督导员抱怨他们员工的"态度不好"。例如，年轻人缺少老一辈员工所具备的职业道德，或者，年纪较长的员工不愿意学习新技能。通常，员工在担任新工作的一开始满怀热忱，满心期待有光明的未来，是我们的种种作为把这些高度期待化为冷漠、绝望、沮丧、冷嘲热讽、憎恨或公然反抗。这种态度的转变发生于把一位新进人员引进工作现场时，你在一开始，尤其是在培训活动过程中，就传达了你对他们的期望，在培训的整个过程中，你本身的态度就反映了对员工的行为期望。

来看看这个很常见的例子。琳达是新任的生产操作员，乔伊受指派对她进行指导，她已经接受了一天的培训，内容大多是公司政策和有关安全生产的规定。琳达很高兴获得这份高薪工作，满怀学习的热忱。她被派往工作现场去学习，抵达那里之后，她看到一位衣衫不整的男士在杂乱不整的车间工作，整个车间脏乱不堪，地板上到处是报纸和废弃的瓶子。乔伊向琳达自我介绍，并向她保证："这些工作很简单，任何人都能做，所以，别担心，你很快就会学会。"他向琳达示范了整个流程是如何运行的，如何操作,又让她试了几遍,并稍稍从旁协助(但没协助多少,毕竟,她需要一些时间学习)。在培训过程中,乔伊的一位老朋友顺道来看他,他们聊起这个周末的一场球赛。20分钟后,琳达已经明白了个大概,乔伊说:"你天生是这块儿料,现在已经可以应付工作了。如果你不介意的话,我要休息一下。"琳达很明白,培训已经结束了,从现在开始,她得靠自己了。

现在,琳达对于她的培训员和这份工作有何印象呢?这个工作现场一团乱,显然没人在乎这种脏乱的情形;也许乔伊认为这份工作太简单了,谁都能胜任。在这种印象下,琳达怎么可能对从事这份工作产生成就感呢?乔伊根本没有为培训琳达做任何准备工作,这能使琳达感觉自己是个重要的团队成员吗?

这份工作有什么重要的地方呢?很显然,乔伊并不认为有什么值得一提的重点,质量也不重要,或许,任何工作方法都能产生令人满意的质量吧。乔伊显然并未把他自己培训员的角色看得很重要,因为在第一天的培训过程中,他没过一会儿就去休息了。乔伊的漠不关心,可能使琳达认为这份工作重要而产生重视的态度吗?

俗话说"你只有一次机会去营造第一印象",这个道理尤其适用于第一次把一个人引入工作现场,再也没有比这更好的机会可传达关心工作、顾客和同仁的重要性了。若你不愿意向新进人员展示你的关切,投入时间,强调重视他们的成功,帮助他们学习与成长,你怎么能期望他们形成正确的态度与行为呢?

在展开培训活动之前,管理者和培训员必须采取下列重要步骤。

- 和受训者会面,回顾他过去的经验,判断此人是否有任何特殊的培训发展要求。
- 创建对此人的整体培训发展计划,并和他共同评价此计划(参见下节说明),详细解释你的目标:他将接受哪些培训,以及在何时之前完成这些培训。务必确保受训者了解他们的培训发展对自身的重要性。

- 准备工作场地，使它反映出你和组织对工作现场的关切与重视：工作现场必须干净整洁，保持得像你所期待的那样。在受训者抵达之前，预先准备好必要的工具与器材设备（包括任何必要的安全装备）。
- 确保有适当的时间可以完成培训而不受干扰，并在培训中涵盖你的职责。提醒其他人，除非紧急事件，否则，你不希望在培训过程中受到干扰。
- 准备工作分解表，了解工作的关键点，以便在学员发问时，能提供完善的解释。

在培训过程中，培训员必须做到下列重要事项，以向学员传达期望的正确态度。

- 对于工作及其重要性，展示出热忱的关心。
- 告诉学员其工作对顾客的重要性。如果可能，向他们说明顾客如何使用他们的产品与服务。在制造业，执行下一作业的人就是"顾客"。向学员展示他们的工作会对后续作业造成什么影响，确保学员了解使顾客满意的重要性。
- 展示耐心，持续支持学员，直到他们能成功地执行工作。
- 展示鼓励的态度，赞扬学员的优秀表现，建议改进的机会。
- 身为训练有素的培训员，你应该表现出对自己的信心，也要展示出你对学员的信心，相信他们将成为出色的员工。
- 对培训成果负起责任，持续培训与支持，直到学员能够自行无误地执行工作。
- 在培训过程中，培训员必须对安全性和质量负责，必须使学员感到安心。

在完成培训后，还必须做到以下事项，以确保学员不会在培训结束后表现出不良态度和行为。

- 当你有把握学员可以执行工作时，指派给他一份工作，明确陈述期望他做什么（数量、何时完成），并提醒他，你会就近提供必要支援。
- 当学员执行得当时，提出正面反馈；如果有需要改进之处，持续加强。
- 务必留意学员对于你的培训方法、言辞或其他方面的反应，如果你让学员感到压力过大，他们会有所反应；如果你怠慢他们，他们也会。由于每个人的需求不同，培训员必须在培训过程中关注个别学员的反应，并据此调整培训方式。

学习工作技能，拓展个人能力

相关工作技能并不一定是对员工的要求，但它们能帮助员工为公司贡献更多，也为他们提供扩展知识与经验的机会。与工作相关的技能很多，包括成为培训员，学习解决问题，参与团队改善活动，成为持续改善活动的推动者，扩展一些技巧如电脑操作或沟通。

这些技能通常最适于日积月累地提高，对于想提高这些技能的员工而言，第一步可能是参加正式的培训课程。技能的培养与熟练是通过在现场的实践获得的，或者某位擅长使用这些技能的人持续提供指导，组织指派相关工作，让学员能有机会利用这些新技能，并提供给他们获得更多指导的机会。

这方面的规划和指导需要管理者做出额外的努力，但管理者多半认为这方面发展的重要性不及员工的实际工作。我们在前面曾经提到，丰田期望它所有的经理人都是导师，这是他们最重要的角色。明智的管理者都了解，追求个人成长的员工通常更快乐，满意度更高；他们也知道，对员工个人愿望的关心，员工多半会做出回报。

管理者对员工的关切与投入，包括为他们研究发展计划、安排定期后续追踪、经常对技能发展目标提供指引等。领导者应该保持的态度是："我能做些什么来帮助你达成目标？"个人的发展应该配合组织的需要，管理者必须提供指引。

工作环境的准备

TWI建议工作环境应该干净整洁，符合你期望保持的状态。人们对其环境的习惯与适应程度之快，实在是令人惊讶，他们总能很快地习以为常，不再注意工作现场的脏乱。如果新进人员初到时就接触一团糟的工作现场，他们很快就会习惯这种工作环境，并愿意维持这种状态；相反地，若人们习惯于整洁的工作环境，并且被要求保持这种整洁状态，他们多半也会做到。尽管有些人需要更多的提醒，但若有明确规定的期望，要求人们遵守标准会变得更容易。

我们的最佳建议是，寻找天生爱整洁的人，参与工作现场的清洁整理工作，一旦人们习惯于井然有序的工作环境之后，就会变得非常容易维持。不过，让人们一开始就接触并习惯于整洁的工作环境，比试图让他们戒掉坏习惯、养成新习惯要容易多了。

运气总是眷顾有准备的人

准备是成功培训的关键要素。在没有准备好一份地图和计划之前，我们不会开始跨国之旅。同理，在未做好周全准备之前，我们怎能展开培训流程？我们有时急于上路，因而抄捷径或者绕过准备阶段；有时候，我们声称没有时间做好周全准备。糟糕的是，忽略准备阶段极可能导致在未来出现更多的问题，当问题出现时，我们就得为欠缺准备付出代价。

如果没有为培训做好准备工作，就会对员工发出此信息：他们的培训发展与成功对我们而言不重要，于是，错误的态度与冷漠感必定由此形成。完善的准备工作为员工提供了模板，让他们看到工作现场应该保持整洁，使他们了解组织对他们的期望，也让他们知道培养员工是管理层的优先要务之一。

时间是一项有限的资源，必须明智地运用。时间的最佳利用是：今天所花的时间能够使将来获得更多的时间。一名训练有素的员工，将来发生的问题较少，每天要为它们付出的时间与精力也较少。只注重短期的人，将会忽略重点。今天付出时间，明天才有收获。

对人才的投资，犹如对未来的经济报酬所做出的投资。"尽早开始，不论多少，持续不断地投资"这项原则也适用于对人员的投资。人员的培养与发展需要日积月累，培训流程是一连串大规模的投资后，继以无数的、经常性的小规模投入。

对于那些抱怨时间有限而感到苦恼的领导者，我们总是建议，如果他们只能抽出 5 分钟，他们就必须对这 5 分钟进行最佳利用！就算只有 5 分钟或者 10 分钟，也绝对能够实施部分的培训流程。事实上，较少的信息反而让学员更容易吸收消化，也更容易记得。当然，完整的培训将需要无数个 10 分钟的阶段培训活动。我们将在第 14 章提供如何在有限时间里改善培训成果的更多建议，不过，我们首先要进入实际培训的部分，这是下一章要探讨的内容。

Toyota Talent | 第 12 章

进入培训阶段

我们可以开始了吗

现在,终于来到了令人期待的部分,我们即将开始实施培训。期末测试终于到来,我们可以检验培训员是否优秀了,我们现在才刚进入实际施行培训的活动。

你大概已经注意到,本书有一章专门讨论准备工作,有几章讨论的是培训后的事项,但有 8 章篇幅讨论工作分析和培训活动的准备,为什么每个部分的篇幅如此不均呢?难道传递信息不是重要部分吗?其实,流程中每个步骤的良好表现都关系培训的成败,但是,工作分解是关键部分,传递信息则是重要部分。如果在工作分解部分辨识出正确信息,之后就只剩下把这些正确信息传达给他们了。若你能正确地示范执行工作的步骤,提供给学员正确的信息,他们就能看出该做什么,并学习如何正确执行。

在丰田方式中,我们会区别过程导向和结果导向。不容否认的事实,大多数人和公司是结果导向的,我们忙于执行工作、完成工作,收获我们的辛劳果实。可是,当我们学习丰田的思考、计划和准备方式时,感觉这是个永无止境的过程。

根据我们的经验，以错误的方法传达正确的信息，其结果胜过以完美的方法传达错误的信息。要培养优秀人才，首先要阐明正确信息，然后学习如何正确传达。只有做好了充分准备，才可能有丰硕的收获。

若缺乏这些规划与准备，你将会步无数前人之后尘：招募员工，向他们示范如何执行工作，让他们自行摸索，接踵而来的是忙于为层出不穷的问题展开急救，你无法培养出能够一直产生杰出绩效的优秀人才。因此，就像生命中任何值得去做的事一样，事前准备将提高成功的概率。

你可能会发现，实施培训的第一步其实是做更多的准备。别担心，这准备工作只不过是培训活动的小小热身，真正花工夫的准备工作已经完成了，我们只要在实际展开培训之前，稍稍了解学员，以确保他处于接收信息的适当心情。

TWI 为培训流程的实际教授阶段提出四步骤方法（参见第 3 章），我们把这四步骤方法区分成三章进行说明。在这一章，我们先讨论使学员做好准备（第一步），然后开始展示操作（第二步）。第 13 章将讨论让学员尝试执行（第三步），第 15 章则是必要的后续追踪（第四步），以确定学员成功且持续学习。

每位培训员应该谨记，学员对自己的技能未必会做出正确评估，确认学员的能力程度是培训员的责任。当然，我们并不建议培训员让学员进行那些极具危险性的实验，培训员绝对不能让学员处在有潜在危险的状况中，当学员在培训执行时，培训员必须密切注意。在培训员尚未确定学员熟悉如何使用有危险性的器材之前，绝对不能让学员独自操作。

让学员做好准备

在拟订好培训计划，并把工作分解成主要步骤、关键点和关键点理由后，你已经接近开始实际的培训活动了。不过，在展开培训活动前，还有几件事情必须处理。

第一，确保有足够的时间投入培训，必须有人能够代替你的工作，使你不会在培训过程中受到其他事务的干扰，并能在培训完成后，有时间进行必要的后续追踪。若时间受限，你可能要调整培训课程的范围，将内容减少一些。

第二，在和学员见面之前，工作现场必须准备妥当。如果开始培训课程后，你得跑去整理工作现场或必要的工具器材，而让学员在一旁等候，这将会给学员发出错误信息。工作现场的准备包括确保工作现场的整洁，备妥所有工具与器材，为学员准备所有必要的安全装备。

最后，让周围其他人知道你即将实施培训工作，告诉他们在你施行培训的这段时间，他们必须做出配合与调整。例如，若你将讲授完整工作的其中一部分，你必须让操作员充分了解他将学习哪部分的内容，以及他必须做哪些准备。你可能得要求此人特别留意评估你的学员即将执行的那部分工作，以确保质量。

TWI四步骤方法中的第一步，是让学员做好准备。这个步骤是热身，并由培训员初步评估学员的状态及能力。在实际培训过程中，指导员必须根据学员的能力来调整教学方式，如果学员是新进人员，且初次和培训员共事，可能得多花点时间，以使学员放松，并解释此工作的重要性，以及此工作在组织中的脉络。培训员过去没有和学员共事的经验，不了解其工作和学习能力。因此，培训员必须放慢培训的进度，并评估状况。在后续的培训课程中，由于已经和学员建立和谐的关系，就不再需要花这方面的工夫了。以下各节将会说明使学员做好准备的必要项目。

使学员放松

学习的流程可能令人感到紧张，特别是对组织的新成员而言，他们可能会担心自己无法适当执行工作而失去饭碗。大多数人已经习惯于相信他们能获得的培训很有限，或是指导员只会演示一次。学员可能以为，如果无法一次学会，他们就得自谋生路。

培训活动的一开始应该是相互介绍与寒暄，让学员有点时间可以放松，培训员应该说明培训课程中将发生的情形，向学员保证他们在工作上的成功是第一优先要务。这个保证包括说明即将教授的工作，并重复几次，以确保学员充分了解，在完成培训后，能百分之百胜任。以下是开始培训之前，培训员和学员（新进人员）之间的对话例子。

培训员：嗨，我是黛安，担任今天的培训员。你今天好吗？

学员：很好，谢谢。我是鲍勃。

培训员：我的任务是确保你学会所有东西，能够把工作做得很好。

学员：那太好了。

培训员：请先自我介绍一下吧。

学员：嗯，我已经结婚了，有两个小孩，现在8岁了，是对双胞胎男孩。

培训员：哇，那想必你忙坏了！

学员：他们让我跑前跑后……所以能保持身材。

培训员：嘿，那倒是好事。鲍勃，我今天要教你安全气囊定位器的组装作业，我们将一步步来，使你充分了解这个工作。我希望你知道，我的主要任务就是确保你成功。我们将会重复几次，因此，你不需要担心，只要你放轻松，尽全力。

告诉他们工作名称

务必告诉学员，他们即将担任的工作名称，这听起来似乎太明显而多余，但我们经常惊讶地发现，许多人竟然不知道自己所担任的工作名称。当你连工作名称都不知道时，你很难对此工作形成"专属"意识，或在乎你所做的事。切记，组织可不想要只会做事的员工，组织要的是关心自己工作的员工。

了解他们对此工作知道多少

此步骤的目的是要帮助培训员评估学员的技能水平，如果学员过去已有类似的工作经验，也许能加快培训流程。如果学员没有经验或经验有限，培训员可能得放慢培训速度，或是在开始培训之前，温习一些基本技能，如工具的使用。如果学员过去已有类似的工作经验，或许就能加快培训速度。

必须留心的是，有些学员可能会夸大过去的经验或其自身的能力。新进人员在被问到过去的工作经验时，可能会有压力感而误以为他们必须有相关工作经验，才能获得或保住这份工作。或者，有些人难以承认他们不知道如何执行自己的工作。培训员必须在培训流程的尝试执行阶段，做出最后评估，如果学员表示有过类似的工作经验，培训员应该持续质疑，以确切了解此学员的知识深度（或是欠缺的知识）。

以下继续上述培训对话。

培训员：你以前做过这种工作吗？

学员：嗯，不是完全相同的工作，不过，我在另一家公司做过类似的工作。

培训员：OK，那么，我最好是说明每一个项目，以确保你完全了解，避免遗漏了你在前一家公司没有做过的事项。如果我的速度太快或太慢，我们可以调整。

学员：好啊，虽然我知道，但再听一遍也无妨。

培训员：我希望你确实了解这份工作的重要性，我不想遗漏任何重要信息。

激发学员学习这项工作的兴趣

人们喜欢做自己感觉重要的事情。一些全国性的调查显示，在员工最重视的项目中，"有目的性或做重要的工作"名列前茅（比待遇更重要）；

做不重要的工作，会令人感觉缺乏成就感。所有工作都有某种程度的意义与重要性，我们只是要提醒你注意这点。当然，提供有意义的工作不同于对员工所完成的工作表示欣赏。作为培训员，我们必须向学员说明这两点：这项工作为什么重要，以及我们感谢他们做这些工作。

首先，要从顾客的角度来考虑这份工作，为什么这个工作对顾客（包括内部及外部顾客）来说很重要？我们做的这项工作如何让我们的顾客从中获益？如果未准时完成工作，而不能派送给顾客，结果又将会如何呢？

这项产品或服务是否会影响他人？例如，你生产的是能拯救生命的医疗产品；或者，你生产的是攸关顾客安全的关键部件，如汽车的安全气囊；如果你从事的是服务性质的工作，你提供的这项服务将会如何给人们提供帮助呢？

为什么这项工作对你的公司而言很重要？这是一种畅销的产品或服务，并且是公司的重要经济来源吗？这种产品或服务的质量要求非常高吗？这种产品在市场上居领先地位吗？你也许需要解释这一部分产品在整个完成项目中所占的重要性，以及它如何使最终产品完善。

为使学员对此工作产生兴趣，技巧之一是带学员去参观顾客作业车间，让他们明白自己的工作将会如何影响顾客，并让他们看到最终产品的样本。使他们对某事物产生兴趣的最佳方法，是你本身对此事务感兴趣，如果你不让学员感觉到你的兴趣与关切，又如何期望学员产生兴趣与关注呢？

下面继续上述培训对话。

培训员：我希望你确实了解这份工作的重要性。我会向你示范如何安装安全气囊定位器。我相信你了解安全气囊对于汽车乘客的安全有多重要。定位器使安全气囊固定，并提供密封垫。若没有密封垫，在发生意外时，安全气囊就不会适当地运作以保护乘客。这是我们最重要的作业之一。因此，我将花足够的时间教你，务必使你学会正确的安装方法。

学员：OK，我会尽全力。

培训员：很好。现在，请你站在我的右边，这样才能看到我的示范。

（进入下一阶段）

使学员处于正确位置

有几个必须避免的问题。首先，是所谓的"面对面"（mirroring）情况，学员处于培训员的对面，面对着培训员进行观察与培训。站在此位置的问题在于学员在反向观察操作，就像看着镜子一般，如果培训员以左手操作，学员看到的是反面，他将会用他的右手操作。当你告诉人们，他们脸上有东西时，也会发生相同的情形，如果你面对着他们，用手指自己右边的脸，他们很可能会去触摸他们的左脸——镜子里的映像。当你面对着一名小孩，教他如何系鞋带时，也会发生相同的情形，在此情况下，最好的指导方式是和这名小孩处于相同方位，让他能看到你的手的操作。

其次，学员必须能够看到培训员的手部动作，学员在示范操作时，千万不要挡住学员的视线。培训员必须移到正常操作位置的旁边，让学员看到操作的某些部分。切记，学员永远要站在和培训员相同的方位，面对着操作的物件。

以下继续上述培训对话。

培训员：鲍勃，我想确定你可以看到我的手部动作，因此，在几个步骤中，我将会稍往旁边站点，好让你能看清楚。

学员：好的。

培训员：我想，如果你站在这个位置，就能看到全部。如果有任何部分是你无法看到的，请让我知道。

学员：好。

培训员：（进入下一阶段）鲍勃，我将向你示范几次，我希望这样能够解决你的大部分疑问，所以，现在请你注意观看和聆听就好，等我结束时，如果你有任何问题，我会再重复，好吗？

学员： 没问题。

培训员： 好。那我们就开始吧。这项工作有五个主要步骤，我将示范这五步骤。（参见图 12-1 的完整工作分解）

展示操作流程：说明、展示、示范

现在，我们进入培训展示的核心部分，即四步骤方法的第二步：向学员展示操作。在这个步骤，你将向学员说明工作的主要步骤，向他们展示、示范如何执行关键点，解释每个关键点的重要理由。我们应该在此证明，我们所呈现的是最佳的培训方法，一如最初的 TWI 教材中所指出的。但是，在现实忙碌的工作现场中，培训员必须根据状况加以调整。培训员并不常幸运地碰上理想培训状况，但切记，如果你能严格地遵守方法，将会获得最佳培训结果。

展示最主要的步骤

培训是以连续重复三次（最少三次）的方式进行，第一次只展示主要步骤，如果此工作项目特别复杂，或是培训员在作业线上进行培训时，主要步骤的展示可能需要多重复几遍。注意到在我们的培训对话例子中，培训员在使学员做好准备时，提醒学员注意主要步骤，培训员会说："这项工作有 5 个主要步骤"，如此向学员说明工作的步骤数目，可以让学员心里有数。稍后在展示每一步骤的关键点时，也应使用相同的技巧。明确指出主要步骤和关键点的数目，这点很重要，有助于在学员脑海中把工作细节具体化。

第三部分 知识大迁移

工作分解表		Roger Johns		Mike DeSoto
日期：3/18/20		小组领班		督导员
工作场地：保险杠制模作业	工作：后保险杠制模操作员——修整		制表人：Greg Hancock	

主要步骤	关键点 安全性：避免伤害、人体工学、危险点 质量：避免瑕疵、检查点、标准 技巧：有效移动、特殊方法 成本：适当使用材料	关键点理由
步骤1 拿起固定板	1. 定位方向应正确	1. 为下一环节约时间
步骤2 把固定板放进铆钉机	1. 定位孔置于定位销上 2. 固定板完全置入	1. 定位准确、防止错误 2. 避免铆钉松动，产生次品
步骤3 涂抹密封剂	1. 从定位孔开始 2. 1/4英寸宽	1. 确定涂抹处 2. 涂抹的密封剂太少会导致无法密封；密封剂过量将会漏出，需要清除，需支额外成本
步骤4 上机	1. 安全性	1. 远离危险区域，机器不要开启
步骤5 检验部分	1. 确认四颗铆钉已经安装完毕 2. 边缘的密封剂	1. 机器有可能遗漏某颗铆钉 2. 若有多条的黏胶，则必须清除，这说明步骤3中涂抹的黏胶过多

图 12-1 工作分解

主要步骤的展示分成三阶段：陈述主要步骤；执行此步骤；暂停并用手指指向工作执行之处。再把主要步骤复述一遍，以加强学习。这遵循的是常见的培训方法：说明教学内容，然后告诉学员刚刚教了什么，再次重复有助于加强学习。下面继续上述培训对话。

培训员：第一个主要步骤是拿起固定板（拿起固定板，根据关键点所陈述的方位，手拿着固定板，暂停一下，再重复此主要步骤）。第一个主要步骤是拿起固定板。

学员：（只观看和聆听）

培训员：第二个主要步骤是把固定板放进铆钉机。【把固定板放到铆钉机里，强调以正确方位摆放固定板的动作（此为关键点），并以手指指着定位梢。接着，重复一次。】第二个主要步骤是把固定板放到铆钉机里。

学员：（只观看和聆听）

培训员：第三个主要步骤是涂抹密封剂（停止说话，涂抹密封剂，用姿势强调所有关键点。接着，重复一次）。第三个主要步骤是涂抹密封剂。

注意到在传授主要步骤时，培训员并未解释工作的其他层面，他只是陈述主要步骤，并一边执行工作。培训员将继续陈述及展示每一个主要步骤，直到完成整个工作。在展示主要步骤时，培训员从未解释过如何执行关键点，但在执行步骤时，他的姿势会特别强调关键点。注意到培训员先是陈述主要步骤，然后停止说话，安静地执行步骤，这是因为聆听和观看这两种行为使用的大脑部位不同，我们不想让不同信号在学员或培训员大脑内交叉混淆。因此，先聆听，后观看，再聆听，这可以使语言和视觉信息被学员记住。

清楚地解释关键点

在这一步，复述工作，再次陈述工作的主要步骤，接着解释示范每个主要步骤的关键点。关键点的说明是培训流程中最重要的层面,在说明与示范关键点时,你必须尽最大努力,因为培训流程的这一步对整个培训成果的影响最大。关键点的说明与示范过程如下:陈述主要步骤;陈述主要步骤中有多少个关键点;说明第一个关键点,示范如何做,同时强调动作与技巧;说明第二个关键点(若这个主要步骤有两个关键点的话),示范如何做。重复所有关键点。

下面继续上述培训对话。

培训员: 鲍勃,我将再次解释这项工作,这回,我将解释一些重要的关键点,这些关键点将说明该如何执行主要步骤。

学员: OK。

培训员: 第一个主要步骤是拿起固定板,此步骤中有一个关键点,这个关键点是调整固定板的方位,使定位孔(手指指着定孔空)面对右边(示范步骤及关键点)。

学员:(只观看和聆听)

培训员: 第二个主要步骤是把固定板放到铆钉机里。此步骤中有两个关键点,第一个关键点是把固定板的定位孔置于定位梢上(以手指指出,并示范步骤及关键点);第二个关键点是务必使固定板完全置入(强调当固定板完全置入时的感觉与声音)。当绿灯亮起时,代表固定板已经完全置入(以手指指出信号灯)。

学员:(只观看和聆听)

培训员: 第三个主要步骤是涂抹密封剂。此步骤中有两个关键点,第一个关键点是从定位孔开始涂抹(停顿,并以手指指出);第二个关键点是以定位孔为中心,在固定板上涂抹约1/4英寸宽圆珠形的密封剂(以两手指比出约1/4英寸的距离以展示圆珠宽度)。

注意到在整个过程中,培训员要告诉学员每一个主要步骤中有多少个关键点，这可以使学员先预习，并帮助学员记住关键点。

培训员也需陈述主要步骤、关键点，示范操作关键点与讲解主要步骤的方式相同。

关键点是不能自由选择的项目

关键点是工作中最重要的部分，它们不是"最好的做法"，它们是为成功完成工作而必须强制执行的项目。在任何工作中，有无数必要，甚至重要或最重要（关键）的项目，熟练的培训员必须判断哪些项目应该作为关键点来加以强调，若提出的关键点过多，反而会使最重要的项目被忽略。

在教授任何工作时，有一些是不言自明的项目，这些项目不需要被解释成关键点。可以通过观看来学习，无须解释即可学会且不含关键或重要单元的项目，不需要列为关键点。在上述培训对话的例子中，第一个关键点是调整固定板的方位，这个关键点的重要程度相对较低，因为固定板的位置必须正确，但若忽略了这个关键点，培训员可以通过示范来传达此信息。操作员将会学习在走近机器的过程中调整固定板的方位，但不需要把这个动作视为关键点，这只是必要动作。

这类信息是否该列为关键点，由培训员自行斟酌，因为零部件的方位本身并非至关重要，如果零部件的方位不正确，就无法置入机器中。因此，在放入机器中时，它一定会呈现正确方位。如果培训员决定不把零部件的方位列为关键点，学员在初次尝试执行工作时，自然会发现正确方位是必要的，这项信息就会变得"不言自明"，学员就会明白，零件必须以正确方位摆放，才能成功完成工作。

这里有另一个次要点：在运送零部件（拿着固定板走近机器）的过程中调整零部件的方位，是改善效率的一个关键点。根据我们的经验，大多数人将自行领会这一点，但仍然有一些人需要别人的指导。我们比较倾向的做法是，若此时没有其他必须强调的关键项目，就把这类改善效率的项目列为关键点，因为这有助于使学员明白期望的动作效率。我们最好从一开始就使学员习惯于重视每一个动作,并善于利用未创造价值的步骤,这是丰田不需要团队成员花额外工夫就能提高效率的方法之一。

工作方法可能改变,这似乎和"标准化作业"概念相抵触,其实不然。关于标准化作业,一个常见的错误概念是,以为它指的是每一次作业都将以完全相同的方式来执行。从我们此处的讨论中可以看出,工作必须依循相同的步骤顺序,必须遵守关键点,但有一些项目,操作员以不同的方式执行,也会有一些轻微的差别,毕竟,人不是机器,会有差异性,熟练的培训员必须懂得如何帮助每个人掌握工作要领。

在讲解标准化作业或工作指导方法时,我们常听到的一个问题是:"用右手或左手拿取工具,这到底需不需要列为关键点呢?"这个问题的解答是考虑更多问题:"这有无影响呢?使用的方法会不会影响结果呢?"如果操作员在工作现场的一条路径上行走,工具摆放在右边,就没有道理要用左手去拿取工具,学员自会看到培训员用他的右手做这件事,因此,他们就可以学会正确方法。若因为某个原因,学员用左手拿取工具,培训员可以制止他,指出应该用右手去拿,因为此工具摆放在他的右边。这是另一个不言自明的例子,不需要以关键点来强调。

诀窍之类的关键点也可能涉及个人的差异性。诀窍是能够使工作变得更容易的特殊技巧,但特定方法不一定是强制项目,在许多情况下,不同的方法会获得相同的最终结果,包括在保证操作员安全的情况下完成工作,产生高质量的产品,实现最低成本,以及合理的生产节奏。不同的操作员可能使用不同的技巧,这要视许多因素而定,如身高、力气、用左手或右手的习惯(左撇子或右撇子)、敏捷度等。

再次示范,阐明关键点理由

在这一步,以相同方式再次展示:陈述主要步骤,强调关键点。但在这个过程中要解释每个关键点的理由。这一步是丰田对工作指导方法做出的主要修改，最初的 TWI 教材中并未包含解释关键点的理由，我们不知道丰田当初为何会想到在培训流程中加入这部分，但我们认为这在形成操作员对其工作的"专属感"中扮演着重要角色。

关键点的理由为关键点提供合理解释，使学员能够充分理解为什么必须依照规定的方式执行。经常看到有些人在执行工作中发现"较好"方法（持续改善的基础）。但是，所谓"较好"的方法，其实未必真的更好。通常，关键点没有多大的改善空间。例如，把固定板的定位孔置于定位梢上是个关键点，操作员不太可能发现完成此工作的改善方法。涂抹 1/4 英寸宽的密封剂，关系产品质量、成本控管，最重要的是关系顾客的安全，如果为了节省时间和改善生产效率而减少密封剂量，将提高产生次品的概率（关系顾客安全），不能被接受。同理，增加密封剂将提高成本，可能导致出现问题（零部件上有多余的密封剂），对生产力造成不利影响（得花较多时间涂抹）。在任何工作现场都可能有许多潜在的改善机会，但核心内容（关键点）极少改变，除非流程改变了（新机器、零部件或材料）。在此要提出一个警告（但前提是你已经准确地辨识出关键点）：如果你已经仔细分析过工作，辨识出成功完成工作的必要关键项目，就不太可能会去除关键点的规定。

关键点是成功完成工作的必要项目，关键点的理由必须支持其重要性，而且必须极具说服力。但常见的情形是，你所提出的理由近乎"因为是这样，所以是这样"的理由，这绝对要避免！如果你不知道某个关键点的确切理由，务必查明。关键点的理由说明也可以使学员更加了解他们为何而做，使学员从这样的理解中加深对工作的认识。请注意，在工作分解表上，并未非常详细地记载关键点理由，只要能让培训员记得要在培训过程中说什么就行。

我们认为，关键点理由的解释是培训过程中应该提供更多细节的部分。关键点是工作中最重要的部分，因此，解释其重要性，并强调所有人都必须严格遵守关键点。

下面继续上述对话。注意到每次重复展示时，展示内容变得更长，这也是每一节培训教材的分量必须限制的原因。若工作项目包含太多步骤，学员（甚至是培训员）将会因为内容过多而无法消化。

培训员：鲍勃，我将再重复一遍，这次，我要解释关键点为何重要。关键点是工作中的最重要的部分，你应该了解为何必须遵守。

学员：噢，好的，我会尽力记住全部项目。

培训员：很好。一次要记住全部项目，可能不容易，必要时我会帮你。

学员：谢谢。

培训员：别客气，我希望你能在这个工作上成功。好，现在让我们再重复一遍。第一个主要步骤，是拿起固定板（拿起固定板，同时执行关键点），此步骤中有一个关键点，这个关键点是调整固定板的方位，使定位孔（手指指着定位孔）面向右边（示范步骤及关键点）。这个关键点的理由是节省时间，并使零部件以对准的方位放入铆钉里。你可以在走向机器的过程中这么做，这可以使你在执行整个工作时加快速度。

第二个主要步骤是把固定板放到铆钉里。此步骤中有两个关键点，第一个关键点是把固定板的定位孔置于定位梢上（以手指指出，并示范步骤及关键点），这个关键点的理由是把固定板正确定位，把固定板的定位孔置于定位梢上，可以对准而防止错误。

第二个关键点是务必使固定板完全置入（强调当固定板完全置入时的感觉与声音），当它完全置入时，你会听到"咔嗒"的一声，并感觉它牢固地置于机座上，同时，绿灯也会亮起，确认已经正确置入。这个关键点的理由是确保固定板完全置入，使铆钉能够固定安装，如果未牢固安装的话，送到顾客手中的就可能是次品，这可能是大问题，我们得重新组装零部件，这将浪费我们的时间（培训员继续以这种方式讲解所有步骤、关键点，并解释关键点理由）。

竭尽全力

丰田的领导者总是不断地提醒所有团队成员尽他们的全力,培训员也一样,他们会面对各种棘手状况,很少遇到理想的培训情况。工作指导方法要花费相当多的时间与练习,尤其是向学员展示操作的部分。培训员必须根据现场情况来调整与修改他们的教育方法,以当下情况,尽可能把培训工作做到最好。

培训员必须学习根据学员的表现来评估他们的教授方法,在下一章,我们将学习如何解读培训活动的结果,以及如何辨识在准备与展示操作过程中发生的缺点。

接下来,培训过程进入了工作指导方法四步骤中的第三步:试执行,学员尝试执行工作,并在执行工作的过程中记住主要步骤、关键点和关键点理由。在这个重要阶段,培训员可以初步看出所有的培训准备工作和信息的传递是否有效,证明培训成功或者是需要再重做一次。

第13章

牛刀小试

反省的机会

在向学员展示操作步骤以后,接下来就应该让他们尝试操作。TWI把四个步骤中的第三步称为"试执行"。对于培训员而言,这是很重要的阶段。培训员此时可以看出培训的准备工作和操作展示是否有效,也可以利用此机会看到培训的结果,并思考未来培训流程的改善之道。最重要的是,如果学员正确地执行了工作,则说明培训是有效的;如果学员没有正确执行,则培训员必须有所反省,做出调整,并纠正问题。

但这并不代表着培训员的失败,只是要认识到,无论什么理由,学员的成功学习都是培训员的责任,这是进一步学习与了解培训过程的绝佳机会。我们可能以为自己的准备工作已经做得很好了,操作展示也没有问题,但是,如果学员付出了极大的努力还是不能正确执行,这就说明我们有必要改进自己的方法。

需要敏锐的观察

在培训流程的这个阶段，必须要有敏锐的观察力。培训员必须特别注意所有关键点的执行，确保没有忽略培训中的任何细节。培训员经常犯的一个错误是，在学员尝试着执行培训的某个部分时没有认真观察。培训员可能认为已经教了工作的重要部分，因此，学员已经学会了。但是，最强有力的证据莫过于事实。示范和说明如何执行工作只不过是个开始，真正的学习来自于重复操作，并且需要培训员提供更多的指导。

当学员第一次尝试着执行时，培训员必须密切注意学员的每一个动作和细节。此时，培训员绝对不能受工作现场的其他人或活动的打扰而分心。培训员必须把全部注意力放在学员的动作上，以防学员养成不良的工作习惯，并适时提供必要的帮助，以确保学员的学习有效。

一些培训活动中，当学员初次尝试执行时，培训员会把眼光放在别处，并未密切注意学员的动作。也许，培训员是不想让学员感到压力，或是害怕显得过于严格，才把目光望向远处，这是不正确的观念。培训员应该通过自身的行动使学员认识到他正在执行的工作非常重要。若培训员不想显得太严格，可以向学员解释，他必须密切注意学员的动作，以便提供确切的指导来确保学员的成功学习（永远把学员的成功摆在第一位）。培训员也许可以告诉学员："我必须密切注意你的动作才能帮助你有所提高，避免错误，确保你在这项工作上成功。"

即时提供反馈信息

在职培训的好处之一是能够立即提供反馈信息，立即看出培训流程中需要改进的地方。培训结果中的任何缺陷可能跟工作中出现的问题的准备、培训课程的准备，或培训本身的讲解有关。若培训员能敏锐察觉迹象，就能做出调整，并对未来的培训工作做出即时的纠正与修改。培训员尤其必须注意学员到底在什么地方出现困难。例如，若学员在初次尝试执行时感到非常困惑，那么有可能是课程内容太多，以致学员负担过重而迷失、不知所措，也有可能是没有清楚、充分地解释执行工作的步骤。

学员执行工作，无须口述信息

在学员初次尝试着执行工作时，培训员可以全面了解培训的成效。在初次尝试执行阶段，学员只进行肢体操作，不进行口头叙述。对学员而言，这是紧张、有压力的时刻。因此，把口头叙述和肢体操作区分开来，可让学员一次只专注于一件事。若是学员能够在没有多大困难的情况下执行工作，培训员就可以得知学员已经成功地将所学知识应用于工作中（这只是战役的一半）。通常，学员能够了解工作，但无法充分描述他所做的工作及如何做。

以下继续上一章的培训对话。

培训员：鲍勃，我想让你尝试做我刚刚教你的，你只需要做就行了。别担心，在初次尝试时你不需要解释你在做什么，只需要试做我向你示范的动作，好让我看看该如何帮助你。

学员：好。（开始操作）嗯，我做的第一件事是……

培训员：（温和地打断）第一次尝试时，你只需要做就行了，不需要叙述任何东西。

学员：噢，抱歉。（开始操作）

培训员：没关系。（培训员继续观看学员的操作，并纠正错误或提供帮助）

请注意，培训员并未询问学员"你认为自己是否可以开始尝试操作了"这样的问题，形同把决定的责任放到学员身上。切记，培训流程中的所有决定都是培训员的责任，培训员应该要求学员执行操作，以评估学员的执行能力。培训员必须密切注意及评估状况，寻找问题，并判断该采取什么行动。下列例子是培训流程的尝试执行阶段最常见的问题，以及可能的正确方法。

可能结果：学员完全迷失，不确定该如何开始。

可能原因：一次教的内容太多，或是没有以一贯的方式讲解教材（每一次的顺序不同，或是培训员把步骤混合在一起）。

可能解答：帮助学员开始第一个步骤，使他开始操作。有时候，学员若试图记起所有的项目，这样的压力会导致学员的暂时性困惑。若是学员能在少量帮助下（少许困难是正常现象）继续执行其余步骤，就代表培训有效。

若是学员无法继续第二个和后续步骤，最好停止，然后重新培训，这时必须要减少每次课程的讲授内容。对于完全不知所措的学员，如果让他继续操作，只会使培训员和学员都感到沮丧。此时，培训员最好向学员道歉（培训员为结果负起责任），告诉他，可能是培训内容不够清楚，你要再重复一遍。

重复约一半的操作展示，培训员必须切记一次一个步骤，并且依循正确的顺序，放慢展示速度，用手势强调步骤与关键点。也有可能是主要步骤范围太广（结合了多个步骤），若有此问题，应该把主要步骤区分为更小的几个部分后再重新展示。重复这个流程，直到学员真正掌握。

可能结果：学员在执行工作的某些部分时遇到困难。

可能原因：对于特别困难的工作项目与技巧，这可能是正常现象。经验多了以后，培训员就能区别正常与不正常的困难，并据此进行调整。也有可能是未有效地示范关键点，或是学员在某个关键点上遭遇挑战（例如，学员可能比培训员个子矮，因此无法以相同的方式执行此项目）。

可能解答：再次示范导致困难的特定技巧，让学员再尝试一次。若是学员第二次尝试仍然不成功，考虑用稍微不同的技巧来教导（这时，培训员的方法必须有创新与灵活性）。也许培训员可以手把手地教学员，引导他做动作。培训外的模拟操作也有可能有所帮助，这可让学员消除在实际工作现场执行工作时产生的压力，练习并发展技能。

当学员能够在只有少许困难的情况下执行肢体操作部分后，就可以进入下一步。培训员也可以让学员重复练习几次，使肢体操作的动作深植于学员脑海后才进入下一步，让大脑同时处理口头叙述和肢体操作的双重任务。

学员执行工作，并复述主要步骤

在下一阶段，学员再次尝试执行工作，但这次是一边操作，一边叙述主要步骤。这需要学员同时使用视觉和言语能力，在语言部分出现些许错误是正常现象，学员或许无法逐字逐句地复述培训员所说的主要步骤或关键点。学员应确实了解工作，这很重要，但更重要的是，学员必须正确无误地执行工作。若培训员因为学员未能正确叙述主要步骤和关键点而试图纠正学员太多次，可能会使学员感到沮丧，觉得培训员太苛刻。

学员会犯一些小错，例如主要步骤的实际陈述是"组装零部件"，但学员把它叙述为"把零件放在一起"，培训员可以用提醒的方式纠正，在学员叙述之后，跟着说道："对，这个主要步骤是组装零部件。"培训员必须牢记，最终成果的责任在培训员自己，对口述部分太过挑剔会使学员退却，但仍然必须确保学员清楚该做什么和如何做，培训员必须学习拿捏细微的差别。

以下继续前面所讲的培训对话。培训员可以决定让学员重复练习几次无须口头叙述的肢体操作后，才进入下一步。应该在学员对工作有了良好理解后，才继续推进培训流程，多练习几遍并不是问题。

培训员：鲍勃，你做得很好，虽然你在其中一两个步骤中有些许不顺，但在学习新技能时，这很正常。我们会继续练习，直到你完全没有问题，能顺利执行。现在，请你再操作一次，这回，请你一边执行，一边告诉我主要步骤。

学员：好的，我做的第一件事是拿起这个零部件。

培训员：（温和地插话）对，这东西叫作固定板。

学员：哦，拿起固定板。

培训员：（鼓励）很好。

学员：我做的第二件事是把固定板放在机器里。

培训员：好的，没错，你把固定板放到铆钉器里。

注意到培训员纠正术语，零部件应该是"固定板"，机器应该是"铆钉器"，在纠正的同时，也复述了这个主要步骤，再次强化了这个步骤。在培训流程的后续阶段，将有很多机会教导术语，并更深入地了解这些术语。

我们在上一节列举了培训流程的尝试执行阶段常见的问题，以及可能的解答，对于培训员来说，这是具有挑战性的时刻，因为他必须能够区别哪些情况是正常的学习挑战，哪些情况是因为培训效果不好或学员能力较弱而导致的问题。若同时对多名学员施以完全相同的培训示范（就像课堂上的教导示范），每位学员会呈现出不同水准的表现能力。培训员必须具备的重要技巧是，有能力教育每位学员，直到成功。以下例子是这个培训阶段可能出现的结果，以及可能的解答。

可能结果：学员能够较为妥当执行工作，但无法口述主要步骤。

可能原因：有可能是因为大脑的视觉部分和言语部分之间存在正常的阻碍，大脑要同时处理视觉信息和言语信息很有挑战性。可能的解决方法之一是帮助学员再重复几次，如果学员完全无法口述任何一个步骤，就必须重复培训，尽量试着一次只复述一个步骤。

这个问题的出现也有可能是因为培训员在演示的过程中说了题外话。

培训员往往会偏离主题，告诉学员与培训主题无关的工作信息或别的什么，并以闲谈的方式解释主要步骤和关键点。若在培训过程中涉及不相关的信息，会造成学员的过多负荷，局限了他们的回忆能力。通常，若只是简洁地叙述步骤，学员应该能够加以复述。

另一个造成此问题的常见原因是培训员在讲解时，把主要步骤、关键点和关键点理由混在一起。培训员要在第一次展示时，只说明主要步骤、操作关键点，但并不解释如何做，等到第二次展示时才解释，这并不是容易的事，培训员必须学会避免正常情况下一次解释整个工作的倾向。

可能解答：应该以简洁的句子说明主要步骤和关键点，不要在培训的演示过程中提及其他信息，培训员必须围绕工作这个主题。举例而言，培训员可能正在示范某项工作，突然想起学员上班时必须打卡，于是，培训过程被解释打卡程序的过程中断，偏离了主题。在解释打卡的程序时，培训员发现他没有工作号码，必须打电话取得工作号码。很快地，操作示范在学员脑海里变成一团混乱。对此，我们要再次强调事前准备的重要性。

展示如何操作的方法必须非常明确，在第一次展示时，切记只展示主要步骤；第二次展示时，除了重复主要步骤，还要解释关键点；第三次展示时，才解释把它作为关键点的理由。

学员执行工作，并复述主要步骤和关键点

挑战学员回忆并复述一些工作细节的时刻到了。通常，叙述主要步骤比较容易，因为只需要以一般性术语陈述你在做什么。但是，关键点的叙述就需要对工作有更深入的了解，而且必须陈述细节。此时，学员很可能在脑海里思考："在刚才的讲解中，他都告诉了我做什么和注意什么？"因此，学员的大脑在同时处理三件事：第一，大脑必须"告诉"身体如何执行工作（此时尚未形成"肌肉记忆"）；第二，大脑处理语言的部分必须回忆培训员所陈述的内容；第三，学员必须组织正确的语言来叙述所有东西。

学员意图正确执行，因此可能担心必须在正确操作工作的同时，正确地叙述工作。

想想接力传话的游戏，第一个人在第二个人耳边述说了一段信息，第二个人传给第三个人，第三人传给第四人……当最后一个人接收并说出信息时，已经和原始信息差了十万八千里。由此可见，要一五一十地复述是极其困难的事，哪怕只是简短几句话，也非常不容易，学员几乎不可能在第一次尝试时，就精确地复述整个工作的所有信息。

此外，工作指导方法对学员而言是新的体验，他们还不习惯培训课程中如此高度地全神贯注，在过去的经验中，培训者只是示范工作操作几次，然后就要求他们尝试执行，培训并没有如此仔细，对学员的即时期望也不是那么高。切记让学员放轻松，并鼓励他们，太多的纠正可能会使他们觉得自己什么都做不对而感到沮丧。以下这个例子是在培训阶段可能出现的结果，以及纠正问题的建议。

可能结果：学员会操作工作并知道关键点，但无法复述它们。

可能原因：这可能是正常现象，尤其是比较复杂的工作，更容易出现这种情形。若培训员在讲解与示范时，对关键点的强调不足，可能导致学员难以从培训员的陈述中区分出关键点。此外，培训员也可能省略了关键点，或是把它们混为一谈了。

可能解答：在展示过程中，强调关键点的最有效方法是"暂停并指出"，或是在说明关键点时，使用表示强调的肢体动作，这种结合观看和聆听的强调方式，有助于把关键点锁入学员的脑海中。培训员必须以很明确的句子陈述关键点，如"关键点是……"（简洁叙述关键点），大多数学员都需要提醒，以帮助他们记住关键点的口述部分。若学员在执行工作时能够进行正确的操作，但无法口述它们，可能需要在后续阶段提供更多的指导。假如学员能够正确执行工作，也可以进入培训的下一阶段。

确认学员理解关键点理由

丰田公司对"工作指导"方法做出的一项修改是增加了关键点的理由说明。说明关键点理由的重要性在于，它会迫使培训员验证执行工作关键点的合理性，也让学员了解为什么需要了解这些关键点。为关键点提出正当合理的理由，可以促使学员遵循培训员示范的做法，而不会偏离这些做法。

不过，根据我们的经验，要证明学员是否了解关键点的理由，最好的方法是利用一段时间逐步确证。若期望学员一举记住所有的步骤、关键点和关键点理由，学员可能难以回想起所有细节。我们认为，培训的最重要层面是学员能够正确执行工作，至于口述"什么、如何以及为何"，可以将所有的知识注入学员的脑海中，但是，这些知识也可以在后续阶段形成。因此，我们建议你不要在试执行阶段强求学员口头复述所有信息，而造成他们的困扰与挫折。你可以在学员正式开始执行工作的前几周，逐渐地、反复地提醒他们，直到完全掌握。

如前所述，等到学员对工作的操作形成了"肌肉记忆"后，其大脑就能专注于学习工作的口述部分。在后续指导阶段，培训员可以询问简单问题，例如：你还记得这个步骤有哪些关键点吗？你还记得为什么这个关键点很重要吗？若学员无法想起来，培训员便可以再次强调相关信息。我们发现，几乎在所有例子中，不论学员能不能回想起培训时的信息，培训员都需要进行一些这样的后续询问，因为在培训活动结束后，学员可能会忘记某些信息与技巧。因此，培训员应该重复此流程，直到学员完全记住，能够准确无误地执行工作。

立刻纠正错误，避免养成习惯

俗话说：你只有一次机会来塑造第一印象。我们要再加上一句：你只有一次机会可以预防不良工作习惯的形成。专家指出，要戒除坏习惯，起码得坚持 21 天。我们认为，员工可能在初次试执行工作时就形成了那些坏习惯，只有一次机会可以预防。因此，培训员必须敏锐观察，立即提供协助，并纠正任何错误。培训员必须快速采取行动。

在学员尝试执行时，培训员面临的一项挑战是必须区别执行工作时正常的困难和错误。若学员可以正确地操作，但还没有掌握窍门，你或许可以让他继续下去，只要建议他多学习其中的诀窍即可。但是，若是学员出现错误，如省略了某个步骤，或是错误执行了某个关键点，就必须立刻让他停止，并立即纠正错误。有些学员对于培训员提供的"帮助"会不悦或反感，因此，培训员必须学会拿捏细微的分寸，当学员操作错误时，绝对不能接受，培训员必须无畏地挑战学员，但培训员必须要知道正确方法是什么，因为固执的学员可能会挑战培训员。

评估学员的能力

在学员尝试执行的整个过程中，培训员会持续评估学员的能力，考虑学员安全无误地以适当的进度执行工作的能力。现在，培训员必须做出一个重要决定，他必须判断学员是否已经可以独立执行工作。在大多数情况下，将不会出现"非黑即白"的过渡。培训员可能会决定和学员共同担任工作，逐渐把更多工作转给学员。这纯粹是凭培训员的自行判断，但由于培训员必须对最终结果负责，因此，这个判断关系到培训员自身的利益。若培训员决定继续专注于培训工作，他就必须从其他职责中分心；若培训员贸然放手，把整个工作交给学员，他在其后面临问题的风险就会提高。

另一种可行的做法是放手让学员开始执行工作，但由另一位熟练工注意这位学员。我们建议培训员要求工作现场的其他人员多留意学员是否会出现安全性与操作性质方面的问题（若可行的话，让下一阶段的操作员担任此工作）。

转移职责，持续关注

每位学员最终都得承担责任，并且能够在没有直接监督的情况下执行工作。这跟初次送孩子去上学很相似。你会担心，可能还会有点犹豫，但你知道该是让他们独自行动的时候了。不过，你仍然应该密切留意情况，以确保不出现问题。

我们使用的例子是重复性质的制造业工作，但是，我们要再次指出，这只是一个例子。相同的工作分解、关键点、准备工作、如何指导等原则，适用于任何类型的工作。举例而言，在我们本身的工作领域中，我们经常负责培训内部精益协调员，这些精益协调员将负责执行公司的转型工作。不论是教他们如何制定标准化作业，如何领导缩减调整期的活动，还是绘制价值流程图，都可能使用工作指导的四步法。可是，有多少这种培训活动的严谨程度接近于我们在此描述的内容？经验显示，很少！通常的情况是，精益顾问们执行活动，然后指派给公司内部的协调员，再加上一句鼓励的话：没问题，你可以胜任！接下来，内部协调员可能在无人监督的情况下自行工作，并且要向外面的精益顾问报告自己的工作进度和结果（既成事实），但是他们实际工作的时候，却没有人提供指导及反馈意见。

在 15 章，我们将继续讨论四步法中的第四步：后续追踪阶段。现在，学员已经开始工作，你必须鼓励他们承担更多的责任，并对他们提供支援，直到他们能够独立作业。不过，在讨论这个阶段之前，我们先在第 14 章看一下可能会出现的有较高挑战性的情况。每一项培训活动都会出现挑战，但有一些情况的挑战性特别强，就算是经验最丰富的培训员也不容易应付。

第 14 章 | Toyota Talent

随机应变
妥善处理棘手状况

培训绝非易事

我们在第 12、13 章已经详细地叙述了培训流程。很显然，培训工作需要非常严谨的纪律，要做得完美的话，得花费很多时间。如果一切都依照教科书上写的那样，对于所有参加者都将是美妙的经历，并且能产生可重复的、可靠的工作表现，使优秀的经理人达到极乐境界。可惜，情况并不是如此简单，"理想世界"并不存在。

在这一章，我们来看一些常见的特殊培训状况，TWI 称之为"特殊问题"，并讨论在工作指导培训课程中该如何处理这些情况。丰田特别重视这些情况，因为它们对于丰田所做的事情有直接影响。我们认为，TWI 所谓的"特殊问题"，其实是常见问题，并不罕见，因此，值得我们加以讨论。

员工的培训是最具挑战性的工作之一。因为每种情况都有所不同，因为每一场培训活动都有所不同，如职务的不同，每位学员学习能力的不同，或者是可能发生的其他种种问题。由于会出现各种挑战，因此，老练的培训员必须能够不断调整方法。幸运的是，许多挑战的性质相似，培训员可以学习并熟悉一些能够适应于多种情况的技巧与方法。

在任何培训活动中，总有一种最佳的"理想状态"，但由于一些情有可原的情况，并非总是会达到理想状态。培训员应该尽力使用可能的最佳办法，除了在别无选择的情况下，才退而求其次，选用别的方法。我们接下来讨论实施培训时可能会遇到的一些挑战，学习如何应对这些挑战，也许能帮助你思考如何应付你可能面对的其他状况。

以流水线速度进行培训

以流水线的速度来实行培训，挑战性相当大，并非只有组装作业线才如此，不论在哪种类型的职务或工作场合都是如此（最初的 TWI 教材及术语针对制造工作现场的使用，我们在本书中使用相同的术语，但把概念及原则推广应用于所有类型职务和工作现场）。这种情形显示了一个事实：大多数工作都有一个期望的速度或者时间限制，而且工作速度不见得会因为培训的进行而放慢或停下来，在学员学习和逐渐熟悉工作的过程中，实际的工作仍然必须完成。

有些职务不属于某个连续流程（如组装线）的一部分，而且极富弹性，但多半仍有一个期望的工作速度，以及必须在一定时间内完成的工作量。领取固定薪金的员工若还未学会在期望的时间内完成工作的话，可能得多工作几个小时，以完成规定的工作量。若一名工程师未能按照计划的速度执行某项新产品的设计工作，整个计划就可能会被延误，导致其他数百或数千名员工的工作被延误。

在组装线上，操作员和其他操作员或机器以传送带相互联系在一起。在这种情况下，以流水线速度实行培训，其挑战性特别大。在丰田组装线培训小组成员的同时，必须维持稳定的流水线速度，因为整个作业的每一个环节都有相同的节拍间隔。

人们对于培训组装线操作员的典型看法可以在电视节目《我爱露西》（*I Love Lucy*）中看到，在这个电影里，露西和艾薇儿前往一家巧克力制造厂工作，教导员告诉她们（相当简短的培训）如何在生产线进行的速度非常缓慢的情形下检查巧克力。露西和艾薇儿以为这就是实际工作，因此感到非常安心。但是，随着生产线速度渐渐加快，开始有更多生产好的巧克力涌现，手忙脚乱的露西和艾薇儿想尽办法跟上进度，先是加快工作速度，接着开始吃巧克力，最后把巧克力藏在衣服里。这个时候教导员出现了，看到露西和艾薇儿跟不上速度，于是大喊一声："加快速度！"这当然是最妙的一句。不幸的是，人们普遍认为，工厂的工作情形就是如此，许多工作者的经验就是这样：先是非常简短的训练期限，接着，便很快被抛入实际的工作流程里。

在和公司同事共事时，我们经常惊讶地看到某位工作人员很明显必须竭尽全力才能赶上生产线速度，因为其他人都在等着他，或是此人身边堆积着材料。当我们询问这种情况的时候，教导员或者带领我们参观的导游通常会这么解释："哦，他们才刚开始学习这任务，必须经过一段时间才能跟得上进度。他们通常要几个星期才能掌握窍门。"

这确实令我们感到震惊，原因有两点：第一，工作指导培训方法的重要原则之一是，除非学员已经能够安全地执行任务，生产出品质符合要求的产品，且能够保持正确速度，否则，绝对不能让他们独自执行任务。过早让学员自行奋斗，必定会使他们觉得组织不关心他们，而且很可能由此形成消极的工作态度与习惯。这也可能导致新进员工的高离职率，更不用说在培训期间，他们可能会生产出有问题的产品。

第二，如果学员进步得不够快，不符合其他工作人员的期望，或者学员的能力不足而拖累了其他工作人员的工作进度，其他工作人员可能会对他产生不满。通常，简单的成本效益分析就能显示，若在培训期间提供适当的帮助，长期成本远远低于未提供适当帮助而导致整个作业流程被延缓所造成的成本。当然，每个人的进度不同，但人们在判断他人能力的同时，往往拿他们自身的能力作为比较的标准。其实，对于学员能力的判断，应该留给培训员。培训员有责任帮助学员熟悉工作技能，并掌握正确的工作速度。这其实也关系该培训员自身的利益。如果培训员未能适当地培训学员，他们就要花更多的时间帮助学员，这将占用他们做别的工作的时间。

在这个例子中，我们假设工作进度很快，而且不允许因为某位操作员的慢进度而导致整个流水线必须暂停等候。如果工作很简单，例如，没有威胁到学员的人身安全或不涉及产品的品质问题，那就不需要使用此处介绍的技巧。这个例子处理的是快速工作的情况。

学员和培训员前往工作现场观察一位熟练工工作的情形，这可以让学员大致了解工作内容和所要求的工作速度。在观察时（只观察，并未实际执行工作），培训员可以向学员解释主要步骤和关键点。最好的方法是直接观察实际的工作情况，但是如果因为某些原因而不可能做到这点（参见本章后面叙述的沟通障碍），或许可以使用呈现工作情形的录像带这种方法。此方法当然是不足以传授实际工作技能的，但足以传授基本的知识。

下一步是生产线以外的模拟，让学员在没有真正执行工作的情况下，体验真实的工作活动。如果这部分工作能够在生产线外进行练习，可以在工作区建立一个培训教学用的实物模型，使学员不至于处在生产线速度的压力下，并能把安全性风险或质量风险降到最低。

当职务工作特别困难，或是必须在掌握特定技术后才能保证速度与质量的时候，也可以采用这种培训方法，也许可以使用报废的零件进行培训，以模拟实际的工作。在丰田，当推出一款新车时，在早期生产阶段，只有少量的零部件可供培训时用。为了促进培训，并增加受训者的重复练习次数，零件被一再地组装、拆解、再组装。当然，这些是报废的零部件只作训练使用。在上漆部门，学员必须在钢板上反复练习喷漆技巧，以发展适当的喷枪操作速度，喷枪和零部件的距离，喷枪的握持角度。如果让学员在正常的生产线上学习喷枪的技巧，就很可能会发生许多高成本、高耗时、非常难以纠正的错误。

在生产线外熟悉了基本技能后，如果可能的话，让学员和培训员进入生产线，和正规操作员一起工作（见图14-1）。培训员和学员处于生产线的两名操作员岗位之间，担任正式操作员 A 的部分工作，但必须确保和操作员 A 沟通好，好让他调整为标准化作业。同时也要告知下一岗位的操作员 B，请他协助检查与确认培训员和学员这一组的作业正确情况（由于培训员专注于培训学员，可能会忽略某些事项，因此需要操作员 B 再次检查确认）。

图 14-1　培训员和学员配置于两名正式操作员之间

随着学员的进步，工作便可以从正式操作员转移给学员，由培训员继续观察与指导，操作员 B 继续复查学员完成的工作。

在某些情况下，可能无法在生产线外模拟，唯一的选择就是在忙碌的生产线上实行培训。视当时情况而定，培训员可能没有太多的选择，若生产线上的人员已满，或许可以采用图 14-1 的共同分担工作方法；若生产线上刚好有人员空缺（岗位空缺），可能无法采用这种共同分担工作的方法，在此情况下，培训员必须同时肩负起这个岗位的实际作业和培训工作的双重责任。

这是最不愿意见到的情形，因为培训员必须把注意力分散于指导学员，观察学员和完成其余的工作。这种情况的挑战性特别高，因为这些活动使用大脑的不同部分，这些活动结合在一起时，要求人必须非常专注！

这种方法的挑战性特别高的另一个原因是培训员必须教授任务的一部分，而学员将以低于正规要求的生产速度执行工作，因此，培训员得在剩余的工作中弥补学员造成的时间损失。我们经常看到培训员耐心等着学员完成工作（速度比正规要求的速度慢得多），与此同时，其他的工作也渐渐堆积起来，这是不正确的。一开始，学员的速度自然比较慢，但培训员必须随时确保整个生产线维持正常的作业速度。

熟练的培训员也许能够在短时间内尽快完成任务，当某学员致使速度明显落后时，可能得要求学员往旁边站开几分钟，以便让培训员赶上整个作业线的速度。这种情形将使得培训时间拉长，因为培训员要一小部分、一小部分地实行培训与讲解。当面临这种情况的时候，培训员必须斟酌调整，一次不要讲解过多的内容。

培训历时较长或较复杂的工作

工作指导培训方法的重点之一，是在任何一节培训课程中，教师教授的内容不能超过学员所能承受与掌握的极限。一个常见的错误是，培训员试图在一节课中把所有的内容都讲完，这通常会导致学员脸上出现茫然困惑的表情，因为他接受了过多的信息。当分析较长或复杂的职务时，培训员首先必须把职务分解成容易讲解、容易消化吸收的小片段，并且逐步展示这些小片段。这跟以流水线作业速度进行培训的挑战相似，较长或较复杂的职务必须通过一定的时间，逐步展示、讲解。

一般来说，每个人可以承受的一节培训课程的长度约为30分钟，这包括职务的展示讲解、学员练习操作，大致的时间分配是15分钟的展示讲解后，学员进行15分钟的练习。在示范讲解的时候，学员专心聆听与观看，然后再专注于练习刚才涉及的工作内容。若听课的时间超过15分钟，大多数人就难以回忆，他们会开始担心自己忘记听到和看到的东西，这会让情况更糟糕。

更具体地说明此原则，作业循环约为15秒钟或者更少时间的工作，通常自成一节的培训，当然，这得视工作的复杂程度和步骤数目而定，不过，这是一般原则。时间长达约一分钟的任务可能区分成三节或四节培训，这几节培训可能是一大段培训的多个小段，但每个小段都应该自成一节培训，依照一节培训课的形态，并让学员练习学到的东西，达到一定熟练程度后，才能进入下一段。

如前所述，训练中有一些不容变通的原则，培训员必须持续地观察结果，并根据需要而调整培训方法。对某些学员来说，他们可能觉得你讲的内容太少，可能会因此变得不耐烦，希望培训速度加快；但对于其他人来说，原本不多的内容可能仍嫌过多。在展示与讲解的过程中，培训员必须解读情况，做出调整。

有时候，在讲解较长或者较复杂的任务时，培训员可能必须以不同于实际工作的顺序来讲解各部分。举例而言，一项职务有四个阶段，可能最好先讲解第三个阶段，再讲解第一、第二阶段。也许是第三个阶段比较容易学习，需要较少的工作量。如果培训员只有很短的时间可供培训工作，可以不依照实际工作顺序，先进行耗时较少的阶段。

在我们的讨论中，当提到"培训"时，指的是四步法中的前三步，通过这三个步骤，相关知识实现了转移。在把工作知识和资讯转移给学员后，还需要更多的时间才能实际形成充分的职务技能，这是四步法中的第四步，即后续阶段。技能的提升可能得花上几天、几周，甚至好几个月，在此期间，培训员必须继续提供必要的协助与支持。

梅尔的经验

我有幸在1987年前往日本，在丰田的塑胶作业部门接受复合型培训。塑胶作业部门并未和主要的汽车组装线直接连接，但作业流程必须保持规定的行进速度，以便顺畅地提供材料给组装线。我是个急于求成、爱表现的人，想证明自己能够承担工作，因此全神贯注于工作之中。有一次，我替代正式操作员的职务，我知道速度很重要，因此，我像大多数新进人员那样，非常认真地工作，自认为做得不错，因为我的培训员给了我很大的鼓励。

在过了犹如数小时般漫长的时间（其实只有20分钟）后，我的培训员拍拍我的肩膀，示意我往旁边站开，我感到不解，他指着旁边堆积的那些零件，我才明白自己的工作速度太慢了！我以为我已经非常卖力，做得非常好，但实际上，我已经渐渐地落后。更令我气馁的是：我发现那些正式员工一直在复查我的全部工作，以确保我没有生产出次品（我后来才了解到这种复查有多么重要）。

我往旁边站开后,那些老员工站回原岗位,在很短的时间内,就把堆积如山的零件清理掉了,生产线又恢复了正常的速度。这次的经验让我领悟到,即便是全力以赴,受训者(即使具备一定的基础)一开始也不太可能保持速度,培训员必须对他提供帮助。我也理解到:培训员必须掌控整个情况,对最终结果负责。

时间限制

有一点是可以确定的:永远不会有足够的时间进行你所想要的培训工作,每位培训员都将要面临一些特殊情况。这里讲述的方法与技巧最适合时间有些紧迫的情况,即熟练工的短缺,你必须在最重要的短期内尽一切可能地培训入手。在这种情况下,培训员必须把有限的时间放在最重要的内容上。

最糟糕的情况是同时有几名员工缺席,又没有足够的合格员工可立即应付需求。对于这种不常见的情况,有效的应对办法之一是事先找出可以快速学习的简单初级工作。丰田称之为"新人工作",新进人员和用以补充全职员工的临时人员都先担任这类任务。熟练的工作者可以调往比较复杂的工作,而让新人或临时人员负责比较简单的环节(临时人员往往是从别的地方借调来的全职员工)。

当培训时间有限时,特别重要的一点是,必须"提炼"出最重要的工作重点。在急迫的情况下,你可以快速讲解职务的关键点,学员可能不会充分胜任工作,但可以立即弥补空缺。你将会发现,在人员的培训方面,有时候,少即是多,你可以少给学员提供一些信息,但一定要是最关键、最重要的。

在这类情况下,你要以有限的时间做你必须做的事情,但你的责任并未因此改变。若一小组成员只接受有限培训后,就提早开始执行任务,培训员必须对结果承担全部责任。如果发生质量问题,培训员必须负责,因为是培训员决定让这位尚未充分培训的小组成员上线担任职务(虽然培训员可能是别无选择,必须这么做)。我们当然不建议这种做法,不过,这是经常发生的现实情况。若经过周详考虑，可把负面影响减至最低。

培训员本身必须处于靠近这位学员的下一个作业工作岗位上，以便就近密切留意，并对学员提供一些帮助。熟练的培训员总是懂得针对他们当下面临的现实情况，寻求所能做到的最佳方式，不过，仍然要提醒你，你的"现实"可不能只是你拿来作为学员表现欠佳的一个掩饰借口。现实总会迫使你必须做出决定，但切记，你的决定必须尽可能是最佳抉择，能够尽可能产生最佳结果。

口头沟通不畅的培训

丰田的工作环境中存在以口头沟通方式传授知识的许多障碍，许多工作人员来自不同的文化背景，使用不同的语言（在丰田，这是向日本人学习的一大障碍）。有一些工作区需要穿戴防护装备（戴口罩或穿全身防护装），还有一些工作区噪声非常大，这类情况限制不利于口头沟通。在这些情况下，培训员必须学习以其他形式沟通重要信息。

工作步骤的沟通很容易，学员可以通过观看操作而模仿。非口头沟通的关键点包括指出与暂停，或夸大突显动作，就连其理由也可以用另外的形式来展示。例如，使用手势，或展示执行正确与不正确操作关键点的结果。在此，我们再次强调培训员根据具体环境情况而调整形式的需要，即针对当时的情况使用有效的培训方法，有效的培训方法也因人或职务的不同而不同。

我们假设培训员现在遇到的口头沟通障碍是工作者必须戴口罩，但并没有语言障碍。在这种情况下，只要培训不是在实际工作区进行，培训员也许仍然可以与学员进行口头交流。培训员也可以使用录像带录下工作过程，并解说主要步骤、关键点和理由。不过，我们不建议一般的培训使用这种方法，因为录像带有视觉范围的限制，学员不容易看出细节。这种方法适用于解释工作的高级层面，但细节要在工作中学习。

有一些方法与技巧是在任何培训中都应该使用的,但在口头沟通受限的情况下,可以更加注重运用,或作为主要的沟通方式。丰田的培训员经常使用的一种方法是"暂停与指出"以强调关键点。暂停具有凸显而引起注意的作用,显示特定事项。指出则是要指明强调的东西。例如,把零件放入机器中时,关键点是如何正确放入。培训员可以用手指指出正确的方位,或者若要把零件放在针梢上,就用手指指明要置于针梢上。

这一方式有一些变化版本,包括以手指指出现在操作的是第几个步骤(例如,两只手指代表操作第二个步骤),或是以手指指出某一动作或形式。培训员也可以突显重要动作或移动,夸大姿势,指出其他信号语言。此外,也可以用前面提到的方法与技巧。例如,把职务分解成更小的片段以利于培训、增加重复的次数,或引导学员手部执行工作。

培训视觉项目

检验工作的特别之处在于它们大部分要通过视觉进行,即使用的是眼睛,不是手。这对培训员来说,也是一种具有挑战性的任务,因为培训员必须教学员把眼睛专注于何处。当学员开始工作时,培训员必须确认学员的视线依循着正确路径移动。

我们观察过无数培训员讲解检验工作。当培训员要求学员去检验某个部件时,培训员可能拿着它,把它转过来、转过去,或是以一种角度拿着它等,但却从未告诉学员,他的眼睛应循着怎样的正确路径。在检验体积较大的零组件时,我们看到培训员弯下身,以正确角度检视,用手扫摸它的表面,甚至偶尔停下来,检视某个可能的瑕疵。在讲解检验工作时,培训员应避免这么做。因为这些会中断培训,使学员从培训工作中分心。在教导检验工作时,必须把检验工作和如何检视、留意什么等项目区分开来。在尝试检验时,学员会模仿培训员的动作,把零组件转过来、转过去,或是弯下身,试图仿效培训员在教导过程中出现的所有动作与姿势。因此,心里总想小心避免做出不必要与不适合的动作。

在教导检验工作时，培训员的第一步是确认眼睛依循正确的路径。这取决于此检验工作是点的检验类型，或是检验整个表面。点的检验是要找出可能发生问题的特定区域——有些问题是发生于相同的特定点。例如，只有安装螺丝的地方才可能发生遗漏螺丝的问题。或者裂缝、损坏之类的瑕疵也可能发生于特定点。在教导这种点的检验时，也使用前面提到的"暂停与指出"方法。培训员指出特定点，并解释过程。学员在执行检验时，也会指出特定点，并解释过程。事实上，指出特定点是检验工作的一部分，应该视为例行的固定工作项目。在点的检验工作上，丰田经常使用日语"yoshi"，意指确认"正确"（check），就像飞机驾驶员进行飞行前检查时，正驾驶喊出一个口令，副驾驶检查确认后指出："正确。"

指出并检视的动作需要和大脑连接，以防"盲目地检验"，即你明明看见一件事物，却视而不见。我们都有这样的经验：一个非常明显的问题产品竟然会选送给顾客。我们不禁纳闷一个如此明显的问题怎么会通过操作员的检验呢？原因就是跟肌肉记忆的作用类似，眼睛明明看着这个东西，但大脑却是以记忆来"看"。而实际上，大脑并未处理眼前的情况。这是一种催眠状态，经常发生于重复性的工作中。这就是为何用手指指明的原因，这个动作会打破大脑用记忆来"看"的状态，要求大脑注意眼前的东西。（用手指指出动作也是向管理者显示动作已完成的一种视觉指示，因为别人可以看到你用手指指出的动作，但他们看不到你的眼睛）。在丰田，对于特别重要的工作项目，操作员可能会使用油脂笔做出一个标记以显示此项工作已完成（当然，只有在看不到的表面才会这么做记号，如拉杆螺帽）。

检验工作有两类：第一类是制程中检验，检验步骤是另一工作中的一部分；第二类是整件工作的检验。制程中检验可当成一个工作项目的一个主要步骤。例如，这个主要步骤可能是检查安全气囊盖。若检验的是整件工作（通常是由一名检验员负责执行更彻底全面的检验），那么，这项检验工作应分解成多个主要步骤。检验员负责更全面的检验，可能包括尺寸的检查、颜色的检查、表面完工的检查等。在这里，我们讨论的内容是制程中检验的视觉部分，不过，相同的概念也可应用于专门的检验员执行的检验工作。

视觉外观的检验需要特定形态的眼睛动作，此特定形态必须根据以下标准来定义。

- 形态应包括特定瑕疵将发生的特定点。
- 形态基于视觉焦距（一次能看见多少范围）。

图 14-2 描绘的是包含特定点和整个表面的检验形态，眼睛依循的视觉路径取决于要检查的点和视觉焦距。

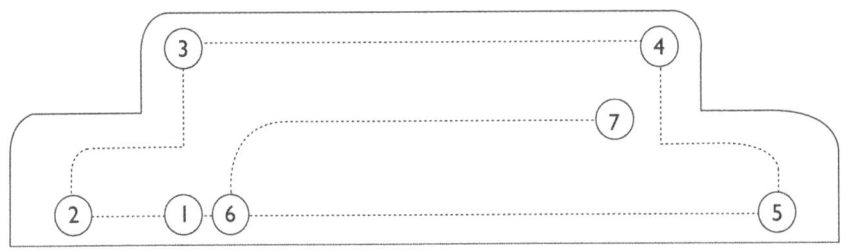

图 14-2　点的检验：视觉检验路径

视觉检验工作的挑战之一是人的眼睛的焦距相当窄。我们若直视前方，可以用比较宽的角度侦测到动作，看到颜色的角度比较窄，至于细节部分，能看到的范围就非常小。这是因为视网膜中央窝负责细节的部分非常小，我们能够看到周边事物，但不能看得很清楚。我们总以为我们能很清楚的"看"到周边，那是因为我们的眼睛会依需要不停地从一边移向另一边。因此，在讲解视觉检验工作时，关键在于决定能够清楚辨认质量问题的视觉范围，我们称此为"视别范围"（visible distinction range）。

幸运的是，在多数的视觉检验工作中，只需要以特定的检验路径去扫视，检查一些表面的变异，若发现异常，就进一步更仔细地检视。但是，若检验路径比"视别范围"宽，或是眼睛游离检验路径，就可能会忽视"视别范围"外的瑕疵。

在依循垂直检验路径时，相较于从上到下，我们从左到右的周边视觉范围比较宽。这是因为我们的眼睛是左右并排，不是上下并排。我们的平均视别范围从左到右约为 4 ~ 6 英寸，如图 14-3 所示。

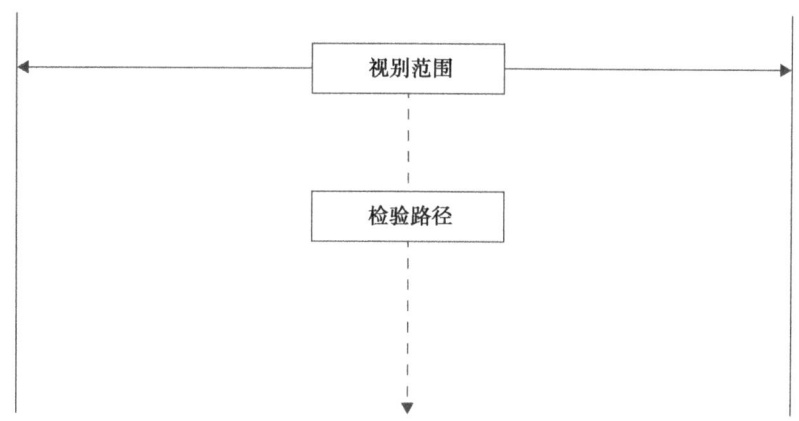

图 14-3　依循垂直检验路径时的视别范围

当依循平行的检验路径检视，从上到下的视别范围会缩减为 3 ~ 4 英寸（见图 14-4）。在决定检验路径时，必须考虑到这些差别，每一条检验路径应该有一部分相互重叠，以避免不慎忽视了某一点。

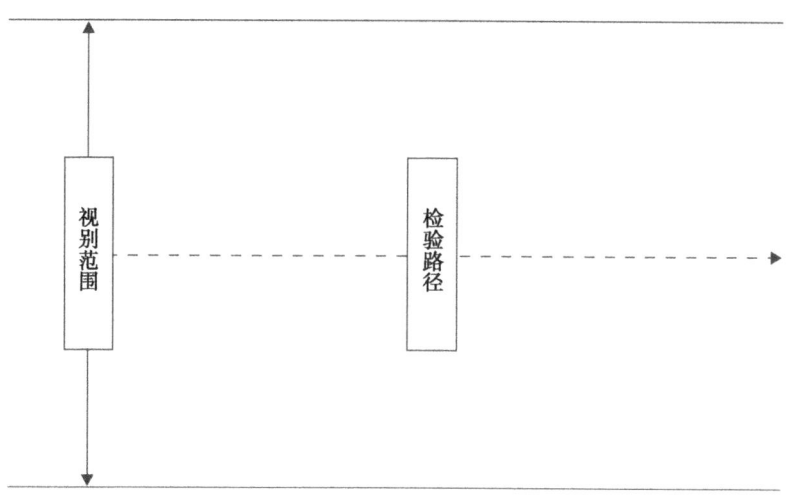

图 14-4　依循平行检验路径时的视别范围

培训员可以用手指指示正确的检验路径和视别范围。针对垂直的检验路径（见图 14-3），培训员可以用食指和小指形成一个"U"字形，这大约是 4～6 英寸的宽度。当然，每个人的手大小不同，若你的手比较小，就需要不同的手指组合来显示视别范围和检验路径。

以下说明图 14-2 的零件制程中检验工作的主要步骤与关键点（提示：培训员可以使用零件样品，用不同颜色表示检查点和路径以显示正确的检验路径与步骤号码，这是很好用的训练辅助方法）。

主要步骤：检查安全氧气囊。

关键点：

用手指指出依循的检验路径，以确保依循正确的检验路径（理由：确保不会遗漏任何部分，并使用最有效率的路径）。

对这 4 个位置进行点的检验（理由：这 4 个位置容易出现经常发生的瑕疵）。

在展示主要步骤与关键点时，培训员从位置 1 开始，用手指指出正确的检验路径，把手指从位置 1 移向位置 2，培训员在这个位置停顿、指出，并喊"检查"，然后以手指做出"U"字形，移向位置 3。在位置 3，培训员在此停顿、指出，并喊"检查"，然后才以手指继续指出检验路径。"暂停与指出"的动作显示特定的检查点位置。

这项工作也可以用不同的方式来分解，从一个位置到另一个位置的移动可当成个别的关键点。我们没有选择这种分解方式是因为这么一来将有 7 个关键点，不太容易记住，也会使培训变得累赘。这是培训员本身必须做出的抉择。若培训员展示检验路径，并停顿及指出每一个检查位置，学员多半很容易学习重复此工作的动作部分——"如何检视"的部分。下一个培训阶段是关于"留意什么"和"发现问题时应该做什么"的部分。下一节要讨论如何在工作中发展判断力和工作知识。

如何提高判断能力，拓展工作知识

现在，几乎每一种职业都要求人们不断提升判断力，并要注意积累专业知识。培训员常犯的错误之一是试图在讲解职务工作的同时大幅提高学员的判断力，这必然会导致培训流程偏离正轨，造成学员的困惑。举例来说，几乎所有职务都需要执行某种形式与程度的检验，检查工作包含三个部分：如何检视（这是检查工作本身）、留意什么（这是灌输以瑕疵的知识）、判断所发现的问题是否在可接受的范围内。

检验工作必须区分为这三个部分以利于培训。最先进行的是如何检验（检验工作本身）的培训（如前一节所述），稍后才进行知识与判断力部分的培训与发展，这部分必须和如何执行工作部分的培训区分开来。因此，一开始是教学员如何检验，并不涉及要留意什么，或是在发现异常时应该怎么办。学员在一开始可能会对此感到纳闷，因为他们预计将首先学习该留意什么。

让我们来看看一个典型的例子以更好地了解问题出在哪里。以下对话显示培训员试图在一节训练课程中把训练工作的三个部分结合在一起的情形。

培训员首先开始展示主要步骤。

培训员：这项工作有 5 个主要步骤，第一是检查安全气囊盖。在检查安全气囊盖时，你必须留意有无任何多余的密封剂、遗漏的零组件，以及未妥当安装的铆钉（随机地指出安全气囊盖的各处）。务必检查每一根铆钉，并且确认安全气囊上没有多余的密封剂（转动这零组件，并扫视它）。

这个例子中包含了几个常见的错误。首先，培训员的展示与讲解把主要步骤、关键点和理由混合在一起。不过，在此处，我们所关切的是培训员把"该留意什么"和"如何留意"这两部分混合在一起。他使用"你必须留意"和"务必检查"等词语，说明"如何做"的部分。这好比告诉某人,"祝你有个愉快的一天",这句话的确切意义是什么呢?在讲解检验工作时的另一个问题是检验的产品可能没有问题(希望是如此),对于未呈现的东西,你如何向学员解释该留意什么呢?

这里的问题在于培训员把重点放在知识与判断力上,并不是放在如何执行实际的检验工作上。根据我们的经验,如果你没有掌握有效的检验方法,那么你懂不懂如何发现问题都无关紧要,因为你不太可能看到问题。另一方面,若你熟稔于良好的检验方法,你多半能够发现异常情形,只是你不知道该如何处理罢了。

现在,我们来看看纠正了上述问题后的另一段对话。这回,培训员向学员解释如何执行检验工作,同时,这一节的训练课程也只专注于检验工作的部分。

培训员:今天,我将教你们如何检验安全气囊盖。这项职务其实有三个部分,但今天只教其中一个部分。现在先教你如何执行实际的检验工作,以后再教你们该留意哪些种类的问题,以及如何判断它们是否可被接受。

这一部分工作有两个主要步骤,第一个主要步骤是检查盖板四周(培训员用手指沿着盖板周围画出路径,显示他检查有无多余密封剂之处)。第二个主要步骤是检查铆钉(培训员以特定形态,在每一个铆钉处停顿并指出)。

现在,我再次向你们示范。这一回,我将解释关键点。第一个主要步骤是检查盖板四周。这个步骤中有两个关键点,第一个关键点是从下方开始,沿着盖板四周检查(培训员用手指指出检查路径)。第二个关键点是用你的手指指出检查路径(培训员示范此技巧)。第二个主要步骤是检查铆钉。这个步骤中有两个关键点,第一个关键点是检查4根铆钉(依次指出并停顿于每一根铆钉)。第二个关键点是用你的食指指出每一根铆钉。

以这种方式继续培训直到完成全部培训。然后,让学员试着执行,并让学员开始检验作业。培训员仍然留在学员身边,要求学员每检验一只安全气囊盖后就交给培训员。培训员也逐一检查这些安全气囊盖，若发现任何问题，就立即要求学员暂停，和学员一起检视此问题。学员多半能够自行检查出异常情况，但并不知道这些异常情况是否可以接受。

在这样的检查流程中，培训员也逐渐帮助学员形成累积的知识和判断力。当培训员确定学员能够正确执行检验工作而未遗漏问题时，他可以要求学员把异常的安全气囊盖放入一个问题产品箱中，培训员和学员稍后可以评估这些残次品。

当培训员评估被学员放在一边的残次品时，他可以向学员解释问题的名称及原因，并让学员了解其可接受度（此残次品可以接受或不可以接受）。在丰田，常见的残次品样本通常被存放在工作区以作为培训之用。有时候，也会存放"边缘样品"（boundary samples，显示外观不完美的可接受度极限的样品），以帮助提高受训人员的检验判断力。

知识与判断力的提高可能需要长达几个月，培训员不必在学员身边待这么长时间。若学员能够使用安灯请求协助，或是把异常的零件放在一起等待评估，就基本可以独立执行工作了。

间或性工作项目

重复性的工作能够提供许多练习与发展技能的机会。同时，由于工作项目的重复频率非常高，因此，员工必须具备较强的执行这些工作项目的能力。但有一些活动的发生频率不高，或者并不是工作的固定项目。例如，当一个自动化系统发生故障时，需要采用人工作业方式。以人工方式运作此系统其实并不是整个职务工作的一部分，因此，并不是固定执行的工作。此外，有许多活动发生的频率是每月一次、每半年一次，或甚至更低的频率。

像这类间或性的工作，其训练工作该如何进行呢？由于此工作的发生频率低，因此，不需要很多人员知道如何做这项工作，学员的培训活动也将非常少。若是完整的使用职务操作培训方法，必须重复执行此工作 7 次（若依循工作指导培训方法的所有步骤，至少必须重复执行 7 次），方能完成整个培训工作。但实际上，这项工作在做了一次后，要等相当长的时间，才需要再执行。那么培训员是否要等到下一次需要再执行此工作时，才重启培训，进行下一次的重复执行呢？抑或培训员径自进行训练流程的重复执行，不必等到下一次？在这种情况下，必须稍微修改一下工作指导培训方法。

对于这类间或性的工作，丰田的管理者和工程师会准备一份"作业说明书"（operational instruction sheet），也称为"工作说明书"（work instruction sheet）。作业说明书与"工作分解表"很相似，但并未列出关键点理由。不过，作业说明书有一节图解、草图或相片以说明操作方式。这份文件比较像是如何执行工作的参考文件，而不是培训的辅助工具。在需要执行这项间或性的工作时，人员可以阅读此作业说明书，依循里面的知识就足以执行这项工作。作业说明书的作用类似于食谱的作用，有限技能者只需要按照里面的指示，就足以成功执行此工作。

我们曾在前文探讨过"标准化工作表"和"工作分解表"的差别，其中提到"标准化工作表"是用以避免浪费，而"工作分解表"则是用于工作指导培训。我们也提到，人们在实际执行工作时，并不会去参考这两种表，因为在正式上岗执行工作之前，他们就应该已经熟练于此职务，能在要求的时间内反复执行。但在间或性工作方面，作业说明书不仅是一项训练工具，也是工作者在执行这项工作时的参考文件。因为他们并非经常执行这项工作，因此不能指望他们在相隔一段时间后，仍然记得有关此工作的所有事项。

由于并不是经常性的工作，因此它们通常是由组长、团队领导或是一位不在线上的人员负责执行。我们不需要培训多名人员执行这种非经常性的工作，因为它并非例行项目。在需要时，照着作业说明书来执行或许就能成功完成。任何人在完成间或性工作后，都难以记住所有细节，倒不如把细节记录下来，更容易照着来做。在此，我们必须注明，有些职务的重复性工作较少，间或性工作的比例较高，在这种情况下，将会使用更多的工作指导培训方法作为执行职务工作的参考。

利用培训辅助措施

培训辅助工具或方法可用以帮助理清工作项目或加速学习流程。例如，在教导一项检验工作时，可以在样品上画注检验路径和检验点，以展示正确的检验路径。在培训判断力时，若能在和学员讨论的过程中使用实际的残次品样本，会使培训变得更简单。我们在第2章讨论丰田在其全球生产中心和工作区实施培训时采用的几个概念。这些培训辅助方法缩短了培训时间，并能让学员练习操作而不需担心产生次品。

培训辅助工具或其他帮助了解的视觉工具。我们曾经在一个工作指导培训课程中看到使用颜色作为区分标示的表，以帮助区别重要信息。若所教导的工作项目是完成一张资料搜集表，培训员可以使用一张样本表，上面以号码标示步骤，这可以帮助学员记住信息的顺序和位置。培训员应该不断地寻找能够更快速、更容易、更有效传递信息的方法，对于经常性的工作项目，这点尤其重要。

面对诸多棘手状况

工作指导方法很周详、井然有序，能帮助你获得很好的培训结果。但是，培训的挑战也非常多，这也是培训工作会如此刺激的原因。培训员必须不断地思考他们所做的事，尝试新的方法与技巧，以改善他们的培训成效。

本书大部分内容以重复性、例行性的职务为例。但我们可以看出，就连这类职务的培训工作也有非常多的必须学习的东西。我们可以着重教导最基本的培训情况以说明根本的培训原则和方法。我们也列举了非常规性的职务，说明它们的职务解析，并分析所需要的技巧。不幸的是，你将遭遇到许多本书中未提到的挑战，你必须运用你本身的学习和创意来应付它们。

非常规或例行程度较低的职务显然较复杂，需要更长的时间才能熟练。位于美国的丰田技术中心正在不断成长，因此，该中心多年来致力于简化培训流程以便更快速地培训出新的工程师，而挑战却是一个接一个不停地出现，但如何培训人员的基本思考流程始终不变。我们的忠告是：不断地尝试，通过系统的方法进行培训总是胜过随机、碰运气的培训方式。本书的最后一部分将讨论如何确保培训流程获得令人满意的结果。

第四部分

检验学习成效

> 我们从失败中学到的智慧远比从成功中学到的更多,我们往往能从什么行不通中发现什么行得通。那些从未犯错的人,大概也从未有所发现。
>
> ——塞缪尔·斯迈尔斯

第15章

继续追踪，确保成功

让学员学会自立

现在，你已经准备让学员独立地完成工作，进入了四步法中的最后一步：继续追踪。这一步应该是逐渐过渡，而不能让学员直接开始工作。因为在学员能够开始独立工作之前，他们未必能百分之百地胜任工作，而且事实上他们多半会还略有欠缺，因为他们仍然有必须学习的项目（例如如何启动或操作设备，以及关于质量要求的充分知识）。无论如何，培训员一开始必须经常检查学员的学习进展，在对学员的能力有信心后，才能逐渐减少继续追踪。

在丰田的工程部门，总会有一名团队领导者负责继续监督与培训团队里的每位工程师，领导者和工程师经常在一起工作，因此很容易对他们进行工作上的指导。尽管他们通常天天和新工程师坐在一间开放式办公室里，但是资深工程师不会时刻盯着那些新来的人，因为这时他们承担的往往是重复性任务。丰田的理念认为，每位团队领导和管理者的首要工作是教师。

培训员要承担永久性责任

工作指导员的座右铭是:"若学生没学好,是因为老师没教好。"这意味着培训员必须持续指导学员,直到他们能胜任工作为止。一旦学员开始自己独立工作,培训员将享受其培训工作的成果,或是承担培训不佳的后果。这就是说,培训员必须从每天的培训经验中反省与学习,以追求改进的驱动力和鞭策力。一个受过良好培训的员工不容易出现问题。

培训员不能推脱对学员的培训责任,就算他们请他人代为留意学员,仍然要承担责任。为保证学员成功,培训员必须持续观察学员,并监督学员的培训进展。有些培训员误以为这种留意就是"在背后监督"学员,可能会引起学员的不悦,这种理解是错误的。培训员必须要弄清楚这种持续留意实际上是一种关心的行为,而不是暗中监视或试图抓到学员做错了什么。培训员期望的是双赢,当学员能得当地执行工作时,学员是赢家;当学员是赢家时,培训员也是赢家,而且培训员要应付的问题更少。

永远支持学员

TWI 有个不成文的规定:"让学员自立",千万不要把这句话理解为"让学员自生自灭",毕竟,学员必须能够感到安全与他人关心,才能正常地接受培训。培训员也必须针对学员的个人能力对其进行培训。然而,我们经常看到一些欠缺经验的工作者在实际工作中很难进步。因此,我们把 TWI 所说的"让学员自立"改为"给学员安排一份工作",因为这样能更清楚地说明身为培训员的你将要做什么工作。培训员必须指定一个明确的期望,告诉学员他们必须做什么。

以下继续第 13 章的培训对话。

培训员:鲍勃,我认为你表现不错,现在应该是让你独立工作的时候了。

学员： 好的，我该做什么？

培训员： 你要按照所学习的操作任务步骤进行，在工作中保持稳定的速度，就像你在受训时所做的那样。我将会留下来给你提供必要的帮助，以防你出现任何问题，确保你的工作质量符合标准，不过，你将会独立进行工作。

学员： 好的，我试试看。

说明求助对象

培训员不可能随时都在学员身边，万一必须离开的话，他应该安排工作现场的某人在学员需要时提供帮助。培训员应该要求此人留意学员，一方面要确保学员的工作质量；另一方面要确保学员的人身安全。此外，培训员应该把学员介绍给这位将会提供帮助的人，告知学员在必要时向此人求助，并告知学员自己将何时离开，以及大约何时返回。那些经验丰富的老员工可以有效地担任这个暂时提供帮助的角色。

以下继续培训对话。

培训员： 鲍勃，我认为你做得很好。现在，我必须离开去开一个会，大约要一个小时，我不在的时候，若有任何问题，珍妮特能帮助你，我已经请她帮忙留意你。等我回来后，我会看看你进行得如何。

学员： 没问题，我可以按呼叫按钮找珍妮特吗？

培训员： 是的，有任何问题的话，你只要按下按钮就行了。

经常检查进展

在丰田，若小组成员尚未能够胜任工作，就不能让他们独自进行工作，因为每一项工作的成功执行对整个工作而言都很重要。培训员不能冒险让不胜任者独自上岗，特别是在丰田这种时间安排这么紧凑的工作环境下。据估计，在大多数其他公司，多数受训者被过早分配到工作岗位上独自工作。一开始，培训员必须非常频繁地检查学员的进展，在丰田，小组领班和团队领导者不断地在生产线上巡视，他们很自然地要检查每项工作的进度。

这么做其实是要把工作中出现失误的概率降到最低，及时提供帮助。明智的培训员都知道，如果不频繁地后续追踪，出现问题的概率就会提高。若培训员每30分钟检查学员一次，出现失误的概率就降低至30分钟范围内；若培训员每小时检查学员一次，出现失误的概率就提高一倍。后续追踪的频率取决于培训员对学员的信心，若学员们的表现良好，培训员的信心就会比较大，后续追踪的间隔就可以拉长。培训员不一定非要向学员解释后续追踪，但这么做可以使学员放心，知道有人会在必要时提供帮助。

以下继续我们的培训对话。

培训员：鲍勃，我认为你已经可以独立工作一段时间了，我大约半小时后回来检查，在这段时间内，你若有任何问题，记得按呼叫按钮。

学员：好的，我会尽全力。

培训员：（稍后返回，确认产品质量和学员是否遵循标准化作业。）嗨，鲍勃，看来你做得好极了！有没有什么需要？

学员：谢谢。你能不能看看这些零部件上的密封剂是否符合要求？

培训员：没问题。（确认质量）它们看起来很好，你可以稍微减少密封剂，对这些零部件没影响。

学员：好的，谢谢。

鼓励学员提问

新人往往害怕发问，他们不想让自己显得好像不知道该做什么。当培训员问"你有没有什么问题"时，学员可能会立即回答："没有。"培训员应该鼓励学员提出问题，以营造希望促进了解的气氛。例如，培训员可以说："鲍勃，若你现在或稍后有任何问题请随便询问，我要确定你在工作中没有疑问。"接着，培训员可能需要提出一些关键的试探性问题，例如："看看这些密封剂的部分，你能不能告诉我它是否涂抹得当？"

逐渐减少指导和后续追踪

现在，这位小组成员应该能够独立地进行工作而无须太多帮助了，但培训员必须继续追踪监督他的工作进展，直到确定学员充分胜任为止。工作方法的改变往往是在受训者不经意的情况下发生的，不论是什么原因，学员改变了工作方法，新方法很快会变成习惯。因此，培训员和领导者必须继续监督学员的工作方法，但随着学员的技能水平提高，监督的频率就可以降低。

每位顶尖的运动员都有教练帮助他们不断完善自己的表现，共同研究策略，教练也知道运动员肢体移动的细节技巧。众所周知，老虎·伍兹曾两度改变他的整个挥杆动作，他进行的仍然是相同的工作——挥击小白球，但他调整了挥杆时的许多动作细节。

相同的概念也使用于工作现场，培训员应该继续指导学员，帮助他建立最流畅、最省力、最高效的工作方法，工作方法的精进才能使工作绩效有所改进。培训员不能在初期培训中就讲那些复杂的技术，只有等到基本技能深植于记忆之后，才有可能进入更高超的技巧。在谋求持续改善的工作环境中，你期望工作获得改进，就必须学习更新的工作方法，学习才不会停止。

切记，留意代表工作方法改变的整体表现评量，若质量、安全性或生产效率指标下滑，领导者首先必须查明工作人员是否遵循正确的工作方法。人员采用的工作方法很容易在不知不觉中开始有细微改变，并影响到工作表现，培训员和管理者必须具备敏锐的观察力和对工作方法的深层知识，才能察觉这些细微的改变。丰田希望小组领班和团队领导人员定期稽查标准化作业，注意仔细检查各项工作，把员工实际的工作方式拿来和标准化作业的规定对照比较。事实上，丰田有一套标准化流程，用以在特定期间内逐一稽查各项工作的标准化作业。通常，团队领导每周（或更高频率）对工作进行一次检查，此制度的用意是提高改进每位团队成员工作表现的机会。若没有正式的制度提供培训机会，学员会以为他们已经知道一切，学习与改进往往会因此而停止。

使用层级稽查法，确保流程取得成功

每一种健全坚实的制度都有一套检查与制衡机制，以确保此制度中的重要部分不会被忽略，团队成员能力的提升是制度中的重要部分，因此也应该有一些检查与制衡的机制。最终，领导者必须为其团队成员的培训结果承担责任，不论实际担任培训工作的是不是自己。培训员的培训发展是领导者的责任，培训成果关乎领导者本身的利益。

组织中的每个人应该使用"层级法"来评估培训流程的成效，丰田使用层级稽查法作为组织内部领导架构和咨询流程。层级稽查法类似于流水和鱼儿溯水而上的逻辑：信息与能力应该如顺流而下的流水，每位领导者必须确保此流程顺利进行，不会有任何阻碍；任何必须往上游的鱼儿（代表构想或问题）都可以顺利上游，抵达可以实行或纠正的组织层级。必要时，水量可以增加而使水位上升，加速信息的传播。课题或问题应该逐层升高，使每个层级都能清楚地了解自己的职责与问题所在。

理想的流程是能够让信息畅通地流向组织的所有成员，同时，任何问题或构想都能够浮现并获得解决或回应。当流程在某个方向受阻时，必须找出并移除阻碍，以恢复流程的通畅。大多数人都会遭遇的一项挑战就是不愿承认自己的缺点，许多人选择忽视自己的缺点，或假装它们不存在。丰田生产方式期望成为无缺陷的制度，其目的并不是要找出问题的责任人，而是要找出制度的失败之处。尽管如此，人们仍然有隐藏问题的倾向，因为他们觉得必须自我保护，受到畏惧与自负的驱使，害怕失败的后果，他们的自负使他们不愿面对改善的需要。在任何组织，这都是最大的挑战之一。

许多被我们视为"失败"的情形，在丰田内部都是可以被接受的，甚至会受到欢迎，但前提是反省与学习成为流程的一部分。当人们以追求完美为目标时，总是达不到目标；若以追求持续改善为目标，将很快地理解到，从错误中学习和增长能力是流程的一部分，并不是什么羞辱或值得害怕的事。

所有层级的领导都应该致力于创造及促进相互信赖、相互支持的环境，当领导者发现部属的缺点时，他必须承担矫正部属的缺点并做出改进的责任。发现缺点、指出缺点，并以此作为威胁，或期望此缺点会自然消失，这是毫无助益的做法，领导者应该找出缺点并加以纠正，使整个体制变得更健全稳固。

所有领导者或经理人应该保证每位部属的能力，以确保他们的成功，评量方式逐渐下降，如图 15-1 所示，例如，为稽查并确保合格的工作指导员的培训成效，我们应该评量工作部门培训员的培训成效。我们必须观察工作现场培训员在实行培训时的表现，也必须评量他们的工作分析能力，以及为所属工作部门内全体员工研究与执行有效发展计划的能力。

若培训员具备了相应的能力，我们可以假设，工作指导员已有效地把培训与学习流程传授给了他们，并且帮助他们矫正缺点。若稽查流程发现了他们依然有缺点，下一步应该查明工作指导员的缺点是否已被辨认出来，并已经采取矫正行动。

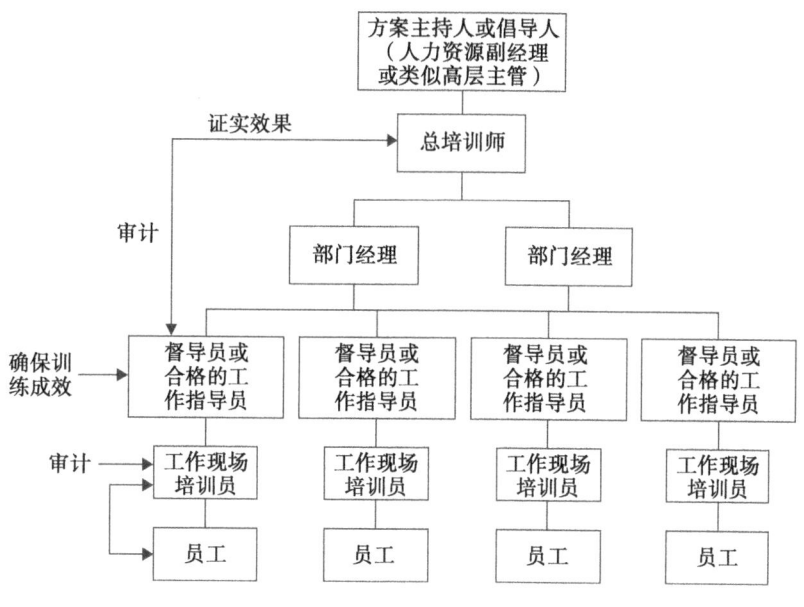

图 15-1　层级稽查方法

如果指导员无法辨认培训员的缺点，总培训师必须负责矫正指导员在这项能力上的缺失。注意到图 15-1 中列出了部门经理这个层级，部门经理未必是培训流程中的一个环节，但他们仍然得为培训结果负责，培训的成败也关乎他们本身的利益。部门经理应该稽查指导员和培训员的成效，并请求总培训师的支援，协助解决任何问题。我们将在第 16 章提供一些用以评估指导员和培训员成效的评量表格。

在层级稽查法中，查明工作现场实际成效的最佳方法，是评估比特定管理者低一层级的情况。经理人不直接稽查负责工作现场的管理者，看他们做得好不好，经理人评量的是他们的部属，借此判断这名领导者的成效。举例而言，经理人不会直接询问合格的工作指导员做得好不好，他们会先亲自查明工作现场的情形。若经理人直接询问其直属部下："你们的人员培训发展流程做得如何？"部属多半会回答："进展得很好！"直属部下很难向上司报告他们本身的不佳表现，经理人绝对不能未加查明确证，就径自相信部下的评估。

为了解实际情况，经理人必须先亲自前往工作现场查看，而后再和部属讨论观察到的情形。丰田期望每个人都会让问题浮现出来，当部属被问到绩效表现时，他们多半非常乐意提出工作现场中的问题（不过，在美国的丰田工厂，归咎于个人的文化似乎是常态，这是一直存在的挑战）。丰田的经理人会亲自去查看情形，并且有责任为部属提供帮助，以纠正问题。稽查并不是要找出归咎者，而是要找出体制中的缺点，致力于改善流程。部属有困难与挑战，这是可以理解的，但是他们必须能够辨认出困难和问题，并研究相应的纠正计划。

为进行稽查工作，领导者必须仔细检查工作场地的绩效指标，看看有无影响整体成果的大问题。举例而言，若工作场地未能达成质量目标，领导者在稽查过程中知道要着重于质量方面的哪些关键点。领导者必须亲自前往工作场地观察员工的作业情形，以评估他们的能力和知识，他们应该顺带说明关键点的工作分解表，观察足够次数的作业循环，有把握使这些观察代表作业人员执行工作的实际情形。领导者应该使用稽查卡或表格来记录偏离标准作业方法的情形，稍后在上面记录纠正对策，以及何时开始执行。这种评量方法有两点好处。

- 上层的经理人必须实际前往现场确证结果（实物原则）。
- 为了确证团队成员的能力，经理人本身必须熟悉此成员的工作。

这是丰田公司成功的一项基本要素。比工作执行单位高两层的经理人至少要非常熟悉低他们两层职位的工作。在许多情况下，由于掌握相关文件和标准化，高两层的经理人是有可能对低他们两层的工作有深入了解的。例如，在丰田工厂，每位小组领班每天稽查至少一名员工的标准工作，团队领导每星期会挑选稽查至少一项工作，助理经理（比团体领导高一层）也必须巡视工作现场，每周随机抽样稽查每一团队的一项作业，经理人则是每个月稽查一项工作。

对员工工作有如此程度的了解与认识，使得经理人可以进行后续追踪，辨识出管理者和培训员的能力缺失。经理人最终必须对整体结果负责，因此，最好别把如此重要的评量工作寄托于那些负责执行与呈现结果的人所做出的评价。

所以，若督导员想评估培训员的成效，他们应该亲自造访观察，以确保小组人员的工作表现。若医院的行政管理者想确证护士长的成效，他应该亲自观察护理人员的工作表现。这些评量工作包括事先准备所有相关文件——培训计划、标准化工作表或标准方法、工作分解表等。

层级稽查法的一个问题是，部属有时不想为他们的上司带来麻烦，若你询问员工的问题会产生连累他们的培训员或上司的答案，你可能会获得"标准答案"。举例而言，若你问封闭性问题，例如："你接受的培训充分完善吗？"或"培训员做得好不好？"他们多半会回答："噢，是的，很好"。

切记，这种稽查方法的目的并不是找出责任人，而是要发现需要改进之处，因此，你应该询问比较具体而能够测试水平的问题。例如："你能否向我解释这部分工作的关键点？"或是："请告诉我这个工作步骤有什么重要的质量层面？"这样的问题能够得到更有用的答案。领导者必须能够发现流程的缺陷。例如，工作的分析与重要信息的辨识是否存在缺失？是不是辨识出了重要信息，但却未能有效地传授？是不是在小组成员尚未具备充分技能之前，就过早让他自立？针对这些问题寻找答案，能帮助你找出需要改进之处。

学习制度无法自我存续

我们经常听到推出经营方案的公司提及这个名词：永续性。常有人问我们："你如何确保你的培训能促成永续学习？"我们也常被要求提出"退出策略"，保证在我们"完成"培训后，此培训流程将会自我存续。姑且不论顾问是否应该在某个时刻退出，我们确知的是学习制度并不会自我存续。期望优良的流程能自我存续的经理人是从纯技术的角度来看待，并不了解人的本性。让我们举一个简单的例子。你让你的小孩每天早晨要先刷牙和使用牙线洁牙，你非常仔细地教给他们一种常规的方法，他们当着你的面做这些步骤，他们清楚了解该做什么。你实施一项制度，把检查表贴在墙上，要求孩子每一次刷牙后，在此表单上打钩。接下来，如果你一年不检查，到了年底，你认为他们会每天早上都刷牙吗？你认为那张检查表确实会被使用吗？如果答案为"是"，那么你的小孩自制力非常强。如果你不做后续追踪，如果你不来点"兴奋剂"，如果你不定期检查他们是否使用正确的方法，我们良好的行为习惯将不会被继续保持下去。

这并不是要你在你的孩子每次清洁牙齿时，站在后面监视他们，诚如亨利·福特所言："优质指的是在没有人看管时，把它做对。"你希望员工在无人监管的情况下，仍然正确地做好工作。但是，要维持那样的质量水准，需要定期稽查和教导。

不幸的是，人类不像机器，他们不能被设定重复执行相同的工作，只需要最起码的预防性工作即可。人类的工作需要进行维修提高，后续追踪就是维修流程的一部分。在这一章，我们讨论了对每一位受训者的后续追踪，本书最后一章将讨论更高层次的后续工作：整体培训方案和整体组织。

第 16 章 | Toyota Talent

画蛇"不添"足
如何完善后续工作

勇于尝试,做到最好

把工作分解成细小项目,辨识所有细小项目的关键点,展开培训、进行确认……如果阅读所有细节已经使你筋疲力尽,那么,你可能已经从本书中学到了一些东西。很遗憾,这项工作可能会使人感到难以招架。如果你没有这样的感觉,那么,你很可能低估了这项工作。幸运的是,我们有向前迈进的道路,这将涉及丰田"干中学"的理念,现在该是考虑转向实际行动的时候了。

在丰田,要求所有员工都要"勇于尝试"。人才的培养是永无止境的过程,人们能够学习多少或进步多少是没有上限的,因此,人的培养其实是一个不断改善的机会,若你不断地尝试和学习,所谓的"最佳结果"将会不断变得更好。你必须提升自己不断反省的能力,才能成为独立的学习者,那些总培训师可以在刚开始的时候帮助你,但到了某个阶段,你必须学会依靠自己,运用你日积月累形成的经验来找到更多的诀窍。总培训师就具备这样的能力,他们能够通过自我反省和学习来不断扩展自身的能力。

先深入，后扩展

我们已经讨论过整个培训流程，现在要讨论的是如何建立资源以推动此培训流程。我们认为，仅从一本书中学会人才发展流程是非常困难的，因为一本书不可能涵盖数以百计的细项。这就好像从一本书中学习如何打高尔夫球，你也许能了解基本的事项，但等到你实际踏上高尔夫球场时，将会觉得非常困难。若没有技术娴熟的专业人员提供协助，你将会形成不良的挥杆习惯，并且无法超越中等水准。

这位专业人员将讲解一些基本的东西，并在教室（练习场）里提供练习培训，直到你熟练这些基本技巧。然后，你前往高尔夫球场（真实世界），学习打高尔夫球的细则：这种方式应该使用哪一种球杆？何时该使用推杆？你如何根据场地布置和插旗位置（这些天天变化）来改变你的方法？当小白球处于你双脚的下坡或上坡时，你的击球、身体姿势和手势方法该如何改变？风势和风向呢？你如何知道球会跑到哪里？仔细观察那些新手也能提升自己的判断力、积累技能知识，你需要练习，练习，再练习！高尔夫名将阿诺德·帕默曾说过："我练习得越多，幸运之神就越是眷顾我，这真是件奇妙的事情。"

所以你可以练习高尔夫球的基本技巧，但在球场上，你将学会如何应对那些特殊的状况。员工的培训也是如此，每位学员有不同的学习能力和风格，每种工作将呈现不同的挑战，即便有优异的技能和完美的计划，现实中仍然会发生很多变化（就像风一样），在展开培训后，培训员必须对其方法做出细微的调整。但是，你锻炼基本技能的东西越多，当发生不可避免的特殊挑战时，你成功的运气就会越好。再把打高尔夫球的比喻推得更远一点，就算是老虎·伍兹这样的高手，也有一位指导者，因为他知道自己存在盲点，需要别人观察他的挥杆，帮助他改进。培训员也是一样，你需要有人观察你，以帮助你持续改善。我们认为，最好是由一位高度熟练于人员培训、有很多不同的培训经验、具备实际教导他人能力的人担任此角色。培训初级阶段的培训师的主要职责应该是帮助你建立内部资源，使你胜任教导他人、帮助他人改进的工作。

在本书前面的章节里，我们曾经提到先掌握建立一流程的深度能力，再把此流程扩展到整个组织，称之为"先深入，后扩展"。在试图扩展到整个组织之前，你必须先建立流程能力的深度；如果在你还未建立流程的扎实能力之前，就想把此流程推广到整个组织，其结果就会"越来越单薄无力"。越是年轻的学员，能力越差，因为他的培训员没有传授细则的能力和技巧，弱点就这样传了下来。在《实践丰田模式》一书中，我们提到"微波炉法"培训的流程，即对学员提供极少的指导，然后期望他们能指导别人。你不会想跟新手学习如何打高尔夫球吧？因此，在把培训流程推广到整个组织之前，务必先建立深厚的板凳实力。

在组织方面的后续工作中，第一步是挑选一个工厂区域作为初期培训聚集区，这将是你的"培训现场"——你练习基本技能、并学习细则的"教室"。我们建议你挑选一些工作比较容易，且有优秀领导者和潜力不错的见习培训员的工作现场。也许根本没有非常理想的地方可供你选择，但这没有关系，你只要从中挑选最合适自己的就可以了。

切勿选择需求最大、最迫切的地方（问题最多）作为你的初期培训区，因为这里的领导能力可能薄弱，缺乏能力不错的培训员。你应该在具备了基本技巧，有能力应付更具挑战性的情况后，再来处理难度较高的工作。

挑选具备成为中级培训员和临时培训员潜力的候选人，这些人有授课的愿望和能力。他们将执行一些工作现场的工作培训，但他们的主要角色是见习者的指导者和教练。那些见习培训员将会负责实际的员工培训工作。总培训师的工作包括协调培训流程、进行工作指导的课程培训、指导培训员、评测培训效果，总培训师的候选人应该具备良好的规划和执行能力。

在丰田，一般的原则是一个岗位要有两位合格候补人选。若你打算选出一名总培训师，那就必须培训能够胜任此角色的三个人，因此，挑选至少三位具备此工作基本才能的人，让他们参与初期的培训流程，在培训流程终止时，选出最优秀者担任总培训师。当你要将培训流程扩展到整个组织时，其余两个人就是你的极佳资源。必要时，可以把他们升任为总培训师。接着，找出能够胜任工作指导培训员的候选人，他们将负责培训现场培训员。

第一轮的培训最好至少有 4 名培训员候选人接受培训课程（一班 4 名），这个数量可能足以应付你的总体需求，但这必须视你的组织规模而定，若你的组织非常大（如丰田），你必须在陆续的培训课程中培养更多的培训员。第一轮的培训班有 4 名受训者，是为了保险起见，以防他们当中有人决定中途退出，或者是万一有人不适合成为培训员。培训额外的人员，这是最保险的做法，也是可以被接受的"生产过剩"的情形之一！

我们在第 6 章曾经叙述了丰田培养产品工程师的多年培训流程，丰田明白技术和细节无法在教室里学会，因此，丰田创造了结构化经验——让指导老师以 4 ~ 5 年的时间把新人培训成工程师，我们建议你的培训员也担任此例行性质的工作，并设立一个有效的方案，在指导老师的指导下，建立一个"干中学"的长期培训机制。

培训流程的实施架构

我们在本书中建议，用来设计整体方案的任何架构都会相对地适合某些组织。虽然不存在一劳永逸的方法，不过，我们认为还是描述一个设计周详的方案作为范例，至少这个方案可以说明我们希望你在研拟人才培训方案时应该经历的思考过程。本着"先深入，再扩展"的原则，先从这里学习，而后再推广培训流程。接下来，我们将从一个初期培训师着手，开始培训内部的培训人才。

步骤 1：初期培训聚集区

为培训人才，首先应该以工厂内的一个工作现场作为实施培训的对象。挑选一个初期培训聚集区（在外聘的总培训师的协助下完成步骤一）。

- 对这个工作现场未来的工作指导员、总培训师、工作现场管理者、工作现场培训员开展基本的工作指导课程。
- 上述所有人必须完成基本的工作指导课程，成为合格的工作现场培训员。而后，未来的总培训师和合格的工作指导员必须接受更多的培训，以发展教授工作指导课程的能力和技巧为目标。
- 在工作现场进行练习，以强化技巧：工作分解、培训计划、实际培训课程。
- 在培训活动中，外聘的总培训师提供教导和指导（使用图16-1的工作指导评估指南）。
- 外聘的总培训师提供对每位培训员的能力评估：使用层级方法来评量能力（确认学员的能力）。每位合格的培训员必须成功地完成核心要求（见图16-2）。
- 未来的总培训师必须负责支援和继续评量这个工作现场（由外聘的总培训师继续提供指导和后续追踪方面的支援）。

步骤2：第二部分的培训

现在，你有机会改进你在第一个工作现场实施的培训方案，并培训第二批工作指导员。挑选另一个工作现场，重复实施培训流程（在外聘的总培训师的协助下完成步骤2）。

- 对第二个工作现场的管理者和培训员展开基本的工作指导流程。
- 挑选第二批未来的工作指导员，让他们参加有外聘的总培训师实行的培训。
- 步骤1产生的未来总培训师和工作指导员应该以观察员的身份再次参加培训流程。
- 在工作现场练习以强化技巧：工作分解、培训计划、实际培训课程。
- 在培训活动中，外聘总培训师提供教导和指导（使用图16-1的工作指导评估指南）。

工作指导评测指南		
培训员：	工作：	日期：

为培训做准备：
是／否

- ☐ 完成工作分解表？ _____
- ☐ 工作现场为培训做好准备？ _____
- ☐ 干净整洁？ _____
- ☐ 备好工具和器材设备？ _____
- ☐ 安全性？ _____

第一步：使学员做好准备

- ☐ 使学员放轻松？ _____
- ☐ 告诉他们工作名称？ _____
- ☐ 了解他们对此工作知道多少？ _____
- ☐ 激发学员学习此工作的兴趣？ _____
- ☐ 正确安置学员，以利于学习？ _____

第二步：展示操作

- ☐ 一次展示一个主要步骤？ _____
- ☐ 重复操作，并强调关键点？ _____
- ☐ 重复关键点，并解释关键点的理由？ _____
- ☐ 明确、详尽、耐心地指导？ _____
- ☐ 并未一次教过多而超出学员学习的分量？ _____

第三步：试执行

- ☐ 让学员尝试执行工作，并纠正其错误？ _____
- ☐ 要求学员解释主要的错误？ _____
- ☐ 要求学员再做一次，并解释关键点？ _____
- ☐ 要求学员解释关键点的理由？ _____
- ☐ 重复，指导学员充分了解工作？ _____

第四步：后续追踪

- ☐ 指派学员一项工作？ _____
- ☐ 告诉他们向谁请求协助？ _____
- ☐ 说明培训员将何时返回？ _____
- ☐ 鼓励学员发问？ _____

流程检查：

- 学员是否充分学习工作内容？
- 学员有无困惑的情形？
- 学员是否在工作项目中挣扎困惑？
- 询问培训员想如何改善培训？
- 培训员打算如何在后续追踪阶段纳入这些矫正？

图 16-1　工作指导评测指南范例

- 外聘的总培训师提供对每位培训员的能力评估:使用层级方法来评量能力(确认学员的能力)。每位合格的培训员必须成功地完成核心要求(见图16-2)。
- 未来的总培训师必须负责支援和继续评量这个工作现场(由外聘的总培训师继续提供指导和后续追踪方面的支援)。
- 由总培训师颁发能力证书给所有合格的工作培训师和总培训师,并进入下一阶段——有资格教导工作指导课程。

步骤3:培训内部工作指导员及总培训师

指导获得认证的工作指导员及总培训师候选人如何教授工作指导课程(在外聘的总培训师的协助下完成步骤3)。

- 提供延展的培训师课程,未来的总培训师和获得认证的工作指导员是参加此培训课程的学员,学习如何传授工作指导课程(40小时)。
- 在下一个挑选出来实施培训的工作现场练习传授工作指导课程(每一位合格的工作培训师和总培训师分别教导一部分):学员是工作现场培训员或管理者。
- 每位培训师和总培训师被指派指导一名工作现场培训员或管理者:在培训期间观察他们的表现,并使用培训评估表(见图16-3)来提供评估和反馈。
- 每位合格的工作指导员和总培训师被指派评估一名见习培训员或管理者:使用培训员评估指南(见图16-1)来评估每位学员的能力;当符合要求时,培训员获得证书。
- 未来的总培训师必须负责支持和继续评估这个工作现场(由外聘的总培训师继续提供指导和后续追踪方面的支援)。

现场培训员资格认定指南

活动评估	1	2	3	4	5	完成（是/否）
基本技巧						
研拟培训计划						
工作分解						
培训活动						
成功的后续追踪						

基本技巧的完成要求每项技巧至少示范三个可接受的例子

活动评估	1	2	3	4	5	完成（是/否）
特殊培训技巧						
时间较长或复杂的工作						
口头沟通受限						
以作业线的速度实施培训						
特殊工作技巧或方法						
视觉工作（检验）						
发展判断力						
使用培训辅助工作或方法						

对于每项技巧必须至少示范三个易接受的应用例子才算完成特殊培训技巧

图 16-2　现场培训员资格认定指南范例

总培训师和指导员课程传授评估表					
	第一天	第二天	第三天	第四天	第五天
传授每天的课程					
遵循课程大纲					
遵照时程表					
有效指导					
工作分解					
培训计划					
指导能力					
在教室里					
在工作现场					
传授工作指导方法的整体能力?					

图 16-3　总培训师和指导员的评估表

步骤 4：同时在两个工作现场培训内部培训人才

把培训人才的方法应用于另外两个工作现场合。

- 合格的工作培训师和总培训师对这两个工作现场的管理者和工作现场培训员传授工作指导课程（在内部总培训师的支援和外聘的总培训师评估下完成步骤 4）。
- 在下一个被选中的工作现场练习传授工作指导课程（每一位合格的工作指导员和总培训师分别负责一部分课程）。
- 学员是现场培训员或管理者。
- 每位工作培训师被指派指导一名现场培训员或管理者：观察现场培训员或管理者如何培训小组成员，并使用培训评估指南（见图 16-1）来提供评估和反馈。
- 每位合格的培训师和总培训师被指派评估一名培训员或管理者：当达到要求时，培训员获得证书。

步骤5：继续培训现场培训员及管理者

重复培训流程，直到所有培训员和管理者都接受了工作指导方法的培训。

- 确保在培训流程向下进行时，不会被淡化。
- 每位培训员必须证明其能力后，才能获得合格证书；使用现场培训员资格认定指南（见图16-2）。

实施流程的里程碑

要花多长时间才能在你的组织中建立起这样的培训流程，实在很难说，这得看你的组织规模、工作的不同程度以及需要培训多少位管理者和培训员。况且，在实施此培训流程的同时，员工除了要负责人才培训的新职责外，他们还要继续执行自己的本职工作，公司内部的员工将无法把他们的全部时间投入于此，而且你极有可能会让相同的人从事其他的活动，如精益制度的实行。把人才培训流程推广至整个组织的速度，并没有建立人员的能力深度来得重要，人才的培训发展需要时间。事实上，这是永无止境的流程。不过，奠定基础和培训培训员是很重要的。图16-4是实施上一节叙述的培训流程的可能时间表，这让你对培训流程有一个大致概念，若你的资源相当有限，你的时间表就可能会被拉长。切记，重要的是先建立适当的能力深度，然后才能把培训流程扩展到整个组织，而且你必须持续努力地建立遍及整个组织的培训流程。

非常规工作中的人才培养

我们曾经讨论过非常规工作中的例行工作，以及该如何将这些部分分解成易于讲解的细则。但是，我们仍然需要培训人员执行整个工作，对于非常规工作而言，这需要完整的检查工作以及详细的指导。让我们来看看丰田是如何培养工程师的。

在丰田，价值链的一个关键部分是新车的工程作业。在汽车产业，顾客期望汽车制造商定期推出全新的车款，丰田通常是每五年彻底重新设计一款车，新车可能仍然使用标准的传动系统，但顾客们看到的将是全新的另一款车。汽车推出两三年后，就会有一次重大的"翻新"，一方面，这让产品的发展体现出有规律的节奏，提供了把大部分的发展流程标准化的机会；但另一方面，由于车的款式太多，产品研发部门往往要同时应付几项重大的计划。

很明显，我们可不想为数千件工作进行分解，因此，我们需要一种更全面的方法来更加清楚地看出工程师需要的技能，以及如何为工程师提供这些必要的技能。

数十年来不断发展的培训课程为丰田提供了一个极佳的起始点。图16-5摘录了此培训课程，实际上，这是一个简化版本。我们在此处呈现的简化版本并不完全，但我们只是用它来列举丰田的工程师必须具备的不同种类的知识与技能，基本上，这是丰田的工程师所需要的高级技能与知识。

我们把它分成本书前面章节提到的五大类：基本技能、核心知识、辅助技能、政策与判断、积累形成的诀窍。丰田内部并未使用这些名词，但它自有一套非常好的分类架构。例如，在丰田的矩阵中，"技术部门"分类项下可以找到我们所谓的，工程师被分派至某个"专属职能"（如车体外部、车体内部、车身底盘、引擎、材料、控制工程、电击工程等）的技术部门。我们所谓的"辅助技能"在丰田的矩阵中被描述为"商业技巧"与"知识产权"。以下来讨论丰田的工程师培训发展方案的时程。

第一年人才培训实施时间表提案

步骤	第1个月	第2~4个月	第4~6个月	第6~7个月	第7~9个月	1年
步骤1：初期培训集训						
挑选未来的总培训师（包括替补者）	○					
挑选未来的初期培训师（部分名额）	○					
从这个初期培训区中挑选见习培训员	○					
实行工作指导教程（由外聘的培训师实行）						
为第一个培训区研拟培训计划		○				
为这个培训区分解工作细目		○				
练习培训员的培训技巧		○				
评估成效			○			
步骤2：第二部分的培训						
挑选未来的临时培训员（剩下名额）		○				
从这个第二个培训区中挑选见习培训员		○				
实行工作指导教程（由外聘的培训师实行）						
为第二个培训区研拟培训计划			○			
为这个培训区分解工作			○			
练习培训员的培训技巧			○			
评估成效				○		
步骤3：培训内部工作指导员及总培训师						
实行培训员的工作指导课程（由外聘和短期培训师实行）						
包含所有合格的未总培训人才				○		
步骤4：同时在两个工作现场培训内部培训人才						
同时在另外两个工作现场进行培训				○		
挑选另外的培训员						
从这些培训区中挑选见习培训员						
实行工作指导教程（由内部的培训师实行）						
为第三个培训区研拟培训细目					○	
为这个培训区分解工作细目					○	
练习培训员的培训技巧					○	
评估成效					○	○
步骤5：继续培训工作现场培训员及领导者						
年度培训流程检查						○ →
继续把培训流程推广到其他的工作场合						○ →

图 16-4　第一年人才培训实施时间表提案

	初级（少于1年）	中级专家（2~9年）	专家（10年以上）	总经理层级
基本技能	• CATIA、PROE、CAE 入门 • 可视化草图设计 • 计划设计 • 统计质量控制入门（SQC）	• CATIA 或 PROE 的一年密集培训 • 进阶素描（几何圆） • 中级 SQC	• 由小组领导人旅行培训 • 特殊精益培训 • 进阶质量培训	• 专业研习课程 • 新任总经理的培训 • 新办公室主任培训 • 经理人层级的 SQC
核心知识	• 降低成本的设计（依部门区分） • 部门入门教育 • 特定职能培训	• 特定专家培训（由老师施行在职培训） • 特定职能培训（教室培训课程）	• 专门的在职培训（总经理/资深工程师） • 特定职能培训（老师培训课程）	• 实务商业管理教育（授课、elearning） • 在职培训支持（总经理/驻外资深工程师）
辅助技能	• 计划的基本技巧（1~2年） • 报告的撰写（1~2年） • 了解设计辅助系统（例如打造原型）	• 其他领域的技巧 • 成本计划（第2年）	• 了解商业成本/一般管理的培训（新任小组领导人和新任总经理必须接受此培训）	• 管理层的预算规划
政策与判断	• 新成员的公司简介 • 资料的安全性（电子邮件） • 知识产权入门	• 劳工法律议题（2~6年） • 取得专利 • 处理其他公司的专利	• 劳工与法律议题（第10年） • 考虑成立第三方企业	• 管理层对法令的观察
累积形成的诀窍	• 工厂经验 • 实际的人力劳动经验（在工厂工作） • 在经销商处从事销售工作	• 新进工程师计划（第2年） • know-how 数据库 • 由指导员开展持续在职培训	• 由更高阶的指导员开展持续的在职培训	• 由更高阶层的指导员开展持续的在职培训

图 16-5 丰田的产品研发工程师培训计划例子（完整培训课程的一部分）

第1年：了解公司的一般知识以及重要顾客

在日本，新工程师全都是几乎同时进入职场、刚踏出顶尖大学的新手。许多工程师会在同一天、同一处开始他们的职业生涯。此时，这些工程师尚未被指派到某个部门，因此，还不知道自己将从事哪一个领域的工作。第一年的一般性质培训，包括以新的小组同仁的身份，在制造汽车的工厂现场工作3～4个月，丰田使用工作指导方法来指导他们的工作。他们的工作领域并不一定是他们将来的职能领域，这些培训的目的是使他们大致了解丰田的生产制度和例行工作的需求，以及产品研发工程的重要顾客之一——负责把工程设计师设计的东西制造出来的操作人员。在经过这样的历练后，工程师对于根据组装方式和可制造性而设计的过程将有不同的观点。

工程师也在经销商处从事几个月的汽车销售工作，其中部分时间是在日本进行挨家挨户的销售，这使工程师得以了解顾客看重汽车的哪些东西，并体会销售工作的挑战性，等他们最终开始从事工程设计时，将清晰记得销售丰田汽车时的情形（通常，在那段时间里，并没有很多成功的销售经验）。

在丰田，所有工程师都必须学习的基本技能之一是画草图，用手画，而不是用电脑。在丰田，他们说，若不会用手画素描，工程师就不会设计汽车。即使在现今的高科技时代，丰田内部仍然认为，如果不会用手画草图，你就不会用电脑绘图。丰田在培养产品工程师的美国密歇根州安娜堡开设了每周30分钟的素描培训教程，由一名经验丰富的工程师主持，指导员让学员素描某样东西，然后由指导员打分、点评。学员必须持续每周上素描课，直到他们的素描水平被认可。

画草图的部分基本技巧可以使用工作指导方法来教授。丰田技术中心的工程副总裁艾迪·曼蒂（Ed Mantey）解释："有时候，我从背后观看年轻工程师的电脑辅助设计（CAD）荧幕，就知道那设计行不通。我会问他，'你有没有把素描画出来？你有用手画出和其他部分的关系吗？'答案当然是没有。"素描需要有一些天分,丰田在招募选择工程师时,会要求应征者素描某样东西,以作为评选参考之一。在日本,新人入司的一年之后还有机会接受进一步的几何素描培训。

丰田工程师在第一年学习的"辅助任务"包括有关规则的基本内容和报告的撰写。工程师也必须了解各种设计辅助系统,如原型设计系统。新工程师必须了解公司的人事政策与规定。此外,资料的安全性和知识产权等,对工程师而言,也是很重要的公司政策。

工程师第一年开始学习重要决策,这将是他们的职业生涯中必须依赖的东西。大部分决策来自有经验的学者,例如在工厂现场和经销商处工作的经验。询问任何一位在丰田服务了20年以上的工程师,他们都能清楚地回忆起早年在工厂现场工作的情形,以及为了推销产品而经历的种种艰辛。

第2～9年:成为真正的工程师

丰田并不把刚踏出大学校门的新人视为工程师,该公司知道日本的顶尖大学挑选的是最优秀的高中生,也知道工程系学生接受了广泛的基础工程科学教育,例如热力学、结构力学等,工程系毕业生当然也具备一定程度的电脑操作技能。因此,他们已接受了一些基本技能的培训,这将加速他们在丰田的学习流程,但是,他们并不知道该如何当工程师,更不用说是丰田的工程师了。

丰田相信每一位工程师都应该能够用手画草图,也能够在电脑上绘图,但丰田工程师只负责技术性计划,把实际的制图工作留给CAD专业技术人员。在日本丰田,工程师在第二年被指派到绘图部门,并使用CAD。他们也从在工厂现场、销售部门和设计室里的工作经验中最终学会承担一些例行工作。在那段时间里,其他工作者会指导这些工程师,这些经验使工程师们更能体会那些工作的挑战性。

到了第2年,工程师被指派到他们所属的技术领域部门,CAD工作将包含在他们的工程职能内。他们也被指派参与所属职能领域的一项"新人计划"，这是真实且具挑战性的工程工作，有一位指导员负责监督。对许多工程师而言，这是他们第一次从事实际的工程设计工作，因此，新人计划是他们终身难忘的另一段经历。

第2年后，年轻工程师便开始在他们所属的专长技术领域进行全职工作。他们隶属于由一名小组领导人领导的工作小组，这个工作小组只不过是此工程师隶属的多支工作团队之一。有些是跨职能元件研发小组，他们执行同步工程（如外形设计工程、其他专属工程和制造工程的同步作业）。不过，这小组隶属于一个专长部门，小组领导人的职责是指导年轻工程师如何成为该专长领域的丰田工程师。小组领导人知道他们的首要工作之一是当教师，他们的绩效评量将会包括他们学员的工作表现。

工程师要参加的课程很多，多半是2个小时的课程，通常由资深工程师进行讲解，这些课程着重于某项特长的技术主题。许多工作中的知识来自小组领导人的在职培训，丰田的政策是一名工程师必须参与两项汽车设计的全程执行过程后，才能被视为熟练的工程师。艾迪·曼蒂解释："工程师得花四五年才能经历两项计划，成为熟练的工程师。不论是设计一项零部件、和供应商协商、和外型设计部门协商、和采购部门共事，还是包括设计零部件功能在内的所有工作，该工程师必须全部做得来。"曼蒂负责的是车身和电子工程，仅仅是他的专长领域，必须参加的课程就多达60种。

10年之后：成为专家或总经理

10年以后，工程师应该已经具备其专长领域深厚的技术知识，且通常在某个时候被指派第二相关专长。第10年后，工程师必须继续磨炼他们的知识与技能，成为真正的专家。成为专家的一个重要职责是教导他人，培养下一代的专家。专家级工程师要学习如何担任小组领导人，以及如何培养年轻的工程师。有些专家级工程师将负责开发专利，并取得资助以成立一家子公司，成为第三方企业。此外，有各种机会可供工程师继续留在技术领域，成为资深工程师，专注于技术——技术越来越高超而能教导他人，不需要担任太多的行政工作职责。

有些工程师将转做行政工作，成为部门的助理总经理甚至总经理。他们参加由总经理或资深主管主讲的专业研习课程。在这方面，我们再次看到丰田对于《在工作中学习，由经验丰富的指导员指导》的坚定价值观。在此必须强调，在丰田公司，每一位经理人最重要的职责是教导他人。深植于曼蒂脑海中的一个理念是："经理人最大的成就是他们所教授的人获得成功。"他要求下属的所有总经理在他们日常的教导工作之外，还必须在年轻的工程师参加的正式培训课程中担任授课指导员。

随着丰田的全球化，以及在世界其他地区设立工程中心（例如在密歇根州安娜堡的丰田技术中心，以及在布鲁塞尔的技术中心），丰田越来越需要把它的培训流程制度化。我们看到，密歇根州的丰田技术中心如今更致力于把基本技能区分出来，指定标准化的培训方法，并扩充"know-how 数据库"。而且这些工作在持续不断地努力进行着，印证着丰田永远坚持的理念：持续改善。

非精益组织的困惑

我们知道有不少公司在尚未确切转型并实施精益方法之前，就已经开始实行工作指导方法，这是本末倒置的问题。在欠缺技能优良的人员的情况下你能建立精益型公司吗？技术突出的人员能够在非精益的环境下有效工作吗？我们认为，这两个问题的答案都是否定的。那么，我们该如何解决这个难题呢？

首先，我们要了解问题。还记得所谓的"丰田生产方式"吗？丰田公司说它是一种"方式"时，可不是开玩笑的。"方式"意味着各部分是相互关联的，图 16-6 说明了这种关联性的一部分。我们主张，"工作指导方法"是培养优秀人才不可或缺的要素。我们也说明了"工作指导方法"如何以"标准化作业"为基础，若没有标准化作业，你就不知道该培训哪些内容。

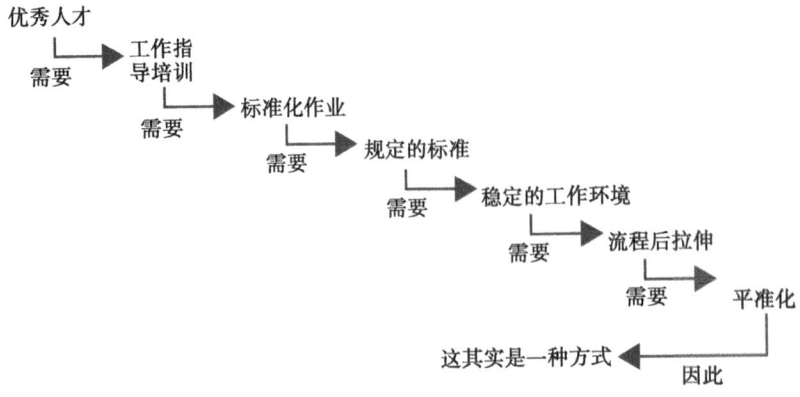

图 16-6　这其实是一种方式

标准化作业必须依赖规定的标准,工作现场也要具有一定程度的稳定性。举例来说,当制造公司尝试在不稳定的工作环境中实施工作指导方法时,我们看到的问题之一,是标准化作业要人员去货架上的容器箱中取一个零部件,但是,由于这家工厂的生产流程采用的是推动式系统,货架上原本应该摆放此零件的"标准地点"已经堆满另一种零件,操作员需要的那种零件在地板上堆积的某个容器箱中。标准化作业或工作人员在受培训时绝对不会被要求"去寻找装有这种零件的箱子"。这个例子说明,若期望有一个稳定的工作环境,就必须有一个制度支持工作流与拉动式系统,推动式的生产系统将导致材料数量、地点的不稳定,也会导致工作负荷的变动。同时,任何规定的标准将变得毫无意义。工作流和拉动式系统依赖平准化,因此,平准化是丰田生产方式的基础,这并不是个巧合。

所以,如果没有精益制度,我们如何实行工作指导呢?答案得回溯"先深入,后扩展"的原则。我们建议,在推行周全的人员培训制度之前,应该先着手于精益生产。建议挑选一个工作现场作为标准化作业、工作流、拉动式系统以及平准化的模型,而后再扩展至其他工作现场。接下来,该工作现场可作为实施工作指导的学习试验区,这么做有另一个益处:你所培训的总培训师可以先学习丰田生产方式。根据我们的经验,要成为技巧纯熟的工作指导方法培训师(至少成为资深级别),了解丰田生产方式是先决条件。对丰田生产方式了解比较有限的小组领班，可以负责执行个别工作指导。

你如何开始培养你的第一位丰田生产方式专家呢？答案是诉诸工作指导方法的基本原则。你需要一个类似的方法：有一位清楚了解基本技能的熟练的丰田生产方式培训师，为学员提供从做中学习的机会，让他们首先在督导下熟悉丰田生产方式的各部分，然后把所有部分结合起来形成一个完整的制度。至此，新的培训员可以开始独立执行培训工作。这一切过程必须有一位经验丰富者提供督导与支援，跟人工作业的工作指导办法一样，不能让新培训员自求多福，应该为他们提供支援，让他们掌握新技巧。

所有人的责任

在丰田，所有领导者的主要职责之一是培养部属。部属能力发展攸关领导者本身的利益，若部属能力差，将会影响领导者的绩效。所有领导者都必须接受工作指导方法的培训，以便能有效指导培训员和团队成员。若培训员有缺点，领导者必须帮助他们改进，因为如果培训者缺乏必要的技能，接受其培训的团队成员也不可能获得足够的技能，工作成效也会不佳。

我们在第6章的工程部门例子中说明了小组领导人所扮演的角色。丰田的产品发展部门有一个矩阵型组织，这其中有一个负责汽车车款发展的重要角色，称为"总工程师"。在丰田，人们会说："这是总工程师的车子。"以Carry车款为例，总工程师负责从概念到生产的整个研发计划。总工程师有一群助理（大约3~5人），但是，所有其他数百名参与此计划的工程师通过职能层级（内部饰条、车体版型、车身底盘、电子等）隶属该部门总经理管辖。例如，车体内部工程师对车体内部部门的管理层级负责，小组领导人是这个部门层级组织中的一分子。部门组织层级的主要目的是确保专业人员能逐渐提高技能，这就意味着，部门管理层级的主要目的是强化工程师技术，第一线的小组领导人负责培养资历较浅的工程师。

这么看来，似乎工程师不用肩负培养人才的责任，总工程师负责整个研发计划。既然有部门组织层级负责工程师的培养发展工作，总工程师就不需要培养工程师了。但丰田方式的思维可不是如此。

总工程师有机会培养参与其汽车研发计划的工程师，举例而言，明夫西村是2006年"FJ Cruiser"计划的总工程师。他表示，他在产品发展过程中采用了一种创新制度，名为"大部屋"。"大部屋"是丰田在"先驱"混合动力车款研发计划时推出的新制度，只有资深的工程领导人才会聚集于这个大房间里，检讨计划进展，讨论重要决策。

明夫西村解释他如何使用一间"大部屋"来容纳70多位负责执行具体环节的资历较浅的工程师。他指出，"大部屋"原来只供资深决策者使用，他用"大部屋"来培养工程师，采取开放式办公空间的模式。他的办公桌和那些年轻的工程师的办公桌并列排放。西村表示，他在日本时，大部分时间都会待在那里，这使他有机会追踪年轻人的工作，及时指导他们。能实际参与一项汽车研发计划，又能获得总工程师的指导，还有什么比这更好的学习机会呢？

分层审计法

丰田有一句话是："没有问题就是问题。"这代表没有一项流程是完美的，永远有改善的余地，若你检视流程，只看到完美，你将不会有所改善。在这一节，我们要介绍确保人才培养流程成效的方法。

一般来说，我们并不是审计的热衷者，至少不会只为了在方框内打钩以显示完成审计工作（常见的情形）。审计其实是一种浪费性的活动，人们往往无视目的，把它当成只是另一项要执行的工作，或是把它视为鞭策人员做他们不想做的事。但是，若把审计当成一项改善工具，适当地使用，它可以扮演重要的角色。审计的目的是找出潜在问题，并采取确切行动以矫正它们。若用审计来找出问题，并采取矫正措施，就能对流程做出贡献；

但是，不要把审计当成检验人才培养流程成败的一个主要指标。

在本书中，我们已强调过无数次，任何工作的绩效指标可作为显示人员培训成效的指标。审计并不是侦测问题的主要工具，正确的模式应该是在更大的指标显示有问题时，运用审计这项工具来更标准、更仔细地了解问题。审计可帮助更准确地辨识出工作绩效有问题的个人，或是在分解工作时忽略了关键点的培训员。

分层审计方法（layered audits）的概念，是让组织的每个层级验证下一个层级的成败。由于严格化组织内的第一线都有大批员工，因此，大部分的审计责任便落在第一个层级（在丰田，这指的是小组领班或领导者）。但是，小组领班往往也是工作现场培训员，可能倾向隐藏缺失，因此，也需要有来自更高层级不时地审计。

督导员（在丰田往往是团队的领导者）负责每周对每个小组中的一项工作进行审计（每周挑选不同的工作），审计流程基本上相同于小组领班使用的审计流程：使用工作分解表作为指南，小组领班或督导员观察作业人员是否正确遵循表中说明的项目，然后询问有关于工作关键点的问题。询问开放型问题如："你能不能告诉我这个步骤的关键点"，或"你能不能告诉我这为何重要？"这可以用来验证小组成员的能力和是否接收到有关工作的重要信息。

扩展人才培训流程

我们在本书中阐明了工作培训应该区别工作中各项目的不同的重要制度，并着重强调关键部分。这个原则也适用于决定应该先从哪一个工作现场展开人员培训流程，判断工作内容的最重要层面，决定应该先教导工作的哪些部分，决定如何有效地把人员培训流程推广到整个组织。我们也强调"先深入，后扩展"的原则，先建立能力制度，然后才推广此流程。

你如何知道何时可以开始推广人才培训流程呢？你绝对不会等到对某个环节掌握得尽善尽美之后，再开始下一个。但是，什么时候才能具备足够的能力，可以转向下一环节呢？你得判断哪些事项至关重要，以及必须熟练哪些项目后，才可以推广至其他环节，这与判断在能够获得支持和后续追踪的情况下，学员何时可以开始独立执行工作很相似。若是可以的话，我们会很乐意提供一份检查清单，告诉你：“当人们能够做到这些的时候，代表他们已经可以上路了。”但事实是学习做出这些判断与决定是你的人员培训流程的一部分。你必须能够评估何时已经准备就绪，你必须能够决定需要提供多少支持与后续追踪，你必须设定你自己要达成的愿望。若我们为你设定一个期望水准，你多半会努力达到那个水准，但不会向着更高的水准努力。

你的目标不应该只是达到设定的目标线（完成它），而是要做到更多、更好，持续改善成果，通过持续不断地发展每位成员的能力来强化组织。你必须设定你本身对此流程的期望，当你达到这期望水平时，你将会认识到，还有另一更高的水平。人的能力没有上限，任何上限都是自我设定的。

成功的关键在于，循序渐进地学习一种新流程的形态：致力于试验新技能，反省结果，并从经验中学习。如果有项目未能如你所期望的奏效，那就试试别的方法。历经时日，你应该能积累大量的诀窍，可提供给你无数的其他方法以应对你面临的挑战。

每位优秀的教师都知道，要成为优秀的教师，首先得当个优秀的学生。身为教师，需要更多地学习：所有领导者都应该把他们所知道的全部东西无私地奉献出来。由于他们将持续不断地学习，因此，他们也将持续不断地教导别人。在这个永无止境的循环中，每个人的能力都会不断地增长。

这种持续学习与教导的循环，将会让你达到本书一开始时提到的中国古谚所描述的境界："十年树木，百年树人。"投资于人，发展每位员工的才能，便能打破挣扎与挫败的循环，取而代之的是成功与成长的循环。俗话说："天下没有免费的午餐。"我们相信这是真理，我们相信投资于发展你的人力资本，其回报将远大于投入，你必须自己来决定是否值得辛勤地翻土、播种、照料作物、保护作物，最终收获果实。这过程谁都不能保证一帆风顺，你将会遇到许多挑战，但最终也会为你带来多年的繁荣。请尝试，并尽全力！

致　　谢

杰弗瑞·莱克

当大卫与我完成了《实践丰田模式》这本书时，我本以为丰田系列丛书可以告一段落了。该系列丛书中，我们介绍了一些主要的原则以及这些原则是如何应用的。我本以为这些内容就足够了，但大卫认为这些内容还不够充实，关于4P模式我们仍然需要进一步解释。该丛书涵盖了很多材料，我们仅仅就某些主题做了一些表面的阐释，并没有涉及深层次的内容，同时4P模式的每一部分也需要我们以相当的篇幅再做介绍。大卫建议，我们需要就某些主题做更详尽的解释。我有点怀疑他的提议，而且我也很疲倦了。不过，我还是同意了再次同大卫合作，只要他能负责该书的主要内容。毕竟，10年来，大卫像块海绵一样，从丰田大师们身上吸收了大量的知识。他体会到，只有深刻地了解丰田生产方式所采用的具体做法，才能提高实践水平。

在本书中，大卫和我各自负责的部分是很明确的。大卫负责充实本书的内容，而我负责提供概念框架、一些丰田实例以及背景的设置。在此，我对大卫再次表示感谢，正是因为他在丰田的丰富经验，以及他后来作为顾问所积累的关于丰田生产方式的知识，才使本书得以完成。这是只有经过反复的实践经验和深入的反思，才能够获得的真知灼见。

一直以来，我在继续着我的丰田研究，访问了日本、欧洲、印度尼西亚以及美国。在这些国家，丰田对于人才培养的投入都是惊人的。丰田的执行副总裁宫寺和彦在欧洲建立了一个丰田研究与发展中心，他详细描述了自己是如何发展在工程方面的才能的。艾迪·曼蒂是位于密歇根安娜堡丰田技术中心的副总裁，他解释了培训工程师的理念以及该理念同丰田各种"诀窍"之间的关系。此外，我有幸拜访了丰田位于日本的全球生产中心，并在迈克的安排下参观了位于肯塔基州乔治城的卫星设施。非常感谢克里夫·琼斯经理带领我们参观乔治城工厂的全球生产中心。同时也很感谢总经理助理卡朗顿先生，安排我们参观了北美的全球生产中心。

同时，我还要感谢我的父母杰克与亨瑞特，是他们让我懂得了努力与责任在发展真正才能中的重要性。也很感激我的妻子德博拉，还有我的孩子艾玛和杰西，感谢他们在我不断追求、研究和传播丰田方式的过程中给我的大力支持。

大卫·梅尔

在一个如此庞大的项目中，往往会有许多人产生过这样那样的影响，对所有人都一一感谢似乎不太可能。在本书形成的过程中，有成百上千的人对我的人才培训理念产生了影响。在此，我要对所有人表达我的谢意。

首先，要感谢丰田给了我学习他们的方法、发展培训技能的宝贵机会。丰田关于"所有领导者必须首先是导师"的理念让我很受用，因为我热爱学习，也热爱教学。

我也要衷心感谢督导人员培训（TWI）和工作指导方法（job instruction method）这两种方案的原创者。在我到丰田任职前，我也用过类似的方法，但工作指导方法更加坚定了我的理念和努力。

1987年，我很荣幸能与加藤功一起共事，他是丰田的培训大师和工作指导方法方面的专家。他在丰田担任高管团队的工作指导方法培训师达30年之久，并全权负责全球上千名丰田员工的培训，对此有深刻的理解，也懂得要给予每个学员以尊重，他本人就是工作指导思想的最好体现。

我很享受与杰弗瑞·莱克一起撰写《实践丰田模式》一书的过程，那种愉悦的体验让我真想再来一次。杰弗瑞为这个项目提供了一个很有意义的新视角，把我支离破碎的思想与理念很好地连接成一个整体。他总能跟上丰田的最新形势，把丰田的最新动态融入这本书中。

我还要感谢马克·沃伦。他称得上是企业内教育培训方案的思想源头。他在这个领域里做了大量的研究，并从1940年以来就一直为我提供这个领域的第一手材料。在本书的审阅中，他也给予了很多帮助。

我们很幸运地找到了一些需要在本书中用到的保健行业的实例。在此，我们要感谢昆寇博士、马克·格兰和他在保健中心的助手所提供的实例，以及他们在审阅了本书初稿后提供的反馈。

当然，我还要感谢那些让我去做工作指导培训的公司，以及它们在培养人才方面付出的精力和时间。我还要特别感谢我的朋友霍夫曼、帕克·哈尼芬、温德斯和多尔。

要是没有麦格劳-希尔教育集团员工的努力，这个项目就不可能完成。在此要感谢我们的主编 Jeanne Glasser，我们的责任编辑 Maureen Walker，也要感谢所有帮助我们矫正错误、提供创意、设计封面以及所有做幕后工作的员工们。

特别要感谢我的母亲帕特丽夏·梅尔，她在校对和编辑本书的过程中给予了很大的帮助。她十分注重细节，善于发现我们容易忽视的错误，这是她特有的才能。

最后，我要感谢我的家人，允许我为了完成本书在周末及假期里工作。感谢我的女儿詹妮弗，我的双胞胎儿子马太和迈克，还有我的妻子金伯莉，谢谢你们的耐心、支持和关爱。

精益思想丛书

ISBN	书名	作者
978-7-111-49467-6	改变世界的机器：精益生产之道	詹姆斯 P. 沃麦克 等
978-7-111-51071-0	精益思想（白金版）	詹姆斯 P. 沃麦克 等
978-7-111-54695-5	精益服务解决方案：公司与顾客共创价值与财富（白金版）	詹姆斯 P. 沃麦克 等
7-111-20316-X	精益之道	约翰·德鲁 等
978-7-111-55756-2	六西格玛管理法：世界顶级企业追求卓越之道（原书第2版）	彼得 S. 潘迪 等
978-7-111-51070-3	金矿：精益管理 挖掘利润（珍藏版）	迈克尔·伯乐 等
978-7-111-51073-4	金矿Ⅱ：精益管理者的成长（珍藏版）	迈克尔·伯乐 等
978-7-111-50340-8	金矿Ⅲ：精益领导者的软实力	迈克尔·伯乐 等
978-7-111-51269-1	丰田生产的会计思维	田中正知
978-7-111-52372-7	丰田模式：精益制造的14项管理原则（珍藏版）	杰弗瑞·莱克
978-7-111-54563-7	学习型管理：培养领导团队的A3管理方法（珍藏版）	约翰·舒克 等
978-7-111-55404-2	学习观察：通过价值流图创造价值、消除浪费（珍藏版）	迈克·鲁斯 等
978-7-111-54395-4	现场改善：低成本管理方法的常识（原书第2版）（珍藏版）	今井正明
978-7-111-55938-2	改善（珍藏版）	今井正明
978-7-111-54933-8	大野耐一的现场管理（白金版）	大野耐一
978-7-111-53100-5	丰田模式（实践手册篇）：实施丰田4P的实践指南	杰弗瑞·莱克 等
978-7-111-53034-3	丰田人才精益模式	杰弗瑞·莱克 等
978-7-111-52808-1	丰田文化：复制丰田DNA的核心关键（珍藏版）	杰弗瑞·莱克 等
978-7-111-53172-2	精益工具箱（原书第4版）	约翰·比切诺 等
978-7-111-32490-4	丰田套路：转变我们对领导力与管理的认知	迈克·鲁斯
978-7-111-58573-2	精益医院：世界最佳医院管理实践（原书第3版）	马克·格雷班
978-7-111-46607-9	精益医疗实践：用价值流创建患者期待的服务体验	朱迪·沃思 等

推荐阅读

金矿：精益管理 挖掘利润（珍藏版）

作者：[法] 弗雷迪·伯乐 迈克·伯乐 ISBN：978-7-111-51070-3

本书最值得称道之处是采用了小说的形式，让人读来非常轻松有趣，以至书中提及的操作方法，使人读后忍不住想动手一试

《金矿》描述一家濒临破产的企业如何转亏为盈。这家企业既拥有技术优势，又拥有市场优势，但它却陷入了财务困境。危难之际，经验丰富的精益专家帮助企业建立起一套有竞争力的生产运作系统，通过不断地改善，消除浪费，大幅度提高了生产效率和质量，库存很快转变为流动资金。

金矿Ⅱ：精益管理者的成长（珍藏版）

作者：[法] 迈克·伯乐 弗雷迪·伯乐 ISBN：978-7-111-51073-4

在这本《金矿》续集中，作者用一个生动的故事阐述精益实践中最具挑战的一项工作：如何让管理层和团队一起学习，不断进步

本书以小说形式讲述主人公由"追求短期效益、注重精益工具应用"到逐渐明白"精益是学习改善，不断进步"的故事。与前一本书相比，本书更侧重于人的问题，体会公司总裁、工厂经理、班组长、操作员工以及公司里各个不同层级与部门的人们，在公司通过实施精益变革进行自救的过程中，在传统与精益的两种不同管理方式下，经受的煎熬与成长。这个过程教育读者，精益远不止是一些方法、工具的应用，更是观念和管理方式的彻底转变。

金矿Ⅲ：精益领导者的软实力

作者：[法] 迈克·伯乐 弗雷迪·伯乐 ISBN：978-7-111-50340-8

本书揭示了如何持续精益的秘密：那就是培养员工执行精益工具和方法，并在这个过程中打造企业的可持续竞争优势——持续改善的企业文化

今天，越来越多的企业已经开始认识并努力地实施精益，这几乎成为一种趋势。不过大多数实践者只看到它严格关注流程以及制造高质量产品和服务的硬实力，少有人理解到精益的软实力。本书如同一场及时雨，为我们带来了精辟的解说。